Dagmar Unverhau
Von Toverschen und Kunsthfruwen
in Schleswig 1548–1557

Vorbemerkung

Diesem Buch gingen zwei Aufsätze der Verfasserin über die Hexenprozesse in Schleswig in den »Beiträgen zur Schleswiger Stadtgeschichte« Heft 22 (1977) und Heft 23 (1978) voraus. Da Historiker in vielen Ländern sich unter neuen Gesichtspunkten der Geschichte der Kriminal- und insbesondere der Hexenprozesse zugewandt haben, ist die Verfasserin von mir und anderen gebeten worden, aus dem Material ein Buch zu erarbeiten. Sie hat dankenswerterweise diese schwierige Arbeit geleistet.

Dem Schleswiger Druck- und Verlagshaus muß dafür gedankt werden, daß es das Risiko der Herausgabe auf sich genommen hat.

Es wurde ihm etwas durch Zuschüsse des Landeskulturverbandes Schleswig-Holstein e. V. und der Gesellschaft für Schleswiger Stadtgeschichte erleichtert.

Dr. Th. Christiansen

Von „Toverschen" und „Kunsthfruwen" in Schleswig 1548–1557

Quellen und Interpretationen zur Geschichte des Zauber- und Hexenwesens

von
Dagmar Unverhau

SCHLESWIGER DRUCK- UND VERLAGSHAUS

Bild auf der Vorderseite des Umschlags:
Die auf einem Besen reitende »Hexe« aus der östlichen Gewölbekappe des
1. Joches des nördlichen Nebenchores des St.-Petri-Domes.

CIP-Kurztitelaufnahme der Deutschen Bibliothek

Unverhau, Dagmar:
Von „Toverschen" und „Kunsthfruwen" in Schleswig:
1548–1557; Quellen u. Interpretationen zur
Geschichte d. Zauber- u. Hexenwesens / von
Dagmar Unverhau. – Schleswig:
Schleswiger Druck- u. Verlagshaus, 1980.
ISBN 3-88242-059-6

Copyright 1980 by Schleswiger Druck- und Verlagshaus, 2380 Schleswig
Printed in Germany. Alle Rechte vorbehalten
Gesamtherstellung: Schleswiger Druck- und Verlagshaus,
Stadtweg 54, 2380 Schleswig

Inhaltsverzeichnis

1	**Einleitendes zum Thema und zum Forschungsstand**	5
1.1	Die historische Genese der neuen Hexe	10
1.1.1	Die neue Hexe	10
1.1.2	Das Hexenverbrechen: Die Teufelsketzerei	13
1.1.3	Der Anteil der Dominikaner: Der »Hexenhammer«	18
1.1.4	Die »Opfer«: Der Geschlechtscharakter des neuen gelehrten Hexenwahns	19
2	**Vorrede zur Interpretation der Schleswiger Prozesse**	20
3	**Das Geschehen**	21
3.1	Der I. Prozeß 1548	21
3.2	Der II. Prozeß 1551	22
3.2.1	Das Verfahren gegen Caterina Eggerdes	22
3.2.2	Das Verfahren gegen Abelke Stenbruggers, die Gelharsche und Metke Framen	25
3.3	Der III. Prozeß 1557	26
4	**Die Verbrechen**	27
4.1	Der Umgang mit dem Teufel	28
4.1.1	Die Teufelsnamen und -gestalten	28
4.1.2	Teuflische Besessenheit, der Teufel im Menschen	28
4.1.3	Der Teufel als Tier	29
4.1.4	Der Teufelspakt	30
4.1.5	Der Hexentanz(-sabbat)	30
4.1.6	Der Hexenritt (Nachtflug, Stabritt, Ausfahrt bzw. Entrückung der Seele)	31
4.1.6.1	Antikes – Germanisches	31
4.1.6.2	Schleswigsches	32
4.1.6.2.1	Ausfahrt oder Entrückung der Seele	33
4.1.6.2.2	Hexenritt	33
4.1.6.2.3	Reiten aus eigener Kraft (Zaunritt, Stabritt, Besenritt)	36
5	Der Schadenzauber	37
5.1	Topf-, Gefäßzauber	38
5.1.1	Der Ritus des Hingebens, des Opferns	38
5.1.2	Der Topfinhalt, die »Toverie«	39
5.1.3	Sonderformen des Gefäßzaubers	40
5.1.4	Die Wirkung der Töpfe	41

5.1.5	Der Topfzauber in Verbindung mit Tür, Schwelle, Stadttor und Feuer	42
5.2	Verschiedene Zaubergeräte	43
5.2.1	Wachspuppe	43
5.2.2	Haare	45
5.2.3	Faden	46
5.2.4	Kissen, Brustwams	46
5.2.5	Steine	46
5.3	Wortzauber	46
5.4	Sonstiges	47
6	**Die Gerichtsverfahren**	48
6.1	Johann Boyes »Nota«: Text und Kommentar	48
6.2	Die Gerichtsverfahren	54
6.2.1	Das Schleswiger Stadtgericht	54
6.2.2	Der I. Schleswiger Prozeß 1548	54
6.2.3	Der II. Schleswiger Prozeß 1551	56
6.2.3.1	Das Verfahren gegen Caterina Eggerdes	56
6.2.3.2	Das Verfahren gegen Abelke Stenbruggers, die Gelharsche und Metke Framen	58
6.2.4	Der III. Schleswiger Prozeß 1557	60
6.2.5	Zusammenfassung	62
6.2.6	Die Gerichte zu Boren Kirche und Kappeln	65
7	**Hexenverdacht und gerichtliche Schuldzuweisung**	67
7.1	Das Problem: Das Zahlenverhältnis von Angeklagten und Besagten im Hinblick auf die Verurteilten oder Hingerichteten	67
7.1.1	Der Untersuchungsgang anhand jüngster Forschungsergebnisse. Kriterien für die Bedingungen gerichtlicher Schuldzuweisung	70
7.2	Der I. Prozeß 1548	71
7.2.1	Die Besagungen	71
7.2.2	Die Verbrechen	72
7.2.3	Die interpersonalen Beziehungen und Konflikte	72
7.2.3.1	Kunsthfruwen – Ankläger	72
7.2.3.2	Kunsthfruwen – Opfer	73
7.3	Der II. Prozeß 1551	73
7.3.1	Die Besagungen	73
7.3.2	Die Verbrechen	75
7.3.3	Die interpersonalen Beziehungen und Konflikte	76
7.3.3.1	Kunsthfruwen – Ankläger	76
7.3.3.2	Kunsthfruwen – Opfer	77
7.4	Der III. Prozeß 1557	79
7.4.1	Die Besagungen	79
7.4.2	Die Verbrechen	80
7.4.3	Die interpersonalen Beziehungen und Konflikte	80
7.4.3.1	Kunsthfruwen – Ankläger = Opfer	80

| 7.5 | Fazit | 80 |

| 8 | **Nachrede bzw. Umrisse des zu Erforschenden** | 83 |

9	**Die Quellen**	87
9.1	Der I. Prozeß 1548	87
9.2	Der II. Prozeß 1551	90
9.3	Der III. Prozeß 1557	97

10	**Anhang: Tabellen, Karten, Verzeichnisse**	101
10.1	Tabellen	101
10.2	Karten	105
10.4	Anlage: Schleswiger Zeugen der Folterungen bzw. der Gegenüberstellung der Beschuldigten zu Boren Kirche	116

11	**Anmerkungen, Fußnoten, Wortglossar**	117
11.1	Anmerkungen zu Kapitel 1	117
11.2	Anmerkungen zu Kapitel 2–8	120
11.3	Fußnoten und Anmerkungen zu den Quellen	130
11.4	Wortglossar	142

| 12 | **Literaturverzeichnis** | 149 |

Abbildungen

Abb. 1	Das »Braune Buch« der Stadt Schleswig	5a
Abb. 2	Der Hexensabbat von Hans Baldung Grien	9
Abb. 3	Teufel und Hexe, Holzschnitt aus Ulricus Molitor	12
Abb. 4	Eine der Hexerei angeklagte Frau bleibt standhaft und stirbt an der Folter, Sammlung Wikiania	15
Abb. 5	Verbrennung von drei zusammengebundenen Hexen zu Baden 1574, Sammlung Wikiania	16
Abb. 6	Hexensabbat von Hans Baldung Grien	34
Abb. 7	Hexenritt, Holzschnitt aus Ulricus Molitor	35
Abb. 8	Topfzauber, Holzschnitt aus Ulricus Molitor	38
Abb. 9	Urteilsvollstreckung, Illustration von Jan Luyken	60

Diagramme

	Das Besagungsschema des I. Prozesses 1548	72
	Das Besagungsschema des II. Prozesses 1551	74
	Das Besagungsschema des III. Prozesses 1557	80

Karten

	Die Schauplätze des I. Prozesses 1548	21
	Die Schauplätze des II. Prozesses 1551	23
	Die Schauplätze des III. Prozesses 1557	26

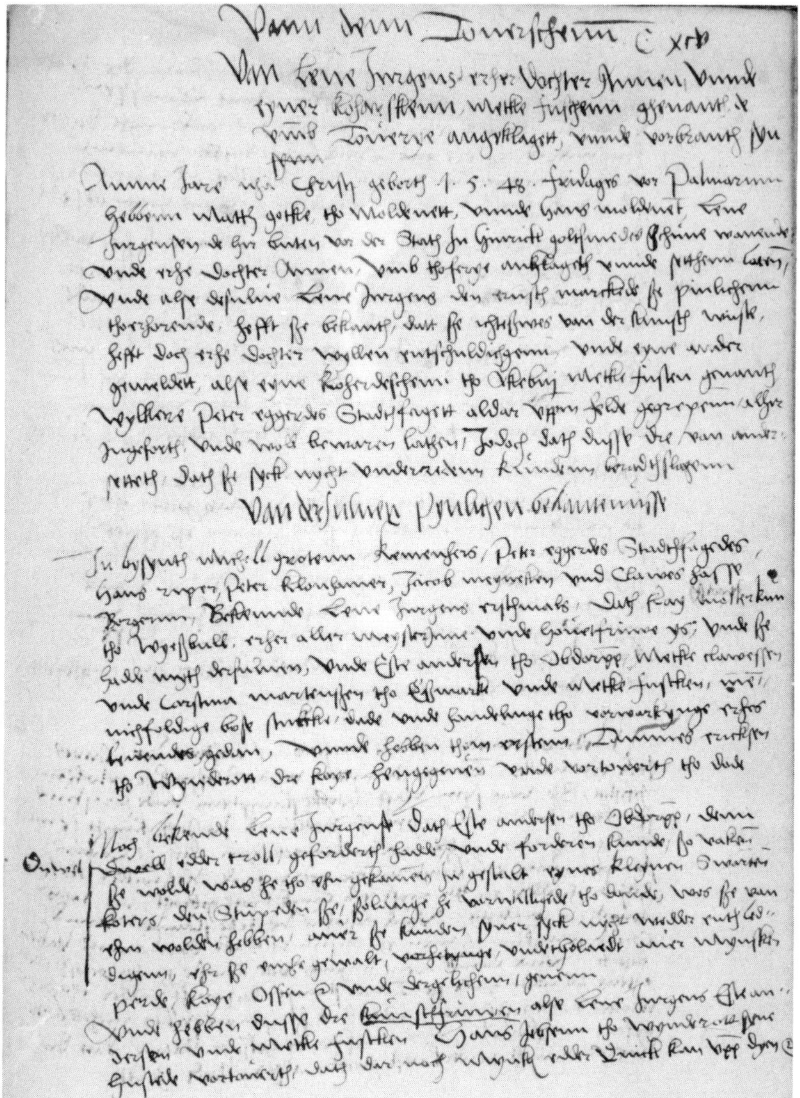

Abb. 1   Das »Braune Buch« der Stadt Schleswig (StAS L 2). Aufzeichnungen über den Prozeß gegen Lene Jurgens, ihre Tochter Anne und Metke Fuschenn von Johann Boye, 1548. Foto Vahlendieck, Landesarchiv Schleswig.

> *»Alles wurde verbrannt, Frauen und Männer, Katholiken und Protestanten, Idioten und Gelehrte, vierjährige Kinder und achtzigjährige Greisinnen, alles wurde wahllos und ohne Unterschied auf den Scheiterhaufen befördert und zu Asche verwandelt«* [1].

1 Einleitendes zum Thema und zum Forschungsstand

Die obigen Worte veranschaulichen und bezeugen, daß während der Hexenverfolgungen in Deutschland, in anderen Teilen Europas und sonstwo jeder Opfer sein konnte, daß nichts unmöglich war; dennoch läßt sich nicht verkennen und stellt das Vorhergesagte keineswegs in Frage, daß Frauen die bevorzugten Opfer waren. Für unsere Stadt Schleswig waren sie im 16. Jahrhundert gar die ausschließlichen Opfer, wie H. Philippsen in »Alt-Schleswig. Zeitbilder und Denkwürdigkeiten« bemerkt[2]: »Ein dunkles Kapitel in der Geschichte der Menschheit bilden die einstigen Hexenverfolgungen, die sich ausschließlich gegen das weibliche Geschlecht richteten und dieses dem Feuertode aussetzten. Es sind sicher keine Junonen in ihrem Äußeren und keine Vestalinnen in ihrem Lebenswandel gewesen, die dem Hexenwahn zum Opfer gefallen sind, auch mögen sie den bürgerlichen Begriff von Mein und Dein nie klar erkannt und auch sonst den Weg rechtschaffender Leute oft verlassen haben, aber Buhlerinnen des Teufels waren sie sicher alle nicht, wenn sie sich auch unter den Qualen der Folter oder im Bewußtsein ihrer Rechtlosigkeit vor dem strengen Richterstuhl dazu bekannten. In Schleswig haben dereinst auch für sie die Scheiterhaufen gelodert und ihnen den qualvollen Flammentod bereitet, die Einzelheiten ihrer Verfehlungen sind aber nur in dürftigen Berichten oder gar nicht auf uns gekommen.«

Mehrere dieser hochinteressanten »Berichte« sollen hier abgedruckt werden; überliefert sind sie im »Braunen Buch« der Stadt Schleswig (Stadtarchiv Schleswig Nr. L. 2), dem alten Ratsprotokoll, das verschiedene Denkwürdigkeiten der Stadt Schleswig, wie die Einführung der Reformation, die neue Marktordnung von 1560, mehrere Rechtsgeschäfte, die Bürgermeisterwahl Betreffendes, Abschriften von Amtsbriefen einiger Handwerksämter und vor allem ein sogenanntes »Rechts-Book« über Kriminalsachen enthält. Die Eintragungen umfassen die Zeit von 1418 bis 1623; die älteren Vorgänge sind in der ersten Hälfte des 16. Jahrhunderts aus einem alten Stadtbuch übertragen worden[3]. Geführt wurde das Stadtbuch von dem Stadtschreiber oder Ratssecretarius. Er galt von den »Beamten«, die dem Rate untergeordnet waren, als der vornehmste und angesehenste, war er doch schreib- und sprachkundig[3a]. Der »Magister« Stadtschreiber hatte bei den Verhandlungen die Protokolle zu führen, er hatte die lateinischen und deutschen Urkunden zu verfassen, er begleitete häufig den ältesten Bürgermeister auf Reisen[4]. Von 1536 bis 1576 versah Johann Boye bzw. Boétius diese Aufgaben[5]. Er hat die »Acta und Bekanntenusse« der Schleswiger Toverschen und Kunsthfruwen in bemerkenswerter Weise festgehalten (Abb. 1; Quellenedition S. 86ff.), nämlich zwischen Glauben und Nichtglauben an der Stichhaltigkeit der auf der Folter erbrachten Beweise schwankend, dabei nicht selten voll Mitleid mit den gepeinigten Frauen; kritischer Kopf und

Kind seiner Zeit zugleich, dem sich die Haare sträuben und dem es heilige bzw. unheilige Schauer verursacht, wenn er mit der Überschrift »Schrecklich«[6] zu Zaubereien überleitet, die u. a. die gesamte Stadt verarmen lassen sollten; insbesondere lassen seine mit Scharfblick für die Schwächen des Systems getanen Ausführungen über die Folter aufhorchen, steht doch an ihrem Schluß ein erheblicher Zweifel an der Urteilsfindung[7], der an Wohlmeinende weitergereicht wird: »Häufig täuscht mich oder euch, ihr Richter, die Meinung; aber ihr glaubt (dennoch), irgendeine Sache könne so eindeutig vor Gericht entschieden werden, daß ihr kein Schein der Lüge beikäme.«

In Schleswig wurden zuerst 1548 die Scheiterhaufen angezündet, wie Philippsen betont. »Drei Frauenzimmer, eine Kuhhirtin Metke Fusthen, Lene Jürgens und deren Tochter Anna wurden der Zauberei in dem Dorfe Nübel (falsch – D. U.) angeklagt, infolgedessen ins Gefängnis gesetzt und am Freitag nach Quasimodogeniti verbrannt. Der Richtplatz wird uns nicht genannt, es steht aber anzunehmen, daß als solcher der Rathausmarkt gedient hat, da dieser damals bei derartigen Exekutionen gewöhnlich gebraucht wurde. Um die gleiche Zeit (falsch – 1551 – D. U.) wurde Metke Framen auf Betreiben des Pastors zu St. Michaelis, des Domvikars Nikolaus Lucht, dessen Vieh sie angeblich durch Zaubermittel hatte töten wollen, verbrannt, obgleich sie ihr anfängliches Geständnis im Anblick des Scheiterhaufens widerrufen hatte. Doch damit ist die Zahl der Hexenhinrichtungen in Schleswig noch nicht erschöpft. Die städtische Kämmerei-Rechnung vom Jahre 1641 enthält einen weiteren Beitrag in dieser Beziehung. Hier handelt es sich um ein Konsortium von mindestens 5 Personen, die teils in der Stadt ansässig waren, teils sich hier vorübergehend aufhielten«[8]. Dies haben sie mit den »Hexen« unseres Berichtzeitraums gemein; Philippsen, dessen Schilderung wir gefolgt sind, hat weder sie noch die Prozesse für das 16. Jahrhundert vollständig vorgeführt. Er stellte den ersten Prozeß vor und ordnete ihm Metke Framens Verfahren als gleichzeitig zu; in Wahrheit fand es nach dem Braunen Buch 1551 statt. Diese Verfolgungswelle endet mit einem dritten Prozeß 1557. Richard Heberling, dessen 1915 erschienene Dissertation immer noch die »Zauberei und die Hexenprozesse«[9] in den schleswig-holsteinischen Rahmen einordnet, skizziert und charakterisiert alle Ereignisse so: »1548. Stadt Schleswig. Lene Jürgens. Der Teufel erscheint als schwarzer Kater, keine ausgebildete Vorstellung der Hexerei. Zauberei durch Eingraben einer thönernen Kruke. Anna Jürgens, ihre Tochter. Zauberei mit einem Wachsbild, das ein Arzt Breda in Flensburg getauft. Metke Fuschen. Anfangs Leugnung. Bekenntnis erst, nachdem ihr ein Hemd angezogen, ›das von einer alten papistischen geweiheten Aluen gemacht sei‹. Prozeß auf Anklage, wegen Bezauberung durch eine thönerne Kruke. Gegenseitige Besagungen. Angeklagte wurden auf einem aus 40 Trachten Holz bestehenden Scheiterhaufen an Pfähle gebunden verbrannt. – 1551. Catharine Egers, Schwester des Stadtvogts zu Schleswig. Im Gerücht seit 1548 (falsch – 1546 – D. U.). Der Bruder sucht sie zur Flucht zu bereden; aus Rücksicht auf ihn wird sie eine Zeitlang nicht verfolgt, bis sie auf Anklage in Bürgerhaft gesetzt wird. Der Vogt sucht einen Bürger zu überreden, mit ihr zu trinken und sie zu vergiften. Bekennt in der Folter: 1. Liebeszauber mit einem Kissen. 2. Krankheit anhext. Der Arzt selbst bittet sie, die Krankheit zu besprechen, da er sie sonst nicht heilen könne. 3. Mehrmals nachts nackend auf einem Schlagbaum reitend; in anderer Leute Türen hineingeblasen. Sie sagt, der Teufel sei es gewesen, der ihre Gestalt angenommen. Keine Hexerei. Offenbar wahnsinnig. Besagung auf andere Zauberinnen. Sie stirbt auf der Folter. Am Tage darauf Urteil und Verbrennung des Leichnams[10]. – 1551. Stadt Schleswig. Besagt durch Cath. Eggers: Metke Framen und die Gelharsche. Die Gelharsche unter Jurisdiktion des Gutes Roest. M. F. habe zusammen mit 18 Zauberinnen einen Topf unter dem Stadttor eingegraben, damit die Stadt verarme. – M. F. mit einer anderen Anklage des Vicarius am Dom Nic. Lucht verhört, gepeinigt, zum Feuer verurteilt. Als M. F. mit der Leiter in die Flammen stürzte, rief sie aus, sie sei unschuldig. Der Lektor am Dom rügt die Verfolgungswut des Vikars[11]. – 1557 ließ Bertram Ratlou, Besitzer von Lindau, bei der Borner Kirche 10 Zauberinnen verbrennen. Es wurden 3 Schleswigerinnen besagt als Mitgenossen. Gleichfalls verbrannt«[12].

Die Frage, die sich zunächst aufdrängt, lautet: In welcher zeitlichen Abfolge stehen die Schleswiger Vorfälle? Heberlings Angaben über vorangegangene »Prozesse vor der Städtischen Gerichtsbarkeit« besagen: 1444 und 1445 zwei Zauberinnen in Hamburg, 1482 Hostienzauber in Eppendorf, 1521 wiederum in Hamburg, und zwar ist diesmal der Angeklagte ein Mann, dem Zauberei (vermutlich) bei der Entbindung einiger Frauen angelastet wurde, und 1530 zwei Frauen in Kiel, die vielen Leuten Gesundheitsschäden und sonstigen großen Schaden zugefügt haben sollen. Die aufgeführten Daten stellen nach Heberlings Kenntnisstand die frühesten Belege für geahndete Zaubereidelikte zur Zeit des neuen Hexen- bzw. Hexereibegriffs in Schleswig-Holstein(-Lauenburg) dar[13].

Fritz Treichel verdanken wir weitere Belege für diese Zeit: 1448 wurden in Lübeck drei Frauen verbrannt, weil sie »des duvels konst konden«[13a], 1551 wurden »im Tonderschen« Peer Thomsen und dessen Ehefrau Anna gefoltert, das Urteil ist unbekannt, 1548 wurde in Oldenburg (i. H.) Melchior von Wurtzenberg wegen Kristallguckens enthauptet, 1553 verbrannte man in der Tonderharde die Brudersen und in Hamburg endeten 1555 vier Frauen auf dem Scheiterhaufen[13b]. Werden wir bei genauer Durchsicht der Archive unsere Kenntnisse ergänzen können?

Weiterhin ist für den Fortgang dieser Darlegungen hochinteressant, weil es den Leitgedanken dieser Zeilen anreißt, wie Heberling die erwähnten Verbrechen im Hinblick auf das Vergehen der Hexerei charakterisiert: »Die ersten Prozesse 1550 zeigen noch nicht die Züge der Hauptzeit der Verfolgung: es fehlt das Teufelsbündnis und die Buhlschaft. Es handelt sich um das Veneficium, den zauberischen Giftmord im römischrechtlichen Sinne, der auch der Auffassung des Sachsenspiegels und des Lübecker Stadtrechts entsprach«[14]. Immerhin erkennt er in den Schleswiger Vorfällen um 1550 nicht nur Altes, sondern auch etwas Neues, nämlich »die wachsende Bedeutung der Teufelsvorstellung«[15], die die Übergangszeit von den Zauberprozessen zu den eigentlichen Hexenprozessen prägt: »So gesteht Lene Jürgens, auf dem Felde den Teufel gerufen zu haben. Sei erschienen in Gestalt eines kleinen schwarzen Katers. 1555 haben einige Angeklagte die Zaubertränke in aller Teufel Namen gekocht, von Bund oder Buhlschaft mit dem Teufel ist aber noch keine Rede. 1557 gestand Elli Petersen, daß sie mit den übrigen nur einmal zum Nachttanze auf der Kropper Heide gewesen sei und mit Anna Lüttgen einen schwarzen Hund aufgegriffen habe, welches der Teufel gewesen. Hier läßt sich erkennen, wie die Vorstellungen des Hexenwesens allmählich, vermittelt durch die Folterpraxis, in das Volk hineinsickerten. Am ehesten treffen wir auf die völlig ausgebildete Idee des Teufelsbundes: 1576 wurde in der Stadt Kiel der Schütter Hinrich Busch wegen Hexerei und weil er sich von Gott abgegeben und mit dem Satan in ein Bündnis eingelassen mit dem Feuer vom Leben zum Tode gebracht.«

Was Heberlings Wertung bezüglich des Vorhandenseins von Zauberei- und Hexereidelikten angeht, scheint mir doch aus verschiedenen Gründen Vorsicht geboten zu sein; Mißtrauen erregt die Tatsache, daß der Verfasser die Schleswiger Quellen nur aus zweiter Hand gekannt hat. Seine Kenntnis beruht auf der Vermittlung von J. von Schröder, der im 7. Bande des Staatsbürgerlichen Magazins von 1827[16] die nach wie vor eingehendsten Inhaltsangaben der betreffenden Seiten des Braunen Buches veröffentlicht hat. Heberling hat diesen Filter nun bei der Wiedergabe und der Beurteilung der Schleswiger Geschehnisse nochmals gefiltert. Die Notwendigkeit, die Quellen direkt kennenzulernen, wird offenkundig. Sie steht über jedem Zweifel, wenn die Quelle selbst zum Thema Teufelsbündnis herangezogen wird. Im dritten Prozeß heißt es auf fol. CCV^v: »Darumb is wol acht tho hebbende van Noden, sick flitich und wol vor bose Geselscuppe vortosende (vorzusehen) und jegen weme he syck mede beradtslage, wente de Duwel ist listich, reth und leth nicht raden tho gude, ßunder drifft durch syne Gelithmate (= Gefolgsleute) synes Gefallens, dath he sulven nicht kan towege bringen«[17]. Diesen Ratschlag gibt zwar Johannes Boye, für die Gesamtinterpretation der Prozesse und ihrer Delikte ist er aber dennoch von hervorragender Bedeutung. Er bezeichnet zumindest das Umfeld der Angeschuldigten; insofern könnte er Heberlings Worte, die Folterpraxis habe die Idee des Teufelsbündnisses sozusagen in die armen Frauen hineingemartert, stützen. Andererseits sind unsere Texte von einer solchen Beschaffenheit – sie teilen sich nicht klar und durchgängig in Fragenartikel und Antworten –, daß wir auf Vermutungen angewiesen sind: Mit Sicherheit wissen wir darüber nichts. Das einmal angeschnittene »Andererseits« ließe sich vielfältig fortsetzen, genügen soll hier noch dies: die Frauen führen bedeutend öfter, als Heberling es verdeutlichen kann, bei der Zubereitung ihrer Zaubertöpfe den Namen des Teufels im Munde[18]. Dem Teufel wird von seiten des Schreibers in einer Art Abwehrzauber begegnet, wie: »Behode uns de leve Godth«[19], und: »Fu dy, helscher Satan, dat du dine Hanth nycht wider kanst strecken, alse dy Godt tholett«[20]. Weiterhin steht der Nacht- oder Zaubertanz, es handelt sich um nichts Geringeres als den Hexensabbat, nicht vereinzelt da (Abb. 2); selbst der berühmt-berüchtigte Ziegenbock ist zugegen[21]. Gefragt von Peter Eggerdes, dem Stadtvogt, wie es möglich sei, sich zum Zaubertanze zu entfernen, ohne daß Männer, Kinder und Gesinde diese Abwesenheit bemerkten, antwortet Elli Petersen: »dath ße in erher Parson dar nicht were parsonlich; thom andern dath erhe Szele dar in Wedder und Wynt in Ile hennekemen, bleven dar, solange ere Ahnslach were gescheen unde alsedenne qweme ße darnha wedder tho deme Licham (= Körper), unde ße bleven doch allewege in und uppe erhen Bedden im Slape liggen, dat noch erhe Mans edder jemandes ße uth deme Bedde, Huse edder wor ße alle weren, mistede.«[22] Wohinter nun interessanterweise der Stadtschreiber auf lateinisch setzte: ob wahr, ist zu bezweifeln. Wir sehen, die damalige Zeit, von der wir in den drei erwähnten Personen, einen Zipfel erhaschen, ist sich in ihren Wirklichkeitsvorstellungen nicht einig; worauf es aber vor allem in bezug auf Heberling ankommt, ist, daß sehr weitgehende Gedanken über den Zaubertanz geäußert werden, die der Charakterisierung als Hexerei bzw. Hexenwesen wert sind. Denn wer anders als der

Abb. 2 Der Hexensabbat, Holzschnitt von Hans Baldung gen. Grien, aus: J. Hellbauer, Hexen. Graphiken aus sechs Jahrhunderten, Groß-Gerau 1964, Abb. 10. Es ist kein Blocksbergfest dargestellt. Angeblich wurde während dieser Feiern zur Bekräftigung des Teufelsbündnisses getanzt (Sardana), es wurde gemeinsam gegessen, Menschen wurden geopfert, man gab sich verschiedenen Ausschweifungen hin. Hier ist eine auf einem Ziegenbock durch die Luft reitende Hexe zu sehen, die einen Feuerregen verursacht. Währenddessen kochen andere Hexen in einem Topf, oftmals »de Toverie« genannt, Zaubermittel (z. B. Menschenhaare, Nägel, Totenbeine, Haare von Tieren und Zauberkraut) zusammen. 18 Zauberinnen bzw. Hexen glaubten, durch das Eingraben eines solchen Topfes unter dem Schleswiger Stadttor die Stadt Schleswig verarmen lassen zu können.

Teufel – »Lucifer« genannt – sollte den Frauen bei ihrer erstaunlich unbemerkten Ausfahrt zum Hexentanz behilflich sein?

Nachdem wir mit Heberlings Skizzierungen und Charakterisierungen eine erste Bekanntschaft mit »unseren« Quellen geschlossen und ihre Bedeutung als nicht ausgesprochene Hexerei problematisiert haben, ist es an der Zeit zu definieren, was Hexerei ist, bzw. was die »neue« Hexe im Unterschied zur »alten« Zauberin ausmacht.

1.1 Die historische Genese der neuen Hexe
1.1.1 Die neue Hexe

Daß es mit dem Begriff Hexe seine besondere Bewandtnis haben muß, wird schon durch den augenfälligen Umstand genährt, daß das Wort Hexe in unseren Quellen überhaupt nicht auftaucht. Stattdessen haben wir es mit Toverschen und Kunsthfruwen zu tun. Wir wissen nun von anderen für andere Gegenden, daß dies kein schleswig-holsteinisches Spezifikum für die erste Hälfte des 16. Jahrhunderts ist. »Selbst im 17. Jahrhundert hatte das Wort Hexe die vielerlei mundartlichen Redensarten noch nicht überall verdrängt«[23]. Das wirft die Frage auf, die an die vorhergehende Auseinandersetzung mit Heberling anknüpft, ob nur das Wort oder ob auch die Vorstellung des damit umschriebenen Verbrechens fehlte.

Vornehmlich von Josef Hansen lernen wir, daß das oberdeutsche Wort Hexe[24] um 1419 zum ersten Male noch ganz vereinzelt im alemannischen, schweizerischen Sprachgebiet erscheint und allmählich nach Norden fortschreitend allgemeine Verbreitung gefunden hat[25]. Man bezeichnete damit »verworfene Menschen, und zwar vornehmlich Angehörige des weiblichen Geschlechts, welche zunächst einen Pakt mit dem Teufel geschlossen hatten, um mit dessen Hilfe unter Anwendung von mancherlei zauberischen Mitteln ihren Mitmenschen an Leib und Leben, am Besitz, an Haustieren oder an Saaten und Früchten Schädigungen aller Art zuzufügen; Menschen, die ferner an dem unter dem Vorsitz des Teufels stattfindenden nächtlichen Sabbat teilnahmen, auf diesem dem körperlich erscheinenden Teufel Verehrung erwiesen, dagegen Christus, Kirche und Sakramente frech verleugneten und schimpflich verhöhnten; Menschen, die sich zu diesem Sabbat wie an die Stätten ihrer schädigenden Thätigkeit mit teuflischer Hilfe im schnellen Flug durch die Lüfte hinbegaben, untereinander und mit dem Teufel sich geschlechtliche Ausschweifungen gröbster Art zu Schulden kommen ließen und eine große ketzerische Sekte bildeten; Menschen endlich, denen es ein Leichtes war, sich in Tiere, namentlich in Wölfe, Katzen oder Mäuse zu verwandeln und in dieser Gestalt ihren Mitmenschen zu erscheinen. Es wurde ein innerer Zusammenhang dieser Vorstellungen untereinander angenommen. War gerichtlich dargethan, daß ein Angeklagter sich eines dieser verschiedenen Vergehen schuldig gemacht habe, so wurde auf die Ausführung auch der anderen als selbstverständlich geschlossen; insbesondere war jedermann, der gerichtlich überführt wurde, auf dem Sabbat gewesen zu sein, ohne weiteres auch der Ausübung von schädigenden zauberischen Handlungen in höchstem Maße verdächtig«[26].

Der hauptsächlich durch Hansens Untersuchungen, die bis heute unentbehrlich sind, herauskristallisierte Begriff für die »neue Art Hexerei«[27] ist ein Kollektiv-, Kumulativ- oder Sammelbegriff[28]. Was er wie ein Schmelztiegel zusammenfaßt, ist ein Konglomerat, das »keineswegs eine Erfindung jener Zeit, in der die meisten Hexenprozesse stattfanden«[29], bildet. In ihm sind einstmals getrennt vorhanden gewesene Gruppen von Vorstellungen verschiedener Zeiten und ganz unterschiedlicher Kulturen zusammengetragen. Sie entstammen uneinheitlichen Realitäten, wie es Volksglaube, Mythologie und bloße literarische Überlieferung sind; treten sie zusammen auf, dann kann man sie nicht immer scharf voneinander trennen. Verblüffend ist dabei die große Ähnlichkeit des Schadenzaubers bei allen Völkern[30], die sich nicht durch die Abhängigkeit oder die Übernahme von Zauber- und Gespenstervorstellungen erklärt. Der mittelalterlichen Theologie kommt das zweifelhafte Verdienst zu, aus den verschiedenartigen Wurzeln ein großes gelehrtes System erarbeitet zu haben. Hierdurch wurden heidnische und sonstige fremde Gedanken dem christlichen Weltbild einverleibt und zugleich originell umgeformt. Die Originalität liegt in dem alles beherrschenden Teufelsmotiv, in der Abgründigkeit des mit Zauberei und Hexerei verursachten Bösen kosmischen Ausmaßes, des »Religionsfrevels«[31]. »Der sich zu Beginn der Neuzeit immer deutlicher formende Hexenglaube, auf dem Glauben an eine reale, in das Menschenleben direkt eingreifende Welt der Dämonen basierend, besagte klar, daß die Hexen nicht bloß böse Weiber, sondern vom Christenglauben abgefallene und mit dem Satan paktierende Teufelsbuhlen wären«[32]. Für dieses Verbrechen, für diese »Teufelsketzerei«[33] (Abb. 3) – »im Mittelpunkt des Hexenkultes steht der Teufel«[34] – reichte zur Verdeutlichung der Schwere des Vergehens und des daraus folgenden Strafverfahrens nur der Begriff »crimen exceptum«, das Ausnahmeverbrechen[35], aus. Seine Zuordnung zum Teufelspakt ist der eigentümliche Beitrag der spätmittelalterlichen Theologie und Kirche.

Wenn man liest, daß das Maleficium, wörtlich die Missetat, in unseren Quellen »bose Stukke« oder »Mishandelynge«, also die schädigende Zauberei bzw. bloß das Verbrechen der Zauberei, stets der Kern der Hexerei geblieben sei[36], bzw. daß der Hexenglaube »zum Teil auf dem Begriff des Maleficium« beruhe[37], so ist dieser Zusammenhang zu beachten: Das Malefiz ist ein Ausfluß des Teufelspaktes. Hat man sich dem Teufel übereignet, ist man verpflichtet, dem Teufel durch auf die Mitmenschen und deren Habe (Milch, Butter, Vieh, Mast, Korn etc.) gerichteten schädigenden Zauber zu dienen.

Dieser Dienst ist das Unterscheidungsmerkmal für die »neue Art Hexen«[38], für den seit 1480 vorliegenden, wenn auch, wie neuerdings gegen Hansen betont wird[38a], nicht abgeschlossenen christlichen Hexenbegriff, dessen ungeteilte Beilegung Heberling den Schleswiger Ereignissen versagt hat: »Die ersten weiblichen Opfer des vollständig ausgebildeten Hexenwahns sind, soweit die Überlieferung geht, zu Heiligenhafen im Lande Oldenburg 1578 gebrannt. Jedoch liegt es sehr nahe, anzunehmen, daß bereits früher ›Töwersche‹ auch als Hexen verbrannt wurden, deren Akten uns nicht mehr erhalten sind. Denn die Vorstellung von der Teufelsbuhlschaft zeigt bereits in diesen Protokollen eine erstaunliche Festigkeit. Wir dürfen demnach annehmen, daß die Verfolgung des Teufelsbündnisses und der Buhlschaft um 1560–1670 in Schleswig-Holstein einsetzte. Daß nicht viel eher als zum Beginn des 16. Jahrhunderts eine stärkere Verfolgung der Zauberei überhaupt eingesetzt hat, erklärt die Aussage der Sunde Bohlen in der Stadt Kiel 1587: ›sie wäre itzo hundert und zwei Jahre alt, und hätte man bei ihren jungen Jahren nichts davon gewußt, daß

Abb. 3   Teufel und Hexe, Holzschnitt aus Ulricus Molitor, De lamiis et phitonicis mulieribus, Straßburg 1490, nach R. H. Robbins, The Encyclopedia of Witchcraft and Demonology, New York 3. Aufl. 1963, S. 511, früheste Darstellung der Teufelsbuhlschaft, des Wesensmerkmals der neuen Hexe im Unterschied zur herkömmlichen, im Volksglauben wurzelnden Zauberin.

jemand um solche Raden und Segensprechen wäre bestraft oder verbrannt worden«»[39].

Daß wir Heberlings Gewichtung nicht ohne weiteres folgen können, wurde bereits ausgeprochen; hier sei der Zweifel wiederholt, d.h. die Notwendigkeit einer neuen Untersuchung betont. Müßte dabei nicht stärker als bisher beachtet werden, daß in einer Übergangszeit, in der verschiedene Vorstellungen ungeglättet nebeneinander stehen, die vorhandenen Hinweise auf den Teufelspakt schwerer zu werten sind als in einer späteren Zeit, wo das Abschreiben, das Herbeten von Formularen in viel stärkerem Maße vorausgesetzt werden muß?

1.1.2 Das Hexenverbrechen: Die Teufelsketzerei

Die bereits gefallenen Stichworte »Teufelsketzerei« und »Religionsfrevel« verweisen auf Zeiten und Räume, in denen das Unterscheidungsmerkmal des neuen Hexenbegriffs und Hexenglaubens – die Idee vom Teufelspakt – herausgebildet wurde. Wie diese Idee rezipiert wurde, wie sie von Südfrankreich aus in die Hexenprozesse gelangte, darüber herrscht nach neueren Forschungen, worüber unten mehr angeführt ist, Unklarheit. Es fehlt nach diesen Erkenntnissen die direkte Verbindung von der südfranzösischen Ketzerverfolgung zu den Hexenverfolgungen in . . . Dennoch ist nicht zu leugnen und auch bei J. Hansens Kritiker Kieckhefer[39a] unbestritten, daß die Idee vom Teufelspakt ein Teil des mittelalterlichen Ketzerproblems und Ketzerwesens ist. Es hatte sich seit dem 11. Jahrhundert in verschiedenen Gegenden Mitteleuropas als Reaktion auf eine sich verrechtlichende Amtskirche in der Suche nach der rechten Nachfolge Christi vielgestaltig ausgeprägt. In unserem Zusammenhang ist der Katharismus von eminenter Bedeutung, »weil Gebräuche und Sitten der Katharer Anlaß zu Verleumdungen gaben und Gerüchte von obszönen Handlungen in Verbindung mit dem Teufel oder Satan auftauchten«[40]. Die Katharer (= die Reinen), die seit 1143 überall in Europa Fuß faßten, sind die erste wirkliche Sekte im Abendland[41]. Sie verkörperten für die christliche abendländische Kirche des Mittelalters das Ketzertum, den Irrglauben, die Abweichung von der anerkannten Kirchenlehre schlechthin. Kennzeichnend ist für die Katharer der radikale Dualismus von Geist – Materie bzw. von Gut – Böse. Der Kirchenvater Augustin hatte in der Auseinandersetzung mit solchen Ideen schon Jahrhunderte früher die ersten und für lange Zeit gültigen Ketzervorstellungen und -kriterien der abendländischen Kirche übermittelt.

Die Kirche sah »schauerliche Geheimriten«[42], die sich speziell um die Handauflegung, das consolamentum, rankten. Bei den Katharern, die über streng organisierte Gemeinden mit eigener Hierarchie verfügten – sie waren also alles andere als ein amorphes Schwärmertum –, mußte der in die Gemeinde Aufzunehmende vor dem Bischof niederknien und ein Buch küssen, worauf er die Geisttaufe durch die Handauflegung und den Bruderkuß erhielt. Wie diese Riten mißdeutet wurden, bezeugt eine Bulle Gregors IX. von 1233[43]: »Werde ein Neuling aufgenommen, erscheine ihm zunächst eine Art Frosch, dem er huldige; danach begegne ihm ein blasser Mann mit schwarzen Augen, den er küsse. Der Novize fühlte, daß dieser, Meister genannt, kalt wie Eis sei, und nach dem Kuß schwinde dem Novizen jede Erinnerung an den christlichen Glauben. Es folge ein Mahl, nach dem Essen erscheine ein Kater, der ebenfalls in obszöner Weise adoriert werde, und nach Löschung der Lichter begehe man Unzuchtorgien. Zum Schluß erscheine ein Mann, oberhalb der Hüften glänzend und strahlender als die Sonne, unterhalb rauh wie ein Kater. Der blasse Mann übergebe dem glänzenden symbolisch den Novizen, und der glänzende gibt ihn dem Meister zurück. Danach verschwinde der Glänzende. Die Bulle schließt mit der Bemerkung, daß diese Unglücklichen an Luzifer als ihren Gott glauben, von dem sie ihre Seligkeit erwarten«[44]. In der Mißdeutung des Aufnahmeritus der Novizen als Teufelsadoration ist der Paktgedanke unübersehbar. Aber nicht nur das Ausnahmeverbrechen wurde in bezug auf die Katharer von den Rechtgläubigen formuliert, es wurde auch das Instrumentarium des Kampfes, ja der gnadenlosen Verfolgung, in vorbildlicher Weise ausfindig gemacht und für nachfolgende Zeiten bereitgestellt. Praktiziert wurde dies im Albigenserkreuzzug. Die Albigenser, in ihren Namen ist ihr Hauptsitz in der südfranzösischen Stadt Albi im Languedoc eingegangen[45], waren eine dualistische Sekte, die neben anderen zu den Neumanichäern[46] oder Katharern zählten[47]; die Bezeichnung Katharer ist ja ein Sammelbegriff. Nachdem bereits 1181 ein erfolgloser Kreuzzug gegen die Albigenser stattgefunden hatte, begann unter Papst Innozenz III. der Vernichtungskampf, der von 1209–1229 mit unmenschlicher Grausamkeit von beiden Seiten geführt wurde. Eine stehende Inquisition vollendete die gewaltsame Unterwerfung. Begründet wurde die päpstliche Inquisition von Papst Gregor IX. (1227–1241), dem Verfasser der Bulle über die Teufelsadoration. Inquisition leitet sich vom Lateinischen inquirere, aufsuchen, nachspüren, untersuchen ab. Im antiken römischen Recht ist es noch nicht als strafprozessualer Begriff geläufig. »Inquisition im weiteren Sinne ist die Erforschung von Tatbeständen, namentlich von Straftatbeständen, ex officio (= von Amts wegen); sie steht im Gegensatz zu der auf alter Stufe vorherrschenden Verfolgung von Strafsachen durch geschädigte Privatpersonen (›Wo kein Kläger ist, da ist kein Richter‹). Inquisition im engeren Sinne ist die Verfolgung der Ketzerei durch Staat und Kirche«[48]. Letzteres fiel grundsätzlich in die Zuständigkeit der ordentlichen kirchlichen Strafgerichte der Bischöfe[49]. Wie angedeutet, band Gregor IX. die Ketzerverfolgung an die päpstliche Amtsgewalt, indem er z. B. vorzugsweise Mitgliedern des Dominikanerordens direkte Aufträge erteilte. Aus diesen Inquisitoren, die zunächst nur Gehilfen der Bischöfe waren, wurden zuerst in Südfrankreich selbständig wirkende Richter; als päpstliche Bevollmächtigte liefen sie dann den Bischöfen den Rang ab[50].

Aus dem Zweck der Inquisition – der Zurückführung der Ketzer zum Glauben – erklärt sich, wenn auch in unmenschlicher Logik, die Härte des Vorgehens während der Untersuchung und der Strafe im Falle von Verstocktheit, Bußunfertigkeit und Reuelosigkeit der Irrgläubigen: die Folter (Abb. 4) als Beweiserhebungsmittel während des Prozesses und der Feuertod (Abb. 5) als Todesstrafe am Ende des Prozesses. Die Folter, eine seit der Antike bekannte Einrichtung[51], wurde angewandt, um über das – möglichst freiwillige – Geständnis, die Königin der Beweise (regina probationum), die Voraussetzungen für eine Besserung des Delinquenten zu schaffen. Diese Sinngebung ist heutzutage nur mit Mühe nachzuvollziehen. Aber nicht nur deshalb ist die Inquisition in Verruf geraten, ist doch ihre gesamte Einrichtung pervers, da sie »zum ersten Male in der Weltgeschichte die Gesinnung, also nicht nur das Bekenntnis, sondern sogar den nur vermuteten Glauben des Nebenmenschen der Strafgerichtsbarkeit unterwarf«[52]. Denn: »Die Verketzerung ist keine einfache Verleumdung«, sie ist eine Verteufelung, die ein procedere (Vorgehen) ohne alle Bindungen des gewohnten Rechts, des Herkommens und der Menschlichkeit in Gang setzte[53]. Daß nicht erst uns der Hauptbestandteil der Inquisition, die Folter, fragwürdig geworden ist, sondern auch früheren Zeiten als probates Mittel der Wahrheitsfindung in Frage stand, geht sehr beredt aus Boyes kritischen Gedanken zur Folter am Schlusse der Prozesse hervor. In welchem rechtlichen, namentlich prozes-

Abb. 4 Eine der Hexerei angeklagte Frau bleibt standhaft und stirbt an der Folter. Zu sehen ist, wie eine Frau in der Folterkammer von dem Henker am Reckseil emporgezogen wird (s. Anm. zu den Quellen 73). Am Boden liegen verschiedene Folterinstrumente: Gewichte zum Ausrecken des Körpers, ein Seil und eine Rute zum Stäupen. Sammlung Wikiania (16. Jahrhundert), kolorierte Zeichnung, Zentralbibliothek Zürich F. 26 fol. 226, aus: H. Fehr, Das Bild im Recht (= Kunst und Recht, Bd. 1), München und Leipzig 1923, Abb. 66.

sualen Rahmen sich in einer protestantischen Stadt wie Schleswig[54] das weltliche Strafgericht als Kriminalgericht der »Toverschen« annahm – knüpfte es hierbei an die Inquisition an? –, wird hier später zu umreißen sein. Leider gibt es über das Gerichtswesen der Stadt Schleswig[55] so gut wie keine nennenswerten älteren Vorarbeiten, neuere Darstellungen fehlen. Eins wird aber schon jetzt durch das bloße Vorhandensein unserer Quellen belegt: Die gerichtliche Verfolgung von Zauberei- und Hexereidelikten ist nicht die ausschließliche Angelegenheit einer Konfession gewesen. Katholiken wie Protestanten sind hier tätig geworden[55a]; keine Religion kann der anderen die Schuld für Verfolgung und »Wahn« aufwälzen. Weiterhin lehrt die Historie, daß Geistliche wie Weltliche, egal ob katholisch oder protestantisch, verfolgt haben. Wie die Protestanten das Erbe des Katholizismus übernommen haben, wird in ihrem prominentesten Vertreter sichtbar. Luther, der in der Furcht vor dem leibhaftigen Teufel lebte, bezweifelte nicht einen Moment lang die Realität und die Gefährlichkeit der hexerischen Teufelsanhängerinnen und -buhlerinnen[56].

Abb. 5 Verbrennung von drei zusammengebundenen Hexen zu Baden 1574. Das Verbrennen wurde als Reinigung aufgefaßt. »Im Feuer lebte ein Gott. Das Verbrennen war einst eine Opferung an diesen Feuergott. Die Gottheit selbst zehrte den Verbrecher auf.« H. Fehr, Das Bild im Recht (= Kunst und Recht, Bd. 1), München und Leipzig 1923, Abb. 112 (= Sammlung Wikiana, Aquarell, Zentralbibliothek Zürich F. 23 fol. 56). Die vor einer rauchenden Schale, einem Zaubertopfe, hockende Frau soll wohl die früheren Taten der zum Feuertode verurteilten Frauen versinnbildlichen.

Daß Teufelsbuhlschaft mit Religionsfrevel und mit Glaubensabfall zu tun hatte und sich nicht in einer vordergründigen Schädigung von Mensch und Gut erschöpfte, hatte in einer protestantisch gewordenen Welt nicht seine Gültigkeit in den Gehirnen und Herzen der Gläubigen verloren. Weil das so war, muß zum besseren Verständnis unserer Texte erläutert werden, wie die Identifikation der Zauberei mit dem Glaubensabfall, der Häresie, erfolgte, wie man die Zauberei vor die Inquisition zog und wie daraus der neue Hexenbegriff entstand. »Indem man den Häretikern eine Verbindung zu den teuflischen Dämonen unterstellte«[57], war der Identifikation Tor und Tür geöffnet. »Die Verknüpfung des Zauber- und Hexenwesens mit Häresie war im Grunde eine zwangsläufige Folge«[58]. Oder: »Bis zur Feststellung, daß die Zauberer ebenso, wie man es bei den Ketzern gewohnt war, eine förmliche Sekte bildeten, war nur noch ein weiterer Schritt auf dieser schiefen Ebene langlebiger geistiger Verirrung«, stellt Josef Hansen[59] treffend fest, dessen Werk »Zauberwahn, Inquisition und Hexenprozeß im Mittelalter« sowohl diese Genese als auch die Transformationskraft der Inquisition widerspiegelt. Sie beinhaltet, daß Zaubergreuel den Ketzereien auf dem Fuße folgten[60]; die inquisitorische Praxis erbrachte die Vermischung zauberischer und ketzerischer Delikte[61]. Sie legte die ketzerische Eigenschaft der Zauberei endgültig fest[62]. Stifter der neuen Sekte war der Teufel. Seine Gefolgsleute gesellten sich ihm durch einen Pakt, durch Abschwörung von Gott und Christus hinzu. Der neue Hexenbegriff wurde seit 1240 ausgebildet[63]; die erste (neue) Hexe, von der man »weiß«, daß sie sexuellen Verkehr mit dem Teufel hatte, wurde 1275 in Toulouse verbrannt[64]. Mit diesem Datum ist für Hansen die Priorität der päpstlichen Ketzerinquisition bei der Ausbildung des verhängnisvollen Kumulativbegriffs vom Hexenwesen faßbar, »besonders aber von 1335 an beginnt diese Entwicklung in den Inquisitionsprocessen, während sie in den weltlichen Processen erst circa 1400 einsetzt«[65]. Nicht zufällig begann diese Entwicklung in Südfrankreich. Vornehmlich im heutigen Kanton Waadt, wo sich um 1400 aus der Ketzerverfolgung die eigentliche Hexenverfolgung angebahnt hatte[66], wurde der abscheuliche Gedanke der Teufelsketzerei bzw. des Teufelspaktes fortgebildet. Zwei weitere Vorstellungen knüpfen sich daran, die Teufelsbuhlschaft, die hauptsächlich während des Sabbats stattgefunden hatte, und die Luftfahrten der Hexen. Hier sei an den Ziegenbock erinnert, den Elli Petersen beschwört. Mit der Teufelsbuhlschaft und dem Hexensabbat zeichnet sich das bevorzugte, wenn nicht gar ausschließliche »Opfer« der Teufelsketzerei ab: Die Zuspitzung des Hexenwahns auf das weibliche Geschlecht, der »Geschlechtscharakter des neuen gelehrten Hexenwahns des 15. Jahrhunderts«[67].

Soweit Hansen – und nun mehr von der oben angekündigten Kritik, die seine Darstellung neulich erfahren hat.

Hansen untermauert seine Sicht von der zentralen Rolle Südfrankreichs bei der Entstehung des neuzeitlichen Hexenbegriffs und insbesondere der großen Hexenverfolgung mit Quellen, die 1829 von dem Franzosen Etienne-Léon Lamothe-Langon[67a] überliefert worden waren. Hiernach stammte die erste Hexe, die sich mit dem Teufel eingelassen hatte, aus Toulouse; hiernach wurden zwischen 1320 und 1350 tausend Hexenprozesse dort und in Carcassonne geführt; hiernach endeten sechshundert dieser Verfahren mit Verurteilung. Dies alles soll sich zu einer Zeit ereignet haben, in der anderen europäischen Regionen massenhafte Verfolgungen der Hexerei fremd waren.

Zwei angelsächsische Wissenschaftler – Cohn (1975)[67b] und Kieckhefer (1976)[67c] – haben, übrigens unabhängig voneinander, die eben skizzierte Genesis bezweifelt, weil sie von der Echtheit der bei Lamothe-Langon dargebotenen Quellen nicht überzeugt sind.

In der Tat haftet diesen Quellen bei näherem Zusehen viel Merkwürdiges an. Ihr Herkunftsort ist zum Beispiel bis auf den heutigen Tag unbekannt. Lamothe-Langon hatte ihn nicht mitgeteilt. Außerdem hatte er die Quellen als Exzerpte – übersetzt oder paraphrasiert – publiziert. Dessen ungeachtet druckte sie J. Hansen in seinen »Quellen und Untersuchungen zur Geschichte des Hexenwahns und der Hexenverfolgung im Mittelalter« (Bonn 1901)[67d] ab. Hansens Darlegungen bestimmen noch immer die deutsche Forschung, wie jüngst auf den Buchmarkt gelangte Werke beweisen[67e]. Die von Cohn und Kieckhefer geübte Quellenkritik ist in der Bundesrepublik weder nachvollzogen noch vertieft worden, obwohl sie einen Einschnitt, ja einen Neubeginn der Erforschung der Entstehung der neuzeitlichen Hexenverfolgung bedeutet: Anstelle Südfrankreichs treten die Schweiz (so auch bei Hansen, aber als Brücke zu Südfrankreich) und Italien als entwicklungsgeschichtlich führende Gegenden in den Vordergrund; statt des 13. Jahrhunderts vollzieht sich Gewichtiges ein volles Jahrhundert später, nämlich von 1375 bis 1435[67f]. Es kann hier nicht entschieden werden, wer recht hat. Es sollte und mußte auf die neue Blickrichtung aufmerksam gemacht werden, die unser gewohntes Bild, insbesondere von der Verknüpfung der Ketzerverfolgung mit der Hexenverfolgung, nicht jedoch von der Ausbildung der Teufelsketzerei[67g], infrage stellt. Dies ist schmerzlich und irritierend zugleich, weil das neue Bild unvollendet ist. Wir, die wir nicht mit dieser Spezialforschung befaßt sind, befinden uns in einem Stadium der Ungewißheit. Werden uns zukünftige Untersuchungen das Verlorene ersetzen können – oder gilt, was Kieckhefer[67h] andeutet, daß unter Umständen ein endgültiges Urteil erst dann möglich wird, wenn die fraglichen Quellen aufgefunden werden?

1.1.3 Der Anteil der Dominikaner: Der »Hexenhammer«

An dieser Zuspitzung des Hexen»wahns« auf das weibliche Geschlecht wie an der Vermischung von Zauberei- und Ketzereidelikten waren maßgeblich die Dominikaner beteiligt, denen 1232 von Papst Gregor IX. die Inquisition fast ausschließlich übertragen worden war. Das Papsttum hatte ihrem Verlangen, inquisitorische Vollmachten zur Bekämpfung der Zauberei zu erlangen, nicht gleich stattgegeben[68]. Unter den sog. französischen Päpsten in Avignon – Johannes XXII., und Benedikt XII. – änderte sich dies grundlegend[69]. In der ersten Hälfte des 15. Jahrhunderts traten mehrere Hexenjäger, Inquisitoren, auf[70]. Die von der dominikanischen Ketzerinquisition vertretenen Begriffe und Auffassungen erfuhren eine ungeahnte überregionale Verbreitung durch die sog. Hexenbulle »Summis desiderantes« Papst Innozenz' VIII. vom 5. 12. 1484[71], da sie die erste gedruckte Bulle ist[72]. Sie beweist, wie weit sich inzwischen die neuen Anschauungen verbreitet und verfestigt hatten: Die satanische Sekte habe sich in letzter Zeit vor allem in den deutschen Bistümern längs des Rheins und im Bistum Bremen sowie in Tirol und Salzburg ausgebreitet. »Die Männer, die dieser Sekte angehören, trieben Unzucht mit Teufeln in Weibsgestalt (succubi), die Frauen mit Teufeln in Mannsgestalt (incubi). Durch ihre Beschwörungen und Zaubersprüche verdürben sie die Früchte der Felder und Gärten, erweckten sie Krankheiten und Schmerzen bei Menschen und Tieren, machten die Männer impotent und die Frauen unfruchtbar. Ihre sinnlose Bosheit wurde damit erklärt, daß Satan, ›der Feind des menschlichen Geschlechtes‹, das ganze Unwesen angestiftet habe. Unter seinem Einfluß hätten sie den Glauben, in dem sie getauft worden seien, mit eidbrüchigem Mund verleugnet«[73]. Gegen diese Zauberer und Hexen gerichtlich vorzugehen, ermächtigt der Papst die beiden in Deutschland tätigen Dominikanerinquisitoren Heinrich Institoris und Jacob Sprenger. Beide hatten sich seit etwa 1480/81 mit Eifer der Hexenverfolgung zugewandt und waren dabei auf Widerstand und Widerspruch bei Geistlichen und Laien in Deutschland gestoßen. Auf ihren Hilferuf erließ der Papst die zitierte Bulle, die sie mit der nötigen Autorität ausstatten sollte. Außerdem wurde der Bischof von Straßburg beauftragt, die den Inquisitoren etwa entgegengesetzten Hindernisse durch die Verhängung kirchlicher Zensuren zu beseitigen[74]. Die Schwierigkeiten waren mit dieser päpstlichen

Anerkennung und Vollmacht keinesfalls restlos aus dem Wege geräumt. Dies erfuhr vornehmlich Institoris in Innsbruck; er beschloß, die aufgetretenen Zweifel mit einem Werk über das Hexenwesen und seine Bekämpfung zum Schweigen zu bringen. Er und Sprenger verfaßten 1485/86 den berüchtigten »Hexenhammer« (Malleus maleficarum)[75]. Dieses Werk wurde 1487 zum erstenmal, dann bis 1520 13mal, endlich 1574–1669 16mal, im ganzen also 29mal gedruckt; 16 Auflagen erschienen allein in Deutschland[76]. Welche Indoktrination hiermit erreicht werden konnte und wurde, lassen die vielen Auflagen, vor allem die zwischen 1587–1620 rasch erfolgten, ahnen. »Der Malleus maleficarum ist . . . das verruchteste und zugleich läppischste, das verrückteste und dennoch unheilvollste Buch der Weltliteratur, das . . ., obgleich es als Privatschrift keineswegs eine gesetzliche Kraft in der Kirche erlangte, die Quelle unsäglichen Unheils geworden« ist[77].

Das (Un-)Werk ist in drei Teile gegliedert. Der erste Teil erklärt die Realität und das Wesen der Hexerei nach der Bibel, dem kanonischen und weltlichen Recht. Die Argumente liefern hauptsächlich Augustinus und Thomas von Aquin[78]. Der zweite Teil des Hexenhammers beschäftigt sich mit zwei Fragen: Wem kann ein Zauberer nicht schaden? Wie ist die Hexerei aufzuheben, wie sind die Behexten zu heilen[79]? Es werden die gegen die Untaten der Hexen fruchtenden geistlichen Heilmittel herangezogen[80]. Der dritte Teil ist einem Kriminalkodex ähnlich und lehrt, wie vor dem geistlichen und weltlichen Richterstuhle gegen die Zauberer und alle Ketzer zu verfahren ist[81].

Als Motiv für die Entstehung des Werkes wird die Gefahr der Kirche, in der sie durch die Ketzerei des Hexenwesens geraten ist, herausgestellt[82]. Als Drahtzieher wird der Teufel nicht verschwiegen, denn das Getriebe der Zauberer und Hexen fuße auf einem Bündnis mit dem Teufel. An der Realität des Zauber- und Hexenwesens zweifeln, sei daher Ketzerei. Überdies sind alle von dem hier vertretenen Hexenbegriff abweichenden Meinungen Ketzereien[83].

1.1.4 Die »Opfer«: Der Geschlechtscharakter des neuen gelehrten Hexenwahns
Die verhängnisvolle Originalität des »Hexenhammers« besteht in seiner »Zuspitzung des Hexenwahns auf das weibliche Geschlecht«[84]. Dies hebt ihn bedeutungsschwer von der sog. Hexenbulle Innozenz' VIII. vom Jahre 1484 ab; sie beteiligte beide Geschlechter an dem neuen Hexentreiben[85], ja, mußte sie beteiligen, da sie vom Hexensabbat ausging. Die hierbei angenommenen Vorgänge konnten kein Geschlecht aussparen[86]. Je stärker aber die Teufelsbuhlschaft in den Mittelpunkt des Hexenbegriffs geriet, desto stärker wurde zwangsläufig das weibliche Geschlecht belastet: Satan nimmt »nicht mehr eine Versucher- oder Anklägerrolle ein, sondern wird zum Geliebten und Verführer«[87]. Die »Anfälligkeit der Frau gegenüber Trieb- und Affektgeschehen«[88] stand der damaligen Zeit außer Zweifel. Daß die Frau äußerst gering zu achten war, hatte sogar die Theologie mit großer Gelehrsamkeit aus der biblischen Erzählung vom Sündenfall der ersten Menschen abgelesen. Eva war das »Haupt der Sünde«[89]. Mit ihr war die Frau das Schlechteste der Schöpfung überhaupt[90].

Daß sich hinter dieser boshaften Reduzierung der Frau auf ihr eindeutig negativ gewertetes biologisches (= lasterhaftes) Wesen die »Problematik der Geschlechterbeziehungen«[91] in vielfältiger Art und Weise verbirgt, ist unbestritten; es wird evident, »daß die Frau in ihrer allgemeinen soziologischen und geistigen Wertung jahrhundertelang biologisch begriffen wurde«[92]. Nur im Madonnenkultus war der Kirche und der von ihr geprägten Gesellschaft die Frau erträglich; nur die jungfräuliche, unberührte, kein Geschlechtsleben führende Frau[93] stellte keine Bedrohung dar, im Gegenteil, sie konnte verehrt werden, weil sie einer um das Ideal der monastischen Askese kreisenden Kirche vertraut war. »Aber es liegt auf der Hand«, schreibt J. Hansen mit fast feministisch anmutender Verve, »daß, je roher die Gesichtspunkte sind, unter denen eine von einseitig männlicher Seite erfolgende Betrachtung den Verkehr zwischen den Geschlechtern auffasst und schulmässig wie in der Beichtpraxis ununterbrochen zum Gegenstand casuistischer Erörterungen macht, um so tiefer die Achtung vor dem Weibe sinken muß«. Welches Verhängnis hier seinen Lauf nahm, bezeugt u. a. der gegen die Verfolgung der Hexen aufgetretene Johann Weyer (geb. 1516); auch ihm sind die Frauen von »natur und temperament wankelmütig und boshaft«, vor allem sind sie triebhaft und damit teufelsanfällig[94].

Dies alles hat wenig mit dem alten herkömmlichen, volkstümlichen Glauben an die mehr von Frauen als von Männern verübten Malefizien zu tun; zwar waren viele zauberische Schädigungen wie Giftmischerei und alles, was von den Strigen (eulenähnliche Hexen) verübt wurde, »seit jeher weiblich gefärbt«[95], sie waren aber nicht Ausdruck eines theologischen Systems, das in der Frau das Haupt der Sünde erblickte. Allerdings konnten die Relikte aus dem Volksglauben bei entsprechender Überformung die Saat des »Geschlechtscharakters des neuen gelehrten Hexenwahns«[96] verderblich aufgehen lassen.

**Lenta vindicta Deorum
Gottes Mühlen mahlen langsam**

2 Vorrede zur Interpretation der Schleswiger Prozesse

Die Schleswiger Hexenprozesse von 1548, 1551 und 1557 sollen nun unter den Gesichtspunkten des Geschehens, des Verbrechens, des Gerichtsverfahrens und der Schuldzuweisung betrachtet werden.

In Form von Inhaltsangaben werden zunächst die Prozesse zusammenhängend in ihrem Hauptgeschehen verdeutlicht, um so dem Leser eine Orientierungshilfe für die drei nachfolgenden Spezialuntersuchungen zu gewähren. Einige Wiederholungen oder vertraute Anklänge an bereits Dargelegtes ließen sich im Interesse der Klarheit nicht vermeiden.

Der Abschnitt Verbrechen enthält eine Bestandsaufnahme des Begangenen in systematischer und historischer Sicht. Ähnliche Verbrechen sind zu Gruppen zusammengefaßt worden. Dabei sollte die historische Perspektive nicht völlig vernachlässigt werden, weil sie erst das tiefere Verständnis für das Vorgefallene schafft. Daß die geschichtliche Herleitung der Verbrechen notgedrungen schwerpunkthaft zu erfolgen hatte, wird jeder verstehen, der die Fülle des Stoffes ins Auge faßt.

Mit der Schilderung und, soweit es ging, der Analyse des Gerichtsverfahrens in grundsätzlicher und spezieller Hinsicht wird weitgehend Neuland betreten, ist doch das Fehlen neuerer rechtshistorischer Arbeiten schon beklagt worden[1]. Das hier Niedergeschriebene ist ein Anfang, ein Versuch; Vollständigkeit und Endgültigkeit konnten nicht erreicht werden.

Unsere rechtshistorischen Überlegungen nehmen ihren Ausgang von der höchst bemerkenswerten »Nota« am Schlusse der Prozeßaufzeichnungen. Alles stammt aus der Feder des Schleswiger Stadtsekretärs. Das persönliche Engagement ist unübersehbar und sollte als Gewissensentlastung eines einzelnen hinsichtlich der prinzipiellen Äußerungen über materielles und Verfahrensrecht gewürdigt werden. Daß der Rat der Stadt hiermit übereinstimmte, daß die aufgezeigten Rechtsgrundsätze tatsächlich in Schleswig zur Anwendung kamen, ist damit nicht bewiesen.

Die ins Hochdeutsche übertragene »Nota« wird vollständig abgedruckt. Es schließen sich rechtsgeschichtliche Erläuterungen an. Diesem grundsätzlichen Teil ist ein spezieller nachgeordnet, der »unsere« Prozesse zum Thema hat. Er soll die Gerichtsverfahren in ihren Stationen: Prozeßbeginn – Anklage – Verhör – Folter – Indizien – Aussagen – Bekenntnisse – Urteilsspruch – Hinrichtung umreißen. Dabei war es unmöglich, auf alle Beschuldigten und deren Verbrechen einzugehen. Beides fand nur Berücksichtigung, soweit es der Hauptabsicht dienlich war. Es folgt das Kapitel »Hexenverdacht und gerichtliche Schuldzuweisung«, das sich mit den Bedingungen für Verhaftung und Anklage auseinandersetzt[2].

3 Das Geschehen
3.1 Der I. Prozeß 1548 (S. 87–90)

Am 23. 3. 1548 klagten Matthias Gotke zu Moldenit und Hans Moldenett, beide zu Moldenit ansässig, Lene Jurgens und deren Tochter Anne, die draußen vor der Stadt in Hinrick Goltsmedes Scheune wohnten, um »Toverye« an und ließen sie beide ins Gefängnis zu Schleswig setzen. Um die Tochter zu entlasten, beschuldigte die Mutter eine Kuhhirtin zu Akeby, Metke Fustken genannt. Diese ergriff der

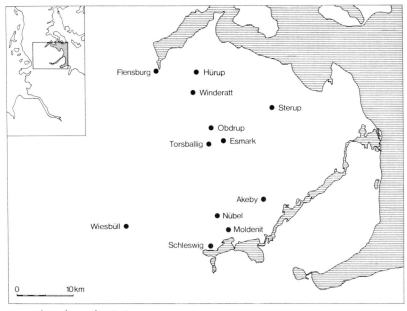

Die Schauplätze des I. Prozesses 1548

Schleswiger Stadtvogt Peter Eggerdes dort auf dem Felde und brachte sie in die Stadt. Im Gefängnis wurden die Frauen getrennt voneinander untergebracht, damit sie sich nicht bereden konnten. Sie kannten sich nämlich, hatten Lene und Metke doch gegen die Ankläger einen Topfzauber zubereitet – aus Rache, weil diese Metke als Kuhhirtin entlassen hatten.

Ihrer aller »Meysterinne und Hovetfruwe« sollte Kay Mollerkun zu Wiesbüll gewesen sein. Mit ihr zusammen wollte Lene drei fromme, mit Namen bekannte Menschen zu Sterup im Auftrage dreier Bauern, die die Güter und Höfe der Steruper für sich begehrten, zu Tode bringen. Die erhoffte Wirkung trat ein. In einem anderen Fall versagte Lenes »Zauber«. Gegen Clawes Selken, einen Müller, der den Müller Tomas Stamptenn aus dem Pachtvertrag für die Schleswiger Mühle verdrängt hatte (»gefestett«, S. 88)[3], war er machtlos. Er konnte Tomas die Mühle nicht wiederbeschaffen.

Eine andere Frau, Este Andersen zu Obdrup, vermochte – nach Lenes Angaben – den Teufel in Gestalt eines kleinen schwarzen Katers zu sich rufen, zu beschwören.

Este und Kay Mollerkun hatten mit einer Wachspuppe, einer Art Rachepuppe, einen bemerkenswerten Schadenzauber getrieben. Wem sie etwas Böses beifügen wollten, in dessen Namen stachen sie die Puppe mit Nadeln voll. Die Puppe stammte von einem Herrn Johann Brade aus Flensburg, der die Puppe, ehe er (als »Lohn« für Zauberei?) verbrannt worden war (im Namen des Teufels?), getauft hatte.

Lene Jurgens bekannte die Missetaten »peinlich«, d. h. unter der Folter; ihre Tochter legte ein peinliches und ein freiwilliges Bekenntnis ab, während Metke Fustken trotz Folter nur mit Mühe ein Geständnis zu entlocken war. Der Stadtvogt, der dem Frohn während des Verhörs die Anweisungen gab, war ratlos. Um den Schweigezauber zu brechen, riet man ihm, ihr ein altes päpstliches Meßgewand anzuziehen[4]. Dieser »Zauber« löste ihr zusammen mit der Folter, sie wurde erneut auf die Reckleiter gezogen, die Zunge.

Die Ankläger begehrten Lene, Annen und Metke gegenüber ihr Recht und erlangten es vom Schleswiger Stadtgericht. Der Urteilsspruch wurde am 13. 4. 1548 ausgeführt. Die Frauen wurden in einem Holzofen an einen Pfahl gebunden und bei lebendigem Leibe verbrannt.

Das Holz hatten die Ankläger aus der Struxdorfharde holen lassen.
Dauer: 22 Tage.

3.2 Der II. Prozeß 1551 (S. 90–97)

Dieser Prozeß ist der längste und hinsichtlich der beteiligten Personen der interessanteste und verwickeltste.

3.2.1 Das Verfahren gegen Caterina Eggerdes

In seinem Mittelpunkt steht unbestritten Caterina Eggerdes, die Ehefrau von Hans Toffelmaker und Schwester des Stadtvogtes Peter Eggerdes, eine faszinierende Persönlichkeit. Für »offenbar wahnsinnig«[5] halte ich sie keineswegs; sie war eine über die Stadtgrenzen bekannte Frau, eine berufsmäßige Zauberin, zu der viele Leute, so Metke Framen, von der unten die Rede ist, mit ihren Anliegen kamen[6]. Sie wußte Rat.

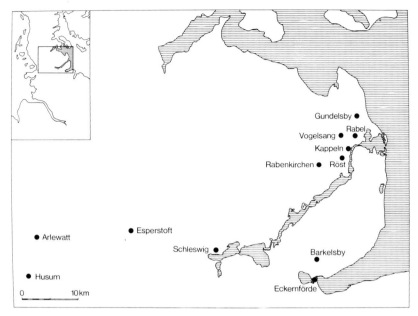

Die Schauplätze des II. Prozesses 1551

Caterina war aufgrund ihrer Familie keine unbedeutende Frau; will man ihre soziale Stellung in der Stadt ermessen, muß man auf ihren Bruder blicken. In dem Amt des Stadtvogtes (erbgesessen?) hatte die Obrigkeit der Stadt Schleswig, der Rat, seine polizeiliche und richterliche Gewalt verdichtet[7]. Im I. Prozeß begegnete uns der Stadtvogt als bei dem Kriminalverhören anwesend. Auf seine Weisung hörte der Frohn (oder Nachrichter oder Scharfrichter) z. B. bei der Anwendung der Folter.

Von Caterina Eggerdes heißt es, daß sie viele Jahre im Geruche der Zauberei gestanden haben soll – »myth Mißhandelyngen der Toverie beruchtigett, ock schyr stratenruchtich gewesth« –, daß aber die von ihr Geschädigten ihres Bruders willen sie nicht öffentlich haben anklagen wollen. Endlich hatte der Allmächtige ein Einsehen und entfachte 1546 im Ratskeller zu Schleswig einen Streit zwischen Peter Eggerdes und Hans Toffelmaker, dem Ehemann der Caterina. Der Stadtvogt nannte seinen Schwager im Beisein vieler Bürger u. a. einen Schürzenjäger (»Jungkfruwensweker«) und Ehebrecher, seine Schwester bezeichnete er als »Toversche«, »wenn es dir unglücklich ergehen wird und deine Frau, meine Schwester, brennen muß, will und muß ich sehen, daß ich dem Rauche (»Smoke« S. 90) aus dem Wege gehe.« Diese schweren Beleidigungen und Anschuldigungen konnten nicht ungesühnt bleiben. Die zerstrittenen Parteien mußten dem Kämmerer der Stadt[8] wegen der »Scheltrede Borge (Bürge)« stellen. Später schlichtete Valentin Krukow, Hausvogt zu Gottorf, den Streit. Dennoch wurde es offenbar, daß Caterina über eine »Kunstfruwe«, Botellt Alsenn zu Esperstoft, einen auf den Toffelmaker, ihren Mann, gerichteten Liebeszauber verübt hatte.

23

Es trat aber immer noch kein Ankläger gegen Caterina auf. Erst als Hans Bunthmaker danach in eine langwierige »unnatürliche« Krankheit fiel, wurde sie 1551 als Urheberin verdächtigt. Caterina verstärkte den Verdacht, indem sie in Gegenwart von Zeugen von der Nutzlosigkeit von Heilungsversuchen sprach. Schließlich klagte sie der aus Eckernförde zu Rate gezogene Doktor oder Kunstener Christoffer Smytth an. Er hatte ihren »Zauber« durchschaut, worauf ihm Caterina Schaden angedroht hatte, der auch prompt eintrat. Das Pferd des Kunsteners kam um. Um sich nicht weiteren Gefahren auszusetzen, zog der Kunstener aus Schleswig fort.

Als Caterina bemerkte, daß es schlecht um sie stand, entwich sie in die Mühle. Ihr Bruder, der lange vorausgesehen hatte, daß es so kommen mußte – deshalb wollte er ja dem Rauche aus dem Wege gehen –, suchte sie hier auf und beschuldigte sie vor anderen, die es dem Stadtgericht anzeigten. Dennoch versuchte Eggerdes zusammen mit seinem Schwager Clawes Hasse, Caterina vor der Verhaftung zu bewahren, indem sie sie aus Schleswig fortbringen lassen wollten. Am 23. Mai wurde sie jedoch ins Gefängnis eingeliefert. Hier trachtete ihr Bruder, sie vergiften zu lassen, der Plan wurde verraten. Caterina bezichtigte sich inzwischen, mit ihren »duwelschen Kunsten« der Grund für Hinrick Platenslegers Untergang gewesen zu sein. Der Genannte hatte sich mit Caterinas Mann über ein Geschäft erzürnt, und zwar hatte der Toffelmaker Geld, das ihm von einem dänischen Edelmann für den Platensleger für die Anfertigung eines Harnisches anvertraut worden war, dem Platensleger vorenthalten und für ein eigenes Geschäft verwandt. Um die Rückzahlung mußte der Platensleger mehrere Male mahnen. Dies erzürnte Caterina, sie stieß Drohreden und Verwünschungen aus und trieb sich des Nachts sehr merkwürdig und verdächtig vor des Platenslegers Haustür herum. Hinrick Platensleger klagte sie deshalb »myth etlicher syner Gesellen« (S. 92) an. Es wurde bezeugt, daß sie ein Jahr vor ihrer Inhaftierung Ähnliches nachts getrieben hatte. Die Beschuldigte schob alles auf den Teufel, der es in ihrer Gestalt verübt habe.

Als weitere Kläger traten Hans Juversen – der kurz darauf beinahe von Hans Toffelmaker umgebracht worden wäre – und Anneke Pansermakersche auf.

Alles, was gegen sie an Klage formuliert wurde, wollte Caterina nicht zugestehen. Sie sollte daher peinlich befragt werden. Ehe es dazu kam, gab ihr der Frohn etwas aus einem kleinen Becher zu trinken. Höchstwahrscheinlich enthielt das Getränk auf Anweisung von Peter Eggerdes Gift, damit, wie der Chronist, der Stadtsekretär, zu bedenken gibt, sie nicht zuviel aussagen konnte. Jedenfalls starb sie kurz darauf am 16. Juni. Am folgenden Tag wurde auf dem gehegten Ding Recht über den toten Körper gesprochen. Er wurde dem Feuer überantwortet. Caterinas Asche konnte nicht richtig gelöscht werden, sie verwehte, was mit Schrecken und Besorgnis vermerkt wurde. Blieb doch so ein Rest der Sünderin erhalten und konnte unter Umständen weiterhin Böses bewirken; der Feuertod sollte ja gerade das Gegenteil sichern, die radikale Austilgung des Bösen, die Unterbindung jeder »zauberischen Nachwirkung«[9].

Peter Eggerdes, obwohl zeitweilig selber dem Rat gegenüber in Verdacht geraten (S. 93), überdauerte den gewaltsamen Tod seiner Schwester. 1557 hören wir in den Prozeßakten von ihm wieder als Stadtvogt; während das Verfahren gegen seine Schwester anhängig gewesen war, hatte er sein Amt nicht ausüben können. Er war vertreten worden (S. 96).

3.2.2 Das Verfahren gegen Abelke Stenbruggers, die Gelharsche und Metke Framen

Da Caterina kein Geständnis abgelegt hatte, suchte das Gericht es über Komplizinnen zusammenzutragen. Hierbei kam Caterinas vormalige Magd Abelke Stenbruggers zu Fall. Als Abelke von der »Sache« ihrer alten Herrin Kenntnis erlangt hatte, war sie von Schleswig auf das Land nach Kahleby gegangen. Sie geriet dadurch sofort in Verdacht. Als sie nach einigen Tagen zurückkam, wurde sie ergriffen und verhaftet. Sie besagte Caterina und andere Frauen, d. h. gab sie als Schuldige, als Komplizinnen an. Unter ihnen befanden sich die Gelharsche in Angeln, eine weitere »Hauptfrau«, und Metke Framen in Schleswig. Der Verdacht, der auf die Angeliterin gefallen war, wurde ihrem Herrn, Henneke Rumor zu Röst, brieflich mitgeteilt. Er ließ sie verhaften und mit Abelkes Aussage konfrontieren. Die Gelharsche bekannte darauf nichts. Deshalb ließ Henneke Rumor Abelke mit dem Einverständnis des Schleswiger Rates zur »Jegenrede« nach Röst fahren. Die Gelharsche legte jetzt freiwillig ein umfassendes Geständnis ab, das viele Frauen in Angeln und in Schleswig, die mit Caterina in Verbindung gestanden haben sollten, belastete. Die Gelharsche nahm zur Bekräftigung des Ausgesagten »den Dodt daruppe« (S. 96). Nachdem Abelke in das Schleswiger Gefängnis zurückgefahren worden war, ließ Henneke Rumor die Gelharsche, die Kostersche zu Kappeln und drei weitere Frauen, deren Namen nicht bekannt sind, nach gehaltenem Ding bei Kappeln am 17. Juli 1551 (S. 96) verbrennen. Während der Hinrichtung machten sich der Küster zu Kappeln und andere Kunsthfruwen, die weggelaufen waren, weil sie den Rauch nicht ertragen konnten, verdächtig. Sie wurden ergriffen und kamen in der Folgezeit um.

Derweil hatten Abelke und Metke Framen in Schleswig in der Büttelei gesessen. Am 27. 7. wurde Abelke gefoltert. Währenddessen beschuldigte sie Metke erneut, mit Caterina zusammen Viehschadenzauber gegen Nicolaus Lucht, den Zöllner von Gottorf, wegen einer Viehabschüttung und wegen eines Streites um ein Stück Land getrieben zu haben. Metke hatte bis dahin keine Schuld auf sich genommen, sondern ihre Unschuld beteuert, dies auch von der Kanzel verkündigen lassen. Sie hatte länger als einen Monat im Gefängnis zugebracht, wo sie sich, angetan mit einer Fußfessel, ziemlich frei bewegen konnte. Sie hätte wohl auch entfliehen können, nutzte die Gelegenheit aber nicht. Nach kurzer Folter gestand sie endlich, sich um Hilfe gegen Nicolaus Lucht an Caterina gewandt zu haben. Ansonsten wisse sie von »nenen (keinen) bosen Stucken«. Nicolaus Lucht, der Ankläger, verlangte am 27. 7., daß Recht geschehe.

Das Stadtgericht entsprach dem und verurteilte »de armen Sunderinnen«, also Metke und Abelke, zum Feuertode. Beide beteuerten vor ihrem Ende ihre Schuldlosigkeit unter dramatischen Umständen. Der Lektor des Domes zu Schleswig, der am Feuer stand, sprach daher zu dem ebenfalls dort anwesenden Ankläger Nicolaus Lucht: Wenn die armen Frauen unschuldig sind, möchte ich nicht an deiner Stelle sein, weil Gott dann wunderbarlich strafen wird. – Einige Zeit später wurde dies verspürt, wie ein Zusatz in den Akten lautet: Nicolaus' Frau Elisabeth verlor ein Auge und starb in großen Qualen. Nicolaus aber, der ein reicher Mann gewesen war, starb in großer Armut.

Dauer: Caterinas Prozeß währte 15 Tage; sie wurde am 23.5.1551 (S. 91) verhaftet, sie starb am 16.6. (S. 93), und am 17.6.1551 (S. 93) wurde ihr Leichnam verbrannt.

Das Datum von Abelkes und Metkes Verhaftung ist unbekannt; die Gelharsche wurde am 17.7. (S. 96) verbrannt; Abelkes und Metkes Hinrichtung fand am 28.7.1551 (S. 97) statt.

Insgesamt: 65 Tage.

3.3 Der III. Prozeß 1557 (S. 97–99)

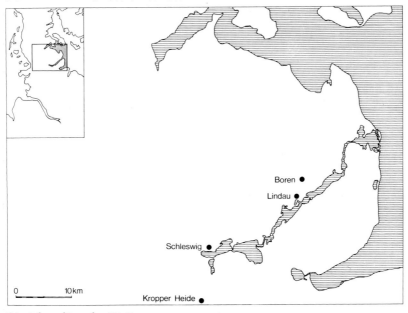

Die Schauplätze des III. Prozesses 1557

Die Akten des dritten Prozesses bergen wie diejenigen des zweiten zwei Gerichtsverfahren in sich, das eine wurde vor dem Schleswiger Stadtgericht abgewickelt, das andere fand in Angeln bei Boren Kirche statt, als am 5. Juli 1557 Bartram Rathlow, erbgesessen zu Lindau, auf seinem Gute (S. 97) zehn »Toversken« (Zauberinnen) verbrennen ließ, obwohl etliche von ihnen, wie man sagte, keine Schuld traf. Darunter waren zwei Frauen – Margareta Lungken und Margareta Karstensen –, die in Schleswig wohnende Frauen bezichtigt hatten, nämlich Elli Petersen, Anneken Muttzen und Anneke Ludtken.

Bartram Rathlow meldete dies nach Schleswig, worauf die Verhaftung erfolgte. Trotz peinlichem Verhör waren die drei Frauen in Schleswig zu keinem Geständnis zu bewegen. Ihrem Wunsche gemäß konnten sie sich in Boren verantworten. Als sie dort in Begleitung vieler Schleswiger Bürger eintrafen, erwartete sie eine gespenstische Szene: Den Angeliterinnen, ihren Besagerinnen, war gerade das Feuer angezündet worden, sie waren also schon verurteilt. Die Schleswigerinnen konnten sich vor den Besagerinnen nicht rechtfertigen. Die Angeliterinnen sagten im Schein des glühenden, brennenden, flammenden, schrecklichen Feuers zur Bewahrung und Erhaltung ihrer Seelen Seligkeit auf ihrer letzten Hinfahrt aus, daß die Schleswigerinnen so viel wie sie wüßten, zudem so schuldig in den »Sachen« wie sie selbst seien, alle drei hätten mit ihnen und den anderen bereits Verbrannten an dem Nachttanz vor dem Hof zu Lindau teilgenommen und sich an dem gegen Bartram Rathlow gerichteten Schadenzauber beteiligt. Bartram war mit einem schwarzen Hund, der unterwegs von Anneke Ludken aufgegriffen worden war, eine Stute verdorben worden. Der schwarze Hund soll der Teufel gewesen sein. Die Angeliterinnen wurden, als sich die Konfrontation hinzuziehen drohte, kurzer Hand ins Feuer geworfen, »um Lohn für ihren Verdienst zu empfangen« (»Loen vor erhen Verdensth tho emthphangende«, S. 98). Die drei Schleswigerinnen mußten in die Büttelei nach Schleswig zurückkehren. Vergebens bemühte man sich um ihr freiwilliges Geständnis. Man scheute sich nämlich, sie auf die Anklage der Verbrannten dem Urteilsspruch zu überantworten. »Pinlich« und »scharff« befragt wurden sie am 15. Juli 1557. Sie bekannten, gegen Bartram Rathlow gehandelt zu haben. Der Geschädigte, der als Ankläger aufgetreten war, verlangte jedoch den Schleswigerinnen gegenüber nicht sein Recht. Daher saßen die Frauen 16 Wochen gefangen. Man hätte sie gern nach Verhängung einer Buße laufen gelassen, wären nicht »etliche Blothgirige« gewesen, die nach ihrem Leben trachteten. Am 16. August wurden sie zum Tode verurteilt. Weil es regnete, konnten sie erst am nächsten Tage verbrannt werden.

Dauer: Am 5. 7. 1557 (S. 97) ließ Bartram Rathlow 10 Frauen auf seinem Gute bei Boren verbrennen; die Schleswigerinnen wurden am 15. 7. (S. 98) gefoltert, am 16. 8. verurteilt und am 17. 8. 1557 (S. 99) verbrannt; insgesamt: 43 Tage.

4 Die Verbrechen

Was haben die angeklagten Frauen, die als »Toverschen« (Toversken) und »Kunsthfruwen« in den Quellen bezeichnet und damit abqualifiziert werden, verbrochen? Toversche kommt von mittelniederdeutsch tover; dies bedeutet Zauberei und kann Hexerei bedeuten. In den Quellen wird die Zauberhandlung mit folgenden Substantiven umschrieben: Ahnslach (S. 99), Anslege und Handelinge (S. 99), Trollerige (S. 89), Mißhandelyngen der Toverie (S. 90), myth erhen duwelschen Kunsten (S. 91), bosen Stucken (S. 97); verbal ausgedrückt treffen wir z. B. auf: dath se nicht trollen kunde (S. 97) (Troll steht für Duwel [S. 88]), Heyneken Putters tho Sleßwigk thogericht (S. 96), in deme Handel, alße Bartram Radthlow beschedigett was (S. 98), Toversken, de myth mennichfoldigen wunderbarlichen, ungehorten Practiken umbegegan und ehre Leventh vorwarkett (S. 97), eynen geswynden Schaden beygefogett (S. 95), betoverth (S. 91), hengegeven und tho Dode ghetrollett (S. 88). Alle Ausdrücke weisen auf eine schädigende Zauberkraft hin. Diese Kraft, dieses spezielle Vermögen und Können, diese besondere Fertigkeit und Kenntnis müssen wir dem anderen für Toverschen gebrauchten Ausdruck – Kunsthfruwen – genauso beilegen. In dem Worte »Kunsthfruw« steckt das Wort Kunst, das von Kunde kommt, im engeren Sinne steht es für magische Fähigkeiten.

4.1 Der Umgang mit dem Teufel

4.1.1 Die Teufelsnamen und -gestalten

Der »Leibhaftige« heißt in unseren Quellen »helscher Satan« (S. 88), »Duwell edder Troll« (S. 88) und »Lucifer« (S. 98). Neben den biblischen Namen verdient der landschaftlich gebundene Ausdruck »Troll« Beachtung. Er ist in der nordischen Mythologie für ein dämonisches Wesen geläufig[10]. Inkarniert ist der Teufel in Tiergestalt (Hund, Kater, Ziegenbock) und in Menschengestalt.

4.1.2 Teuflische Besessenheit, der Teufel im Menschen

Letzteres gilt jedoch mit Einschränkungen: Er tritt uns nicht als schmucker Mann, Freier, Liebhaber oder modischer Kavalier[11] entgegen, sondern als böses Wesen, böser Geist, der in eine Menschengestalt gefahren ist und sie besessen gemacht hat. Als man Elli Petersen peinlich verhören wollte, war der Teufel in ihr gewesen (»is de Duwell in se gewesth und beseten liffafftich«) und hatte sie gezwungen, nichts auszusagen. Nur tierische, bestialische Laute konnte sie von sich geben (S. 98). Hartnäckiges Schweigen vor oder gar während der Folter – was unmenschliche Kräfte erforderte, aber dennoch hin und wieder passierte –, wurde nicht als überzeugender Ausdruck der Schuldlosigkeit, sondern als erdrückender Schuldbeweis, als Hexenmagie bzw. Teufelsbesessenheit und -verstocktheit, gedeutet und gegen den Beklagten verwandt. War doch der Hexenprozeß in seinem Kern ein Dämonenprozeß, der zur Überwindung des im Menschen wohnenden Teufels zu führen war. Demgemäß wurde Ellis bestialisches Geschrei nicht als Ausdruck höchster Pein und Not einer menschlichen Kreatur vor den Folterqualen ausgelegt. Es war ein »Gespinn des Teufels« und ein »Zeichen oder Indiz ihrer Schuld« (S. 99).

Besessenheit als Krankheit wurde in früheren Zeiten nicht »an«erkannt, sondern als Wirksamkeit überirdischer – böser – Mächte »etwa in der Epilepsie und den eigenartigen Bestrafungswundern nach sündhaften Handlungen«[12] »er«kannt; dabei irritierte nicht, was dem heutigen Betrachter sofort auffiele, daß »diese Mächte ... nun aber gelegentlich auch ohne zweckbestimmte Tätigkeit des Menschen in überraschender Weise sichtbar« wurden[13]. Denn hier ereignete sich etwas ohne »menschliches Wollen mit dem Ziel, überirdische Mächte zu etwas Bestimmtem zu zwingen«[14].

In welcher Gestalt Caterina Eggerdes den Teufel in den Polierteich zauberte, wissen wir nicht. Vor der Teufelsbeschwörung ist die Rede davon, »dath ße myth erhen duwelschen Kunsten Orsake were Hinrick Platenslegers Underganges« (S. 91). Sie ließ den Teufel sich im Polierteich verbergen, damit er den Vorgenannten, den Platensleger, aus seinem Hause vertreibe. Von einer Krankheit bzw. einer teuflischen Besessenheit, die ihn seit Caterinas Drohreden ergriffen hätte, hören wir nichts. Sie hatte ihm aber ganz allgemein »Unglück« (S. 92) gelobt und war zudem zu nachtschlafender Zeit »mit nacktem Hintern« (S. 92) an seine Tür gelaufen, um sein Haus zu verzaubern. Und sie hatte Erfolg: dem Platensleger begegnete in der Folge viel Unglück, und im Jahre 1560 mußte er wegen großer Schulden in Armut aus seinem Hause weichen, meldet unsere Quelle (S. 92). In der Art, wie sie das hier und andernorts tut, ist an einer kausalen Verknüpfung der Ereignisse nicht zu zweifeln.

Caterina selbst sah sich bei ihrem nächtlichen Treiben im neuralgischen, weil zauberisch verletzlichen Eingangsbereich von Haus und Hof als vom Teufel ergriffen und gelenkt: »dath ße sulches parsonlich nycht gedan, ßunder dath de Duwel sulches in erher Gestalt, darin he syck vorwandeltt, thowege brochte« (S. 92). Abgesehen von der nicht zu lösenden Frage, ob Caterina »nur« besessen war, der Teufel also indirekt in ihr war, oder ob der Teufel Caterina besessen hatte, er also direkt sie war, können wir in Anknüpfung an eine andere, in den Prozeßakten überlieferte Feststellung hinsichtlich des Verhältnisses von Teufel und Menschen sagen: Der Teufel bediente sich Caterinas als seiner Anhängerin, da er je nach dem Machbaren »durch die Glieder seines Gefallens treibt, was er selbst nicht bewerkstelligen kann« (»ßunder drifft durch syne Gelithmathe synes Gefallens, dath he sulven nicht kan towege bringen«, S. 97).

4.1.3 Der Teufel als Tier

Klarheit hinsichtlich des Äußeren des Teufels gewinnen wir, wenn er uns in Tiergestalt begegnet. Für unsere Prozesse gilt nicht, was für andere konstatiert worden ist: »Alle diese rein tiergestaltigen Teufel treten gegen die heute noch volkstümliche Vorstellung vom gekrönten Satan in den Hintergrund.«[15] Aufgrund des bisherigen Forschungsstandes der Hexenverfolgung in Schleswig-Holstein kann noch nicht entschieden werden, ob die früheste Form der Verkörperung das Tier war[16].

Tiere waren aber allgemein Attribute der Hexen, deren dienstbare Geister[17], die beim Hexentreiben helfen. Den Hexen wurde zur Ernährung ihrer Familien oftmals, wenn auch nicht in unseren Texten, eine »Hexenzitze« beigelegt. Ja, es wurde auch vertreten, was bei uns wiederum fehlt, daß Hexen sich nicht nur gern, sondern auch am leichtesten[18] in Katzen verwandelten.

Unseren »Toverschen« gesellte sich der Teufel in Tiergestalt bei. Daß es sich beim Kater und beim Hund um den Teufel und nicht um dienstbare Geister handelte, wird ausdrücklich betont; für die Unterscheidung mag folgender Hinweis nützlich sein: »In der neueren Zeit ist das Wort Dämon meist ein Synonym für Teufel, jedoch in dem Sinn, daß meist der Satan als Teufel, seine untergeordneten bösen Geister als Dämonen bezeichnet werden.«[19]

Der schwarze Hund, welcher der »Duwell was«, wie es Elli Petersens und Anneke Lutkenns Bekenntnis zu entnehmen ist (S. 99), und welcher Vorbild für Fausts Pudel hätte sein können[20], war von Anneke am Wege aufgegriffen worden. Die beiden Frauen befanden sich zusammen mit Anneke Muttzen auf dem Wege zu »Bartram Rathlowen thor Lyndthowen« (Lindau). Anneke trug den schwarzen Hund unter ihrem Mantel bis an den Hof, ehe sie ihn über einen Zaun – Unholde dachte man sich auf Zäunen hockend! – hofwärts geworfen hatte. Sie verzauberte damit, indem sie mit dem Wurf den Zaun, den besonderen Schutz vor bösen Geistern, überwand, eine gescheckte Stute Bartrams. Das heißt: Der Teufel war in der Gestalt eines dienstbaren Geistes das Zauberinstrument.

Im Vergleich dazu ist die »Geschichte« mit dem kleinen schwarzen Kater des I. Prozesses noch aufschlußreicher, weil wir erfahren, unter welchen Umständen und Bedingungen er in die Nähe und Verfügbarkeit der Menschen gelangte. Nach Lene Jurgens', der Beklagten, Aussage verstand die von ihr besagte Este Andersen zu Obdrup, »den Duwel edder Troll« zu fordern, d. h. zu beschwören. So oft sie wollte, hatte er sich bei ihr »in Gestalt eynes kleynen swarten Koters« (S. 88) eingestellt. Ihn stäupte sie, so lange er einwilligte zu tun, was sie von ihm haben wollte. Mit dieser – wohl erotisch gefärbten bzw. verschlüsselten – Behandlung war der Kater aber nicht zu befriedigen. Als echter Teufel verlangte er nach dem ihm Zustehenden, nämlich nach Gewalt und Macht über Menschen, Pferde, Kühe, Ochsen und dergleichen mehr, sonst konnte die Beschwörerin sich seiner nicht entledigen (S. 88).

Von dem dritten Tier, dem Bock, wird nicht ausdrücklich behauptet, daß er der Teufel war. Daß er als solcher aufgefaßt werden muß, daran besteht kein Zweifel, hatte ihn doch die Ketzerinquisition zum »Leibhaftigen« erklärt[21]. Peter Eggerdes, der Schleswiger Stadtvogt, lenkte Anneke Ludtken gegenüber das Gespräch darauf, indem er sie »korthwylich in Schartz« fragte, wie die »Kunstfruwen« in so kurzer Zeit über eine, drei oder mehr Meilen zusammenkommen könnten. Sie antwortete treuherzig, weil sie noch hoffte, mit dem Leben aus der Anklage zu entkommen: »Lieber Peter, hast du das nicht gehört, man sagt, da kommt ein Ziegenbock, worauf sie sich setzen. Er bringt sie balde hin, wo sie sein wollen. Ich aber weiß von diesen Dingen nichts«, betonte Anneke, weil ihr wohl schwante, daß sie mit solchen Sprüchen ihr Leben verwirken konnte. Warum, werden wir bei Erörterung des sogenannten Hexentanzes, der Zusammenkunft, zu der sie der Bock transportierte, klären.

4.1.4 Der Teufelspakt

Das Zusammenkommen konnte ein anderes, sehr schwerwiegendes Delikt voraussetzen bzw. zur Folge haben. Gemeint ist der Teufelspakt oder das Teufelsbündnis, das das Gefolgschaftsverhältnis zwischen Teufel und Menschen begründete. Wir hörten bereits von den »Gliedern« des Teufels. Wir berührten, als wir den Teufel als kleinen schwarzen Kater vorstellten, daß daraus für beide Partner ein Verhältnis des wechselseitigen Gebens und Nehmens folgte: Die im Teufelsbeschwören kundige Frau hatte beim Teufel Wünsche frei, solange sie ihn stäupte; er hatte bei ihr Wünsche frei, wenn er gehen sollte. Die Frau mußte Mensch und Tier Böses zufügen. Dieser »Ausfluß des Bündnisses mit dem Teufel«[22] ist das Wesensmerkmal der Hexerei, des Hexenglaubens, der Teufelsketzerei. »Szo mußte eyn islich orer deme Duwell wes geven«, heißt es ganz bezeichnend im II. Prozeß, »szo geven ße de Masth und dath Korn 7 Jar wech« (S. 95).

4.1.5 Der Hexentanz (-sabbat)

Das Teufelsbündnis konnte – mußte aber nicht unbedingt – auf dem Hexentanzplatz oder während des Hexensabbates (Sabbat, Fest) geschlossen werden[23].

Anneke Muttzen und Elli Petersen, Beklagte des III. Prozesses, bekannten, an einem »Nachtdantze« teilgenommen zu haben, und zwar »vor der Lyndthowenn« (S. 98), also vor Lindau, und »uppe der Kropper Heyde« (S. 99).

Der klassische Hexentanzplatz ist der Brocken, der Blocksberg[24], der nicht erst durch Goethe bekannt geworden ist[25]. »Als Zeit des Hexentanzes kennen wir allgemein die Walpurgis- und die Johannisnacht (1. Mai und 24. Juni).«[26] In der Nacht vom 30. 4. auf den 1. Mai, berichten unsere Akten, wurde auf der Kropper Heide getanzt (S. 99). Ein anderer klassischer Termin für das Hexenfest ist die Johannisnacht (24. 6.). »Uppe Suncte Johannes Nacht (24. 6.) tho Myddensamer«, trieb Caterina bezeichnenderweise vor den Türen ihr merkwürdiges Unwesen (S. 92). Es wurde »bei uns« jedoch auch zu anderen Zeiten und an anderen Orten getanzt. Dies trifft übrigens über den Schleswiger Bereich hinaus zu[27]. Als es Bartram Rathlow zu schädigen galt, veranstaltete man den »Zaubertanz« in unmittelbarer Nähe des Opfers – vor Lindau – und zu einer passenden Zeit (S. 98). Ob die Kropper Heide demgegenüber ein überregionaler Treff war, steht dahin. Keinem Zweifel unterliegt der Zweck dieser Veranstaltung: Er diente zur Vereinbarung und dem Begehen von Untaten[28]. »Wer an dem Hexensabbat teilgenommen hatte, war imstande, zauberischen Schaden zu stiften.«[29] Daraus folgt: »Der Besuch des Sabbats steht neben dem Maleficium im Mittelpunkt der Hexenverfolgung«[30], kein Wunder, daß der Stadtvogt hieran ein so reges Interesse bekundete.

Was sich im einzelnen während des Nacht- oder Zaubertanzes abgespielt hat, erfahren wir nicht[31]. Mit Sicherheit ist seine Zweckbestimmung anzugeben, er ist ein »Thoverdantze« (S. 99). Auch kann über seine Zuordnung – zu wessen Ehren er veranstaltet wurde – nicht nur gemutmaßt werden: Anneke Muttzen bekannte nämlich, daß »in dem Nachtdantze vor Lyndthowenn« »dusser aller Godt hete Lucifer« (S. 98). Die Teufelsverehrung, der Kern des Hexenglaubens, ist somit für unsere Quellen eindeutig belegt. Es fragt sich allerdings, wie diese Vorstellung sich in unserer Gegend verbreitet hatte. Blicken wir in unsere Akten, dann ist nicht zu übersehen, daß Peter Eggerdes mit diesem Gedankengut vertraut war. Er forschte nicht nur nach dem Ziegenbock als Chiffre für den Teufel, sondern wußte auch, daß während des Tanzes der Teufel angebetet und Gott gelästert wurde, sprach er doch zu seiner Schwester, als es kritisch um sie stand: »Hefstu nhu uthgereyerett. Dath dy Gotz Lident schende; wo hefstu gehandeltt, dath hefstu van unserem Vader und unser Moder nicht gelert, du slecht Schendersche, sunder Sissell Bademome mach id dy gelerth hebben. Nhu is dyn Tyth gekamen, nhu schaltu und most barnen. Ik hebbe dy genoch gewarnett« (S. 91).

(= Hast du nun ausgetanzt? Daß dich Gottes Leiden schände; wie hast du gehandelt, dies hast du von unserm Vater und unserer Mutter nicht gelernt, du Schlechte, die du uns Unehre bringst, sondern Sissell Bademome [die Hebamme] mag es dich gelehrt haben. Nun ist deine Zeit gekommen, du sollst und mußt brennen. Ich habe dich genug gewarnt.) »Dusse Bekantenusse«, dieses anklagende Geständnis des Bruders, wurde dem Gericht angezeigt.

4.1.6 Der Hexenritt (Nachtflug, Stab- oder Zaunritt, Ausfahrt bzw. Entrückung der Seele)

»Der von den Theologen angenommene reale Transport von Menschen durch den Teufel zu ketzerischen Sabbaten«[32] geschieht durch den von Anneke Ludtken erwähnten Ziegenbock. Die an den in der Walpurgisnacht und zu sonstigen Terminen stattfindenden »Tanzfesten« teilnehmenden Wesen sind »nachtfahrende«[33].

4.1.6.1 Antikes – Germanisches

Diese Vorstellung ist alt[34]. Sie ist auf antikem wie auf germanischem Boden heimisch. Die Nachtfahrenden tragen viele Namen und haben mannigfache Gestalten, auffällig ist der hier wie dort bekannte Eulenunhold. »In ganz Norddeutschland (besonders im Osten) ist die Eule der bekannteste Nachtschreck, der die Kinder kratzt, ihnen das Haar zerzaust, auf den Kopf pißt und sogar das Blut aussaugt.«[35] In der Antike heißen die nächtlichen Zauberweiber Strigen, Lamien und Empusen; die

»Strix scheint an die Eulengestalt gebannt zu sein«, während den Lamien und Empusen alle äußeren Formen recht sind[36]. Die gefräßigen Eulengestalten fliegen nachts zu den Wiegen der Kinder; »aber statt der Ammendienste saugen sie ihnen Blut und Eingeweide aus«[37]. Dieser Unhold tritt bald als Einzelwesen in Hekates Gesellschaft oder als Hekate selbst auf[38]. Hekate war ursprünglich als eine unheilentfernende, segenverbreitende Göttin gedacht[39]; sie änderte sich in eine grauenvolle Göttin der Unterwelt und Vorsteherin des Zauberwesens. »Sie erscheint, gerufen in finsterer Nacht mit Fackel und Schwert, mit Drachenfüßen und Schlangenhaar, von Hunden umbellt, von der gespenstischen Empusa begleitet.«[40]

Hekate ging als Diana (ursprünglich eine altitalische Waldgottheit[41]) bzw. Herodias (die widerrechtliche Frau des Herodes; Salome ist ihre Tochter[42]) in das Mittelalter ein.

Die früheste Erwähnung der Diana als Göttin westeuropäischer Hexen stammt von der (katholischen) Kirche[43]: Im sogenannten »Canon episcopi«, einer Anweisung an Bischöfe, die von Regino von Prüm in seine Rechtssammlung (ca. 899) und danach vom Bischof Burckhard von Worms in sein Decretum (um 1020) aufgenommen wurde und die bis 1918 im alten kirchlichen Rechtsbuch, dem Corpus juris canonici[44], stand, ist nachzulesen: »Es darf außerdem nicht übergangen werden, daß gewisse verbrecherische Weiber, Schülerinnen Satans, verführt durch die Vorspiegelungen und Einflüsterungen der Dämonen, glauben und bekennen, daß sie des Nachts mit der heidnischen Göttin Diana (oder mit Herodias) und einer unzähligen Schar anderer Frauen auf gewissen Tieren durch die Luft reiten, über vieler Herren Länder heimlich und in der Totenstille der Nacht hinwegeilen, wobei sie Diana als ihrer Herrin gehorchen und in bestimmten Nächten zu ihrem Dienste sich aufbieten lassen.«[45]

Die Realität des Fluges durch die Luft und der Tierverwandlung wird hiermit energisch bestritten, indem sie als heidnisch, als Aberglaube, enthüllt wird.

Die Bewertung dieser Vorgänge, deren detaillierte Nachzeichnung wir uns versagen müssen, wechselte[46]. So hielt Thomas von Aquin die Zauberflüge und den Hexensabbat für unglaubhaft[47]. Später zeichnete sich jedoch in der Ketzer-Verfolgung und mit den Zauberprozessen ein grundlegender Wandel ab[48], der kritische Stimmen zum Verstummen brachte, nicht zuletzt durch die Verfolgung der Waldenser[49]. Sie sollten dem Teufel huldigen, zum Ketzersabbat fliegen und zaubern können. »›Vauderie‹ (›Waldenserei‹) wurde in Frankreich ein zweiter Ausdruck für Hexerei.«[50] Gegen Ende des fünfzehnten Jahrhunderts wurden noch bestehende Zweifel an der Realität der gen. Phänomene durch die Verfasser des Hexenhammers rigoros bekämpft, indem sie zur Ketzerei deklariert wurden.

4.1.6.2 Schleswigsches

Zeitlich sind wir unseren Quellen wieder ganz nahe gekommen. Resümieren wir, was sie vom Hexenritt kennen.

»Hansen und Soldan-Heppe nehmen an, daß dieser gesamte Vorstellungskomplex aus antiker Überlieferung stammt. Ein eingehender Vergleich mit germanischer und antiker Überlieferung zeigt, daß die Vorstellung von der auf einem Stabe reitenden schädigenden Zauberfrau eine altgermanische Vorstellung ist, während sie aus dem Altertum nicht bezeugt ist. In der deutschen Überlieferung werden zwei verschiedene Vorstellungen von Hexenritt berichtet: Nach der einen reiten die Hexen auf Tieren oder Stecken (oft ohne Salbe) zum Sabbat und kehren vor Morgen wieder zurück. Nach der zweiten schicken sie ihre Seele auf die Fahrt (Entrückung), während ihr Körper zu Hause in todähnlichem Schlaf liegt.«[51] Beide Varianten des Fluges (1. Tier bzw. Stecken; 2. Entrückung oder Ausfahrt der Seele) sind in den Schleswiger Texten überliefert; unbekannt ist darin, daß alle Verletzungen, die der Seele unterwegs zugefügt werden, am nächsten Morgen am Leibe der Hexe(n) sichtbar werden[52].

4.1.6.2.1 Ausfahrt oder Entrückung der Seele

Peter Eggerdes' geschickter Fragerei (»eyn awisiger, korthwyliger, wies Mann«; S. 99) verdanken wir Elli Petersens Informationen über die Ausfahrt der Seele. Wie sie also zum Nachttanze kamen, wie sie sich so weit und lange aus dem Hause vertun (»vordhon«) (S. 99) konnten, ohne daß ihre Männer, Kinder und Gesinde stutzig wurden, wollte Peter wissen. Darauf antwortete sie zum ersten, daß sie in ihrer Person dort nicht persönlich sei, und zum andern, daß ihrer aller Seelen dort in Wetter und Wind in Eile hinkämen und so lange blieben, bis ihre Anschläge geschehen seien. Sodann käme sie, die Seele, wieder zu dem Leib zurück. Allezeit blieben sie in und auf ihren Betten im Schlafen liegen, so daß sie nicht vermißt würden (S. 99).

Für das Geschilderte paßt die Redensart »aus der Haut fahren«, nämlich »nicht nur eine Gestalt haben«; auch im heute vorherrschenden Sinne von »aus der Haut fahren« als »wütend werden«, »außer sich geraten«, »die Fassung verlieren«, scheint der Ursprung – die Ausfahrt – durch: »die Haut als äußere Hülle des Menschen wird gleichsam gesprengt, so groß ist die Erregung.« Die Seele verläßt nach Elli den Körper, und läßt den wie tot erscheinenden Körper zurück.

Unbekannt ist Elli, daß die Hexe sterben müßte, käme der Körper während der Ausfahrt auf dem Gesicht zu liegen, weil dann der Seele bei ihrer Rückkehr der Weg in den Körper verbaut wäre[53].

Die Ausfahrt der Seele ist auch als Entrückung der Seele geläufig. Diese Wortwahl deutet eine Erklärung des Phänomens an: »In der Literatur des 15. und 16. Jh. wird mehrfach erzählt, eine Frau habe sich im Beisein anderer mit einer Hexensalbe eingerieben, sei dann in tiefen Schlaf gefallen und habe beim Erwachen geglaubt, sie sei ausgefahren.«[54] »Mit ihrem Leib und Seele wären sie nicht da gewesen, sondern es geschehe nur so als im Traum«, bekannte 1682 eine Beschuldigte[55]. Die Wirkung der durch berauschende, narkotische oder halluzinogene Mittel[56] hervorgerufene »Entrückung« oder »Ausfahrt« ist ganz vortrefflich und mit intimer Sachkenntnis von Hans Baldung Grien (Abb. 6) veranschaulicht.

4.1.6.2.2 Hexenritt

»Unsere« Kunsthfruwen ritten auf Ziegenböcken (S. 99). Dieses Transportiertwerden steht dem nächtlichen Herumfliegen aus eigener Kraft gegenüber. Letzteres konnte ohne oder mit einem flugbefähigenden bzw. verwandlungsfördernden Mittel, einer Zauber- oder einer Flugsalbe, bewerkstelligt werden. Diese Salbe ist wie das gesamte »Flugwesen« keine Erfindung des Mittelalters: »Thessalische Weiber

Abb.6 Hexensabbat. Handzeichnung von Hans Baldung Grien, 1514, Wien, Albertina, nach G.F. Hartlaub 1961. »In dieser grandiosen Komposition« wird die Wirkung der berauschenden Hexensalbe verdeutlicht, die in einem Topf kochend verdampft. Sie überwindet die Schwerkraft und ermöglicht den »Hexenritt« über der Ofengabel.

Abb. 7 Hexenritt. Von Hexen nahm man an, daß sie fliegen und dabei ihre Gestalt verändern können. Als Fluggerät dient hier eine Ofengabel. Holzschnitt aus Molitors De lamiis et phitonicis mulieribus, Reutlingen 1489; nach Robbins 1963, S. 511.

sind es, deren Salben bei Lukian und Apulejus den Menschen in einen Vogel, Esel oder Stein verwandeln; sie selbst fliegen durch die Lüfte auf Buhlschaften aus wie die späteren Hexen«[57] (Abb. 7).

Die Flugsalbe wurde von »unseren« Frauen nicht benutzt; ja, auf Schleswig-Holstein-Lauenburg bezogen, wurde konstatiert: »Es scheint, als ob dies Salben hier ganz unbekannt geblieben ist.«[58] Dessen ungeachtet sei die Wirkung geschildert. Neuere Versuche u. a. von S. Ferckel 1954 und von W.-E. Peuckert haben das erstaunliche Ergebnis gebracht, daß bei der Anwendung dieser Salbe, die eine Droge ist, sich lebhafte Träume und Flugillusionen, Reigentänze und in der Schlußphase schließlich das Bild eines orgiastischen Festes mit grotesken sinnlichen Ausschweifungen einstellten. In diesem Sinne schrieb H. Führer (1925), daß »die narkotische Hexensalbe ihr Opfer nicht nur betäubte, sondern dasselbe den ganzen schönen Traum von der Luftfahrt, vom festlichen Gelage, von Tanz und Liebe so sinnfällig erleben ließ, daß es nach dem Wiedererwachen von der Wirklichkeit des Geträumten überzeugt war. Die Hexensalbe stellte in dieser Weise ein Berauschungs- und Genußmittel des armen Volkes dar, dem kostspieligere Genüsse versagt waren.«[59]

4.1.6.2.3 Reiten aus eigener Kraft (Stabritte, Zaunritte, Besenritte)

»Die altnordische Hexe reitet auf einem Zaunstecken, worauf auch die altnordischen Hexennamen und das deutsche Wort hagazussa ›Zaunweib‹ deuten.«[60] Zur Etymologie des Wortes Hexe ist ferner auszuführen: »Das auf das Westgermanische beschänkte Wort . . . ist eine verdunkelte Zusammensetzung«[61], »wohl ein Tabuwort, das nicht zu deutlich und durchsichtig sein darf.«[62] Das Bestimmungswort ist wahrscheinlich Substantiv Hag, Zaun, Hexe, Gehege, »das Grundwort, das bis heute nicht sicher gedeutet ist, gehört vielleicht mit norw. tysja ›Elfe‹ zusammen. Demnach wäre Hexe ein sich auf Zäunen oder Hecken aufhaltendes dämonisches Wesen.«[63]

Diese alte Vorstellung lebt in unseren Texten in der Gestalt der Hauptperson, der Caterina Eggerdes. Und zwar wurde bezeugt, daß sie vor Hinrick Dreyers Tür östlich vom »Hilligen Geyste« auf etlichen Zimmermannshölzern soll mit nacktem Hintern geritten haben, auch soll sie auf denselben Hölzern den Hintern gewetzt und hin- und hergerieben haben. Bedenkenswerterweise soll sie dies gleichzeitig – »thor sulven Tydth« (S. 92) – mit anderen »Untaten« begangen haben: Im Jahre vor ihrer Inhaftierung (1550) wurde gesehen und bezeugt, daß sie in der Nacht von Sankt Johannes zu Mittsommer (24. 6.), also einem der klassischen Termine des Hexentanzes und des Hexenunwesens, vor Junge Jurgen Mases Tür im Hemd aufgetaucht war. Sie hatte dann auch zwischen beiden Türen (böse Geister) ins Haus geblasen und war in der Nachbarschaft vor mehreren anderen Türen mit aufgehobenem Hemd und ihrem entblößten Hintern – als Ersatz für die völlige Nacktheit – an die Tür gelaufen (S. 92). »Zu allen Zeiten und bei vielen Völkern ist es das Zeichen der furchtbarsten Verhöhnung gewesen, einem den entblößten Hintern zu zeigen.«[64]

Die mangelhafte Bekleidung eines hier offensichtlich als besonders obskur, verdächtig und unanständig, weil bedrohend aufgefaßten Körperteils, die von besorgniserregenden Angriffen auf den Rechts- und Immunitätsbezirk des Hauses und seiner Bewohner begleitet wurde, stellten für Caterina einen ausgesprochen schlechten, für ihre Lebensunversehrtheit äußerst nachteiligen Leumund her; nicht von ungefähr: Die Nacktheit oder teilweise Entblößtheit war und ist ein Apotropaion, ein Zaubermittel, abgesehen von der kurz vorher erwähnten Hohngebärde. Die Nacktheit fördert »die Ausstrahlung der dem Menschen innewohnenden magischen Kräfte«, wie andererseits die Nacktheit die Gefahr der Behexung steigert. »Der nackte Mensch ist in erhöhtem Maße den Einwirkungen von außen, insbesondere den zauberischen Einflüssen ausgesetzt.«[65]

Speziell dem Gesäß, der aidoia[66], wurde große Zauberkraft zugemessen, wie diese Beispiele demonstrieren: »Damit die schwärmenden Bienen in den Stock zurückgehen, zeigt ihnen ein Weib das nackte Gesäß.«[67] »Eine Frau, welche den Teufel verjagen will, indem sie ihm die nackte aidoia zeigt, schmiert sich mit Honig ein und wälzt sich in Federn, so daß sie wie eine Gans aussieht. Auch in einer pommerschen Sage flieht der Teufel vor dem nackten Hintern. Bekannt ist die Erzählung, daß Luther auf diese Weise den Bösen verjagt hat.«[68]

5 Der Schadenzauber

Bisher haben wir von der Verbindung der Hexe zum Teufel – »eine Hexe ist ihrem Begriffe nach eine Zauberin, die Christin war«[69] – und von ihrer erstaunlichen körperlichen Verwandlungsfähigkeit gehört; wie sie »das Reich Gottes und die Christen in jeder ihr möglichen Weise zu schädigen«[70] suchen klang an, erfordert aber noch weitere Obacht.

»Was die Hexen treiben, ist Zauber«[71] – genauer gesagt: Schadenzauber.

Dieser böse – ungelehrte – Zauber ist »von der antiken Magie, wie von den sogenannten geheimen Wissenschaften der neueren Zeit zu unterscheiden.«[72] Der Volkszauber, die Volksmagie, wird mit Hilfe böser überirdischer Mächte unter Anwendung und strenger Einhaltung blasphemischer Redensarten und Riten[73] erzwungen, dabei wird die »›Nutzbarmachung‹ der Überwelt in weitgehend egoistischer, die Mitmenschen schädigender Absicht«[74] intendiert[75].

Der Dämonenglaube, die Teufelshilfe, ist ein konstitutives Element des hexerischen Zauberglaubens; ihm zur Seite tritt der Analogie- bzw. Sympathieglaube[76]. »Die Möglichkeit des Zaubers geht aus von der sympathischen Verbindung aller dämonischen Kräfte untereinander.«[77] Sie bewirkt das, was in Zauber- und Hexenprozessen bekämpft, angeklagt, ver- und abgeurteilt wurde: Das Maleficium, die »bösen Stukke«, die »duwelschen Kunste«.

Sympathie kommt von griechisch »Mitleiden«; sie hat etwas mit Übertragung von Emotionen durch Mitfühlen zu tun, und zwar durch »Ansteckung«. Letzteres setzt »eine gewisse Beziehung zwischen zwei Menschen«[78] voraus. Sympathie im weiteren Sinne kann nicht nur Doppel- und Fernwirkungen in der Volksmedizin erklären, sie kann auch das Prinzip eines Weltbildes sein, das nachstehend auf Cicero bezüglich formuliert ist: »Die Harmonie der Weltteile untereinander wäre nicht möglich, wenn sie nicht durch einen göttlichen Geist zusammengehalten würden. Man war in diesem Sinn überzeugt, daß man Sympathiewirkungen erzielen könnte: wenn man einen Teil des Seienden in ein Pathos (Verfassung, Erscheinung) setzte, würde an anderer Stelle ein dem künstlichen ähnliches, analoges Pathos eintreten. Das ist Analogiezauber: Man erzählt und vergegenwärtigt damit ein bestimmtes Geschehen oder man produziert ein solches und dieses ruft (...) das gewünschte Analogon hervor.«[79]

Volks-»Magie ist die praktische Konsequenz eines auf Entsprechung (= Analogie – D. U.) gegründeten Weltbildes, in dem sich der Kenner der Zusammenhänge und Korrespondenzen mit Hilfe seiner Technik befähigt fühlt, selbst aktiv in den Weltlauf einzugreifen«[80]. »Menschliches Wollen«[81] gehört – etwa im Gegensatz zur wahrsagenden Zauberei – zum Begriff des Zauberers und der Hexe. »Der magische Mensch glaubt, Mittel zu besitzen, durch die er sich die verborgenen Mächte, die sein Dasein unheimlich umgeben, gefügig machen kann. Insofern ist die Magie die altertümliche Vorstufe der Technik.«[82] Was für Techniken wandten »unsere« »Toverschen« und »Kunsthfruwen« an?

Abb. 8   Topfzauber, zwei Frauen beim Wettersieden. Holzschnitt aus Molitors De lamiis et phitonicis mulieribus, Reutlingen 1489; nach Hallbauer 1964, Abb. 1.

5.1 Topf-, Gefäßzauber

Sehr beliebt war bei »uns« der Topf als Zauberinstrument (Abb. 8). Diese Gruppe des Zaubers ist mit derjenigen, die sich keines Zaubergerätes bedient, gleich groß.

5.1.1 Der Ritus des Hingebens, des Opferns

Vier Dinge bzw. Handlungen sind es, die den Zauber ausmachten: Leere (Ton-)Töpfe (»Puth, Putte«) oder ein leerer Krug aus Lehm (S. 88) oder ein Lehmtopf (»lemen Putte«, S. 89) waren die unvollständigen Werkzeuge der Behexung (1); wenngleich dieser Teil namengebend ist, der Topfinhalt, die »Toverie« (S. 89), sonst »Donde« (S. 88), »Tuch« (S. 89), genannt, gehörte unerläßlich dazu (2), wie auch die Handlung des Hingebens (3), die von einer Beschwörung, eigentlich von einer Blasphemie (4), begleitet wurde. Das Hingeben – zuweilen erscheint die gesamte Zauberhandlung unter der Chiffre »hingeben« – vollzog sich in zwei Arten: Einmal setzte oder vergrub man den Topf unter die Schwelle der Haustür, zum andern warf man ihn ins Feuer. Das Feuer, das zum Kochen des Inhaltes benötigt wurde, findet nie für sich Erwähnung.

Lene Jurgens bekannte beispielsweise, daß sie mit Metke Fustken unter Hans Moldenetts Osterhaustür und Schwelle, wo alles Vieh aus- und eingeht, einen Lehmkrug mit Totenknochen und anderem Gebein, Wildhaar und was sie mehr dazu zu gebrauchen pflegten, untergebracht und währenddessen gesprochen hatten: »In diesem Hause gedeihe nichts, ehe dieser Topf mit diesem eingelegten Zeug hier wieder rauskommt!« (S. 88, vgl. S. 89). Eine andere Version lautet: »Wenn es besser werden soll, muß Abell den Topf wieder aufnehmen« (S. 94). Die Unversehrtheit des Topfes war von grundlegender Wichtigkeit; zerbrach der Topf beim Zaubern, so fehlte die Voraussetzung der Zauberentfaltung (S. 97).

Immer wenn der Topf als Zeichen der Vernichtung dem Feuer übergeben wurde, wurde die Beschwörung gotteslästerlich: »Amen in aller Duwel Nhamen!« (S. 96, vgl. S. 97). Sie fehlte auch nicht, als Milch weggenommen wurde, indem sie mit einem Löffel auf zwei heißen Steinen – einer Art Feuerersatz – ausgegossen wurde (S. 94). Die Blasphemie versinnbildlicht den kosmischen Zusammenhang des Geschehens: daß es sich bei diesem Hingeben um ein dem Teufel dargebrachtes Opfer handelt. Einmal steht hinter diesen Worten der wie Abwehrzauber klingende Ausruf »Behode uns de leve Godth« (S. 96) einer zaubergläubigen Seele.

Der Vorgang des Opferns, das beweisen nachstehende Zitate, erscheint in »Rede« und »Gegenrede« eingebunden, d. h. die beim Beschwören beteiligten Frauen – es waren immer mehrere, sozusagen eine »Gemeinde« – hatten verteilte Rollen, verschiedene Aufgaben. Welchem Vorbild dieses magische – satanische – Zwangsgebet[82a] folgte – daher auch die »Rede« und »Antwort« –, liegt auf der Hand: Es ist die Benediktion (Segnung, Weihe) »Im Namen Gottes, des Vaters usw.«.

Dem Zufall wurde nichts überlassen, Regelmäßigkeit und Unveränderlichkeit sollten, ja, mußten die Magie erzwingen. Sie ist eine dem magischen Menschen gehorchende »Automatik der Kräfte«. Sie steht damit im diametralen Gegensatz zur Religion, die nicht auf der Zwangsläufigkeit unpersönlicher Kräfte beruht, sondern einen höheren – unerforschlichen –[83] persönlichen Willen lehrt.

5.1.2 Der Topfinhalt, die »Toverie«, und ihre Wirkung

Betrachten wir die Zusammensetzung der »Toverie« des näheren. Als Topfinhalt lernten wir durch Lene Jurgens bereits Totenknochen und anderes Gebein, Wildhaar u. a. nicht näher Bezeichnetes kennen (S. 88). Lenes Tochter Annen sprach von Totengebein und anderen Knochen, Haar und dergleichen (S. 89). Diese »Toverie«, die vergraben wurde, unterscheidet sich von derjenigen, die ins Feuer geworfen wurde: Caterina Eggerdes und Metke Framen hatten z. B. einen Pott mit allerlei Pulver und Kraut in dem Frameschen Haus in aller Duwell Namen ins Feuer geschleudert, dazu hatte Abel (Stenbruggers) antworten müssen: »Amen in aller Duwel Nhamen!« Abel, die diesen Vorfall aussagte, wich zu einem späteren Zeitpunkt von dieser Schilderung nicht ab (S. 96). Metke Framen hingegen, in deren Haus der Topf zube-

39

reitet worden war – ob hiermit kochen oder mischen gemeint war, ist nicht auseinanderzuhalten –, erwähnte nicht nur Kraut und allerlei, wie sie es gut charakterisierte, böses Pulver, sondern auch Gebein und Totenhaar (S. 97), womit eine ähnliche Zusammensetzung wie in den ersten beiden Fällen angedeutet sein mag. Woraus das Pulver bestand – denkbar wäre ein Gemisch des Gebeins und des Totenhaars –, vermögen wir aufgrund der spärlichen Quellenaussagen nicht zu bestimmen. In diesem Zusammenhang mag es nützlich sein, entsprechende auswärtige Beobachtungen aufzunehmen: »Manchmal ist es uns überhaupt nicht mehr möglich, Zauber und Giftmischerei zu unterscheiden, weil man sie in früherer Zeit durchweg nicht zu trennen vermochte. So findet sich denn auch die Bezeichnung veneficium für beides, wie wir oft auch nicht sagen können, ob mit krud nun Gift (Pulver) oder Kraut gemeint ist. Das macht es verständlich, daß die Bremer Stadtrechte – nach dem Vorbild des Hamburger Rechtes und des Sachsenspiegels – die Giftmischerei und den Zauber mit der gleichen Strafe, nämlich dem Feuertod, bedrohen.«[84]

Über die Herkunft des Pulvers wird in unseren Quellen kein Wort verloren. Dies bedarf der Hervorhebung, da in der Literatur die Meinung verbreitet wird, daß die Zaubermittel – allemal Pulver und Salben – von den Sabbaten, von den Nachttänzen, stammen. ». . . vor allem ein Pulver wird immer wieder erwähnt, es richtet allen erdenklichen Schaden an. Es wird aus Eingeweiden, Lunge, Leber, Herz usw. bereitet, in die Luft geworfen, erzeugt es Pest. Oder geweihte Hostien werden einer Kröte zu fressen gegeben, die zu Pulver verbrannte Kröte liefert dann ein unfehlbar schadendes Mittel. Eine noch größere Rolle spielt die Hexensalbe (. . .) – Sehr oft werden Hostien zu Zaubermitteln mißbraucht.«[85]

Die erwähnte Hexensalbe interessiert an dieser Stelle wegen ihrer Zusammensetzung, ein Rezept – es gibt deren viele – sei hier »preis«gegeben: »In vielen sind narkotische Mohnpflanzen, Wolfsmilcharten, Schierling enthalten, nie fehlen giftige Solanazeen. Hexensalbe besteht aus Krötenmarkschmalz, aus Nachtschatten, Schierling, Mohn, dem Fett toter Kinder.«[86]

Bei der dritten Sorte der »Toverie« ist hinsichtlich der Konsistenz des Topfinhaltes kein Zweifel angebracht: Es handelt sich um Milch. Die Gelharsche berichtete vor Gericht freiwillig, daß sie zur Bewirkung eines noch zu erörternden Schadens – er galt dem Müller Clawes Selken – einen Topf voll Milch von Sankt Jürgen holen mußte. Den Topf hatte ihr Caterina Eggerdes »gedan«. Dann hatten sie die Milch in aller Teufel Namen gekocht und mit einem Löffel in aller Teufel Namen auf zwei heiße Steine gegossen und hatten dabei erklärt, so sollte der Müller vergehen in aller Teufel Namen wie die Milch auf den heißen Steinen, dazu hatte die Gelharsche sagen müssen »Amen, in aller Duwel Namen« (S. 94).

Außerdem wurde ein Topf voll Milch gesotten und darauf ins Feuer geworfen, um die weggezauberte (»hengegeven«) Butter zurückzuerhalten (S. 94).

5.1.3 Sonderformen des Gefäßzaubers

Ehe wir die Wirkung der Töpfe zusammenfassend würdigen – dabei wird die Frage, ob der Inhalt die Wirkung bedingte, nicht vergessen werden –, sollen einige Sonderformen des Gefäßzaubers nicht übergangen werden.

Statt Milch konnte Öl den Topf füllen (S. 94); die Zauberkraft ließ sich zusätzlich zu dem »inhebbendem Tuge« (S. 95) durch die rote Farbe des Gefäßes – hier »eyn rodt Quartier« (Viertel) (S. 95) bedeutend potenzieren; machen doch »ihr tiefer Symbolwert und die natürliche Leuchtkraft . . . das Rot zur apotropäischen Farbe schlechthin«[87]. Rot ist Zauber bzw. Zauber ist rot: »Das Wort Zauber wird abgeleitet von ahd. zoubar, engl. tiver – Rötel, angelsächsisch téafor – Mennige: die rote Farbe, mit der die eingeritzten Runen bestrichen wurden, damit sie ›leben‹ und wirken konnten.«[88] Rotes wurde daher vielfach im Analogiezauber eingesetzt. »Rotlauf, Antoniusfeuer, Rose werden mit Heilmitteln gleicher Farbe sympathetisch geheilt.«[89]

Von einer föhrenen Bütte, einem hölzernen Gefäß, das nach der Gelharschen Aussage Caterina Eggerdes und ihre Magd Abelke unter die Hoftür von Hans Juversen zu Schleswig plaziert hatten, müssen wir annehmen, daß sein Inhalt durch drei Pflöcke ersetzt wurde. Diese Pflöcke, die zu dem Topf gestellt werden, sollten bedeuten – und verdeutlichen es durch ihre äußere Anordnung –, daß sie dem Platensleger, dem Buntmaker und dem Pansermaker durch das Herz dringen sollten. Die Pflöcke »pfählten«[90]. Während der Zauberhandlung hatten die Frauen nicht die das Böse bannenden Worte – wofern es besser werden soll, muß Abell den Topf wieder aufnehmen – ausgelassen (S. 94).

Neben der unheilvollen Spitzigkeit der Pflöcke als besonders boshafter und einfallsreicher Zusatz zu dem biederen Topfzauber wird uns als weitere Sonderform das Drückende, das Lastende eines viereckigen Steins, »eyn verkanth Steyn«, der auf einem Pott steht, mitgeteilt. Dieser Topf stand unter Clawes Reders, des Putters, Haus zu Schleswig in der Heiligengeist-Straße. Sollte der Stein infolge seines Gewichtes den Topf festmachen?

5.1.4 Die Wirkung der Töpfe
– Fassen wir die Wirkung der Töpfe zusammen:

1) Mit untergegrabenen Totenknochen und anderem Gebein, Wildhaar und mehr – wie auch mit der roten Farbe – wurden Haus und Hof, Mensch und Vieh in Krankheit, Nichtgedeihen und Verderben verstrickt.

Können wir von dem Geopferten auf die Beschaffenheit der Toveriebestandteile rückschließen? Mit anderen Worten: Stehen Totenknochen und anderes Gebein für Vieh und Mensch bzw. für Mensch und Vieh? Möglicherweise verhält es sich so, wenn wir das Gesetz der Entsprechung, der Ähnlichkeit bzw. der Stellvertretung zugrundelegen.

Was die Rotfärbung des Viertels bezwecken sollte, läßt sich durch die Umkehrung des nachstehenden Zitates erfassen, ist doch jeder Zauber ambivalent, er kann zum Guten wie zum Bösen ausschlagen: »Die Verwendung der roten Farbe ist ebenfalls urtümlich; sie kehrt im Brauchtum immer wieder, so auch bei den Runen. Sie ist das Sinnbild des Lebens und kann deshalb nicht gegen die Menschen gerichtet werden.«[91] In unserem Fall richtete sich das Rote sehr wohl gegen ein Menschenleben.

2) Mit der 1. Rubrik hat diese die Vielfalt der Topfingredienzien gemein. Sie richteten sich jedoch nur auf ein zu schädigendes Objekt, das ist der Unterschied zu 1. Nach der einen Version sollen ins Feuer geworfenes Pulver und Kraut das Vieh von Nicolaus Lucht hingeben (S. 94, S. 96), nach der anderen Version bestand die Toverie aus Kraut, bösen Pulvern, Gebein und Totenhaar (S. 97). Sie wurde ebenfalls

dem Feuer übereignet und sollte das Vieh des Zöllners töten. Allerdings zerbrach der Topf, und die Zauberwirksamkeit schwand dahin.

3) Ein Bestandteil, einmal Milch, zum andern drei Pflöcke[92], machte die »Toverie« aus, das ist neu in dieser Auflistung. So eindeutig, wie die »Toverie« war, so eindeutig war das Opfer, das »nur« in einem Menschen bestand.

Wie die Milch, die auf zwei heiße Steine gegossen wurde und dabei verdampfte, so mußte der Müller vergehen; wie die Pflöcke den Topf pfählten, so sollten sie die Herzen dieser Menschen durchbohren. Das Sterben wurde sinnbildlich inszeniert.

4) Diese Zauberhandlung steht wegen ihrer Absicht ganz für sich: Gekochte Milch wurde ins Feuer geschüttet, um verhexte Butter zurückzubringen. Der letzte Abschnitt gibt einen unklaren Fall wieder:

5) Über die Wirkung eines an eines Mannes Herd abgestellten Öltopfes können wir nur spekulieren: Zauberte er wie der Milchtopf in der 3. Rubrik? Sollte er das Herdfeuer zum Erlöschen bringen und damit das Leben? Ein Heilzauber – Öl war als Heilmittel beliebt[93] – muß wohl wegen des Zusammenhanges ausgeschlossen werden.

5.1.5 Der Topfzauber in Verbindung mit Tür, Schwelle, Stadttor und Feuer
Zwei zusätzlich zum Topfzauber gebrauchte Zaubermittel – sozusagen die Zaubermittel im Zaubermittel – haben wir bereits in ihrer Wirkung erwähnt: Die rote Farbe und die beiden heißen Steine. Andere – Tür, Schwelle, Stadttor und Feuer – stehen noch aus, resultiert doch aus ihnen eine sehr beträchtliche Verstärkung des Schadens.

Tür und Schwelle sind wie der Zaun als wichtige Grenze ein zauberischer Ort[94]. Tür und Schwelle schützen. »An der Tür beginnt der Frieden des Hauses für den von Dämonen Verfolgten.«[95] Unter diesem Aspekt erhellt, wie eminent wichtig Schwelle und Tür »im Glauben und Brauch für alles Ein- und Ausgehen«[96] sind.

Zauber kann den schützenden Grenzbereich von Tür und Schwelle durchbrechen. Daher versucht man, diesem neuralgischen Punkt nahezukommen, »um den Zauber möglichst an das Haus und in das Haus hineinzubringen«. Ist dort ein Zaubermittel verborgen, das durch das Kraftzentrum Erde, die Urmutter der Zauberinnen[97], höchst wirkungsvoll entfaltet wird, oder davor ausgeschüttet[98], dann kann sich der Zauber ungehemmt und mannigfaltig auf alle, die den Fuß – »ahnungslos«[99] – über die Schwelle setzen, die durch die Tür eintreten, erstrecken. »Auch unter die Bank und unters Bett oder einfach ins Haus oder in den Stall konnte man das Zauberzeug schleudern oder legen.«[100] Auch das Stadttor kommt infrage. Das wußten sehr wohl 18 Schleswiger »Kunsthfruwen«, Caterina Eggerdes' »Gesellschaft«, die dort einen »Putt myth allerleye Gebente und Eventur« niedersetzten, damit die Stadt verarme (S. 95). Ein kolossaler Schadenzauber, dessen zauberische Nachwirkung bis auf den heutigen Tag anzudauern scheint!

Umgekehrt wird für einen Abwehrzauber nicht zufällig der Platz unter bzw. über der Schwelle gewählt[101]. Im Münsterlande gibt es ein sprechendes Brauchtum, das sog. Sullvogel-Klopfen, »bei dem die Bauernknechte an Petri Stuhlfeier (22. 2.) vor Sonnenaufgang mit einem Beil an die Tür klopfen und sagen: ›Heraus, heraus, du Schwellenvogel . . . .‹«[102].

Topf- und Türschwellenzauber sind in Norddeutschland weit verbreitet[103], aber nicht auf diese Gegend beschränkt gewesen. In Ravensburg wurden Knochen verschiedener Tiere unter die Schwelle der Stalltüren gelegt, und zwar im Namen des Teufels und aller Dämonen[104].

Eine Art des Hingebens des Topfes bestand darin, daß er dem Feuer überantwortet wurde (S. 97). Die ungeheure – »fernwirkende«[105] – Vernichtungskraft des Feuers machte es im Bosheitszauber zu einem Zaubermittel schlechthin, das eigentlich keines weiteren Zusatzes bedurft hätte, vergleichbar mit einer Schilderung aus dem II. Prozeß: Aus Rache, weil Hans Juversen Caterina Eggerdes der »Hur (Heuer) halven gemanett« hatte, hatte sie zusammen mit der Gelharschen aus Angeln »Vhuer (Feuer) uppe eyne Nacht in Hans Juversen Stall gemakett. Darhen hadden ße islich eynen Stoll (Schemel) laten bryngen, ersthmals tho Vordarve Hans Juversen. Darnha hadden ße beschaffett und bewarkett Clawes Selken ersthmals uth der Molen und darnha uth der Stadt tho toverende« (S. 93).

Der zitierten Passage meinen wir folgende Deutung beilegen zu dürfen: Das Feuer, das im Stall angezündet wurde, war weder ein Feuer im übertragenen Sinne, also ein dem Vieh angetaner Rotlauf, noch ein Feuer, mit dem die Scheune in Flammen aufging, sondern ein kleines Feuer zum Zaubern, um das sich die Frauen auf ihren Schemeln versammelt hatten. Von einem Topf wird uns nichts erzählt; das kann als überflüssig erachtet worden sein, es kann aber auch mit dem Feuer allein gezaubert worden sein. Gehen wir einmal von dem letzteren zur Verdeutlichung der Urgewalt Feuer im Zauber aus. Eine gewisse Berechtigung für diese Deutung ist übrigens auch aus der Beobachtung zu ziehen, daß das Feuer sonst äußerst selten erwähnt wird, insbesondere bei dem oben beschriebenen Ritus des untergegrabenen (!) Topfzaubers wird es nie extra bezeichnet, obwohl es doch für die Zubereitung dieses oder jenes »Toverie«-Inhaltes vonnöten gewesen sein (vgl. S. 87ff.) mochte.

5.2 Verschiedene Zaubergeräte

Es kommen hier solche Gegenstände wie Wachspuppe, Haare, Faden, Kissen, Brustwams und Steine als Träger des Verzauberungswillens zur Sprache.

5.2.1 Wachspuppe

Aus dem I. Prozeß wollen wir einen der spektakulärsten Fälle von Schadenzauber, den unsere Akten mitteilen, herausgreifen. Verübt wurde er an und mit einer Wachspuppe, einer sog. Rachepuppe. Übertragungszauber wurde praktiziert, der gesamte »Zauber« gehört zur Kategorie des Bildzaubers.

Este Andersenn und Kay Mollerkun hatten ein wächsernes Kindchen, welches sie von Herrn Johann Brade[106] empfangen hatten. Er hatte es, bevor er verbrannt worden war, getauft. Wem die Frauen etwas Böses zufügen wollten, in dessen Namen steckten sie die Wachspuppe voll Nadeln. Anna Jurgens wußte davon, sie sagte es aus. Zudem war ihr bekannt, daß das Kindchen noch bei den beiden Frauen war und daß sie damit nach wie vor Zauberei (»Trollerige«) trieben (S. 89). Irgendwelche Maßnahmen, die die Obrigkeit unternommen hätte, um diese Gefahr auszuschalten, sind nicht überliefert, was erstaunt.

Daß die Puppe aus Wachs gefertigt war, darf uns nicht überraschen; »Wachs hat von jeher im Volksglauben eine besondere Rolle gespielt, nicht nur im Kult mit der katholischen Kirche«[107]. Die Bedeutsamkeit leitet sich von der Wertschätzung der Bienen ab, ihr Fleiß und ihre Weisheit wie andere Eigenschaften waren sprichwörtlich, ja heilig. »Die Biene ist heilig und heilend, prophetisch und fromm. Fluchende Menschen und Dirnen flieht sie, überhaupt das Unreine (die Menstruierende).«[108] Dem Wachs, als dem Erzeugnis der heiligen Bienen, kam eine entsprechend hohe Achtung zuteil. »Als zukunftsdeutende Flüssigkeit«[109] konnte es in einem wesensfremden Zusammenhang benutzt, mißbraucht werden. Es konnte unter »der Anrufung des Teufels zur Offenbarung verborgener Kenntnisse durch einen Dämon führen«[110].

Darüber hinaus war es wegen seiner Formbarkeit bei solchen Zaubertaten, die stellvertretende Nachbildungen voraussetzten, ein Bild oder eine Plastik erforderten, begehrt. Die aus Wachs angefertigte Puppe wird als »beseelt«[111] oder »krafterfüllt«[112] empfunden. Daher wird ihr verursachter Schmerz, das Stechen der Nadeln[113], auf die gemeinte Person weitergeleitet, übertragen[114]. Die Puppe ist ein »Doppelgänger«[115].

Wir sprachen oben diese Puppe als Rachepuppe an, weil mit ihr nennenswerter Schadenzauber verursacht wurde. Häufig wurde mit ihr Liebeszauber bezweckt, genauer gesagt, Liebeszauber aus Rache wegen verschmähter Liebe, die in ihrer Wirkung Nachteil stiftete. Ein Beispiel aus der Oberpfalz mag dies belegen: »Von ihren Geliebten betrogene Mädchen zünden zur Mitternachtszeit unter allerlei Beschwörungen eine Kerze an und stechen mit Nadeln in dieselbe hinein, während sie dabei ausrufen: ›Ich stech' das Licht, ich stech' das Licht, ich stech' das Herz, das ich liebe.‹ Dann muß der Ungetreue sterben.«[116]

Bei einem richtigen Fall von Liebeszauber, der nicht strafen, sondern für jemanden einnehmen soll, spielt die Taufe eine gewisse Rolle. Ihretwegen – hatte doch Johan Brade die Wachspuppe getauft, ehe er sie fortgab – sei er angeführt, »Etliche machen sich Bilder aus Erde, Wachs, Edelsteinen oder Mischungen von gewissen Dingen, taufen dieselben mit dem Namen der Person, der sie Liebe einflößen wollen, und diese zwar mit denselben Zeremonien, welche die Priester bei der wirklichen Taufe gebrauchen, nur daß sie dabei den Teufel anrufen und beschwören; auch fügen sie dazu noch gotteslästerliche, schändliche Worte. Alsdann schmelzen sie dieselben, und zu gleicher Zeit wird das Herz des bis dahin nicht Liebenden, dessen Namen das Bildnis trägt, mit Liebe entzündet.«[117] Ob dieser Zusammenhang auf »unsere« Taufe zu übertragen ist oder ob die Taufe dem zu Schädigenden[118] oder der Puppe galt, die damit dem Teufel überantwortet wurde, ist aufgrund der Quellenlage müßig zu fragen.

Der Bildzauber, dessen Praktiken urtümlich anmuten, ist bereits in der Antike belegt[119]: »Medea weiht Menschen dem Untergang, auch wenn sie abwesend sind, durchbohrt ihr wächsernes Bild und treibt in die arme Leber dünne Nadeln.«[120] Im 13. und 14. Jh. mehrten sich die Klagen über den Bildzauber. Das hängt mit der »Vermehrung der Zauberprozesse ... durch eine Reihe besonders zaubergläubiger Päpste« zusammen. An erster Stelle ist hier Papst Johann XXII. (1316–34) zu nennen[121].

5.2.2 Haare

Nicht nur Wachsbilder wurden als »beseelt« und »stellvertretend für eine Person« empfunden – wie alles vom Körper Stammende –, auch Haare spielten im Übertragungszauber seit alter Zeit eine gewichtige Rolle[122].

Im I. Schleswiger Prozeß bekannte Metke Fustken, dem Tomas zu Nübel sein eigenes Haupthaar, geknetet in ein Stück Käse, zu essen gereicht zu haben, damit sie ihn »vertue« (»vordan«, S. 90).

Auch Geld – 13 Denare – wurde Haaren hinzugefügt. Die Haare wollten sich Wybke Stampen und Caterina Eggerdes von der Frau des zu Schädigenden besorgen lassen. Nun gab man Haare nicht ohne weiteres her, denn man war sich bewußt, daß sie in unrechten Händen zu unfehlbaren Zauberanschlägen dienen konnten. Wybke und Caterina griffen daher zu einer List, indem sie der Frau die Absicht eines Gesundheitszaubers vorgaukelten; in Wahrheit sollten Haare und Geld den Mann jedoch vom Leben zum Tod befördern. Als sie sich trotzdem beider Dinge nicht bemächtigen konnten, zettelten sie mit dem roten Gefäß einen wohlbewährten Topf und Schwellenzauber an[123] (S. 95).

Zu der Bedeutung von Geld und Haar im Zauber ist zu erläutern: Geld hatte, worauf das Wort im Sinne von Vergeltung, Ersatz und Zahlung schon hinweist, eine besondere Wirkung als Amulett und Talisman[124], die unter umgekehrten Vorzeichen im Schadenzauber als Unheilanzieher wirkten. Für abgeschnittene Haare gilt, was auch auf andere Körperabfälle und -ausscheidungen wie Fingernägel und Kot zutrifft, daß sie vor zauberischem Mißbrauch sorgfältig gehütet werden mußten[125]. Da insbesondere das Haupt- wie das Barthaar Lebenskraft, Männlichkeit und persönliche Integrität (Freiheit) angaben, mußte ihr Verlust, ihr Raub, eine Schändung und Demütigung sein, die Kraftlosigkeit und Unehre nach sich zogen. Kein Wunder also, daß das Haar gerne im Zauber geopfert wurde, es mußte wirken. »Im Liebeszauber sind die dem Trank oder Essen beigemischten (pulverisierten) Haare (auch Samen, Schweiß, Urin, Blut) Lebensstoffe und sexualsymbolisch.«[126]

Die Lebenskräfte, hauptsächlich die Zeugungskraft, wurden mit vielerlei Objekten und Maßnahmen wesentlich beeinträchtigt. Mit dem Hinweis auf das Knüpfen, Schnüren, Binden, Nesteln und Knoten, die Stockungen, Hindernisse in den pulsierenden Lebensfluß einnisteten, und auf die Materialien Stroh, Faden, Bänder und Werg[127] ist nur ein Teil dieses Treibens berührt. Die Übertragung von Krankheiten wie die Tatsache des Krankseins leitete man von in den menschlichen Körper hineingeschleuderten Schadstoffen ab, Injecta genannt bzw. materialia iniecta. Der Ausdruck Hexenschuß – bei uns »Knappstott« (S. 93) – spiegelt diese Auffassung, die den Ursachen vieler Krankheiten unwissend und ohnmächtig gegenüberstand. Injecta können Nägel, Haare, Holz, Wachs, Glas, Dornen, Faden, Kieselsteine, Nadeln, Tabakstengel, Papier, Federn, Geld, Fischgeräte, metallene Kugeln, zusammengedrehte Wolle, Eischalen, Zähne u.a.m. sein. »Ursache des Glaubens, daß Hexen Injecta in ihre Opfer schießen, war wohl einerseits die Praktik von Quacksalbern, durch einen Trick ihren Patienten derartige Fremdkörper scheinbar aus dem Leib zu zaubern, andererseits aber vielleicht auch die Beobachtung von in den Körper eingewachsenen Teilen eines eineiigen Zwillings (Teratome), die Schmerzen hervorrufen und chirurgisch entfernt werden können, ebenso von Harn- oder Nierensteinen, die gleichfalls als Injecta gedeutet werden konnten. Die meisten Geschwulste wurden als Folgen von Injecta gedeutet und mit mannigfachen Zugsalben behandelt.«[128]

5.2.3 *Faden*

In den »Acta und Bekantenusse tho Röste gescheen« (S. 94) ist nachzulesen, daß kein Faden geschleudert, wohl aber ein Faden aus dem Rocke der Küsterin zu Rabenkirchen geraubt werden sollte. Sie sollte nicht mehr gedeihen.

Der Faden steht hier unzweifelhaft als Ableitung der Lebenskraft, als der »Lebensfaden«[129]. Demzufolge wurde mit ihm nicht Heilzauber bei uns getrieben: »Die Beobachtung, daß ein aufgelegter Lappen schmerzlindernd wirkt, ließ den Glauben aufkommen, er könne die wesenhaft gedachten Schmerzen in sich aufnehmen. Es war dann nur noch ein Schritt zu der Annahme, jeder beliebige Teil des Gewebes könne die gleiche Aufgabe erfüllen. Ein um den Leib gelegter Faden hilft gegen Leibschmerzen.«[130]

5.2.4 *Kissen, Brustwams*

Die durchgängig zu beobachtende und bereits angeschnittene Ambivalenz eines Zaubermittels – seine vielfältigen Verwendungsmöglichkeiten bei unterschiedlichen Zauberaktionen und -intentionen – bewahrheitet sich beim Liebeszauber aufs neue. Auch hier werden bevorzugt Teile des Gewandes wie des Körpers eingesetzt. Sie bilden das Bindeglied zwischen Objekt und Subjekt. Im II. Prozeß sollte über ein Brustwams und ein Kissen die Zuneigung von zwei Männern (zurück)erobert werden. Mit dem Wams sollte Abel den Knecht kriegen, welchen sie gern haben wollte. Dieser Knecht wurde nun aber nicht zu solcher Liebesglut betört, daß er Worten Dritter nicht mehr zugänglich war. Ein Mann riet ihm nämlich ab. Um diesen ungebetenen Ratgeber zu strafen, hatte Abel unter die Türschwelle seines Hofes einen Topf in verderblicher Absicht gegraben (S. 95).

Mit dem Kissen – möglicherweise als Stellvertretung für das Bett[131], vielleicht ließ sich aber auch nichts anderes Persönliches beschaffen – wollte Caterina Eggerdes die Liebesbeziehung ihres Mannes, des Toffelmakers, eines notorischen Schürzenjägers, zu einer Magd zerstören. An ihre Stelle sollte seine Hausfrau, Caterina, treten (S. 90).

5.2.5 *Steine*

Steine – wohl als Zeichen der Lieblosigkeit und Unfruchtbarkeit als Umkehrschluß des Organischen, zu dem sie üblicherweise gezählt wurden[132] – wurden ins Feuer geworfen, um das Wachstum des Kornes zu unterbinden. Auch sollte sich der geringste Bissen Brotes nicht gedeihlich auswirken (S. 95). Auf das Aussehen der Steine, ihre Farbe, ihr Glanz, ihre Form, ihre Zeichnung, die sonst von großem Gewicht – vornehmlich in der Heilkunde – sind, wurde hier keine Aufmerksamkeit gelegt.

5.3 *Wortzauber*

Charakteristisch für dieses Kapitel sind Roger Bacons Sätze, des englischen Philosophen und Naturforschers (1214 – ca. 1294): »Alle Wunder am Beginn der Welt geschahen durch das Wort. Und das Wort, an dem die Seele sich erfreut, ist die eigentliche Leistung der vernünftigen Seele. Worten ist eine große Macht zu eigen: wenn sie mit Konzentration und starkem Verlangen, mit der rechten Absicht und gläubiger Zuversicht gesprochen werden. Wenn diese vier Dinge gegeben sind, wird die vernünftige Seele bald dazu gebracht werden, ihrem Wert und Wesen gemäß zu wirken, und zwar nicht auf sich selbst, sondern auch auf die Außenwelt.«[133] »Wer das Wort hat, hat die Sache oder zieht sie herbei.«[134] Worte sind Zauber! Und zwar ohne zusätzliche Hilfsmittel, wie etwa den Stock, mit dem Caterina unter Verwünschungen winkte (S. 92), und ohne Handlungen, deren sich der Beschwörer bedient, nämlich des Beschwörungsspruches oder -liedes, das bestimmte Handlungen (binden, blasen, berühren) und Mittel (Räucherung, Kreisziehung, Zauberstab) unterstützt[135]. Zaubersprüche bzw. kurzgefaßte Zauberworte im Stile des Abracadabra und Hokuspokus stehen nicht zur Debatte, weil sie nicht vorkommen. Wie im Blick der Augen sich die gute oder böse Kraft ausdrückt[136], so zwingen die schlichten Worte. Sie berufen, verschreien, verhexen.

Caterina Eggerdes sagte nach vorausgegangener Beleidigung (Racker, Schelm etc.) dem Kunstener oder Doktor Christoffer Smyt aus Eckernförde Leid zu. Auch sollte er nicht ungeschoren, ohne Schaden (»unschampherett«) aus Schleswig fortziehen (S. 91). Zum Teil widerfuhr ihm das Gesagte, als ihm in derselben Nacht sein Pferd, das am vorigen Abend frisch und gesund war, umkam. Einem anderen Manne, der sie um die Hausmiete gemahnt hatte, trat sie »scheldich«, scheltend, entgegen und drohte ihm, daß ihm bange wurde. Daraufhin hätten er und die Seinen nicht gewußt, wie sie von Schleswig fortkommen sollten (S. 92). Caterinas Spezialität war es, den Leuten, auf die sie es abgesehen hatte, den Aufenthalt in Schleswig durch böse, unheilschwangere Worte zu vergällen. Dem Oleff Olefsen sagte sie: Wohlan, ich gelobe dir, du sollst so arm werden, daß du kein Salz für ein Ei haben und daß du in Not und Armut aus der Stadt weichen wirst. Geschehen ist es (S. 93), lautet der lakonische Kommentar.

In einem anderen Fall hatte Marina Tamis' Tochter zu Olden-Rabel mit ihren bösen Worten und mit dem »gelobten« Herzeleid einen Mann getötet. Jedenfalls war er danach in Kiel zu Tode geschlagen (S. 95f.), was immer man sich darunter vorstellen mag.

5.4 Sonstiges

Von etlichen Schadensfällen wissen wir nicht, wie sie bewirkt wurden.
So wurden
- drei Kühe hingegeben und zu Tode verzaubert (»hengegeven unde vortoverth tho Dode«) (S. 88)
- der Hof von Hans Jebsenn zu Winderatt verzaubert, weder Mensch noch Vieh sollten darauf gedeihen können (S. 88)
- drei fromme Menschen, deren Namen bekannt sind, zu Sterup auf Forderung dreier Bauern (Hausleute), die nach den Gütern und Höfen der dreien strebten, hingegeben und zu Tode gezaubert (»ghetrollett«) (S. 88)
- zwei Häuser in Angeln zu Hürup hingegeben und verbrannt (»vorbarnen laten«) (S. 88)
- der Hof von Hanße Petersenn zu Torsballig verzaubert (vorkerett, vortrollett, S. 89)

- Milch und Butter hingegeben, einmal auf dem Sankt Margaretentag (S. 94 u. Anm. 55 S. 137), zum andern für neun Jahre genommen (S. 96)
- dem Pansermaker der Kopf verdreht, krank gemacht und er dadurch zum Weglaufen veranlaßt (»inth Hovett gekrenckett und vorbisterth und darnha wechlopisck gemakett«) (S. 93)
- zugerichtet und gemacht (»thogericht unde gemakett«), daß Heyneke Putters und Roleff Rusche jeder einen bösen Hexenschuß (»Knappstott«) kriegen sollten; Heyneke Putters hat diese auf die Gelharsche und Caterina zurückgehende Krankheit überstark zu nachtschlafender Zeit gefühlt (S. 93)
- Henneke Rumor und seine Hausfrau ein ganzes Jahr über bettlägerig gemacht von Caterina Fluisson, der Magd von Wybeke Papen und von Hille Cristen. Außerdem wußte die Gelharsche von den Frauen zu melden, daß sie Henneke Rumor einen heftigen Schmerz in der Schulter zugefügt hatten (S. 95)
- von Caterina Eggerdes und von Abelke versucht, einen Edelmann, Otto Radtlow zu Arlewatt, umzubringen (»vordon«, »umbryngen«). Wegen seines starken Glaubens mißlang dieser Mordanschlag, stattdessen mußte seine beste Stute ihr Leben lassen (S. 95)
- ein Mann von Olde Wybke neun Jahre verzaubert, ehe er wegen etlicher Gänse, die fehlten, starb (S. 95)
- Tomas Vos Unglück »beschert« (S. 96).

6 Die Gerichtsverfahren

6.1 Johann Boyes »Nota«; Text und Kommentar

»Ein Richter kann mit gutem, christlichem Gewissen offenbaren Diebstahl, Mord, Totschlag, Ehebruch und was der offen zutage liegenden Verwirkungen mehr sind, mit Galgen, Rad, Schwert etc. strafen, aber schwerlich kann er richtig mit verdächtigten und beklagten »Toversken« umgehen, weil man von ihnen keinen Beweis haben kann, außer mit scharfen, unermüdlichen, harten Fragen. Und was also bekannt, das wird oft widerrufen und verneint. Die Ursache: Wenn man es bemerkt und recht beherzigt, so sind die Weibsleute zum größten Teil und gemeinhin von schwacher, weichlicher und zarter Natur, die nicht viel Plagen, Recken und Strecken an ihren Gliedern erdulden können, wie es die Mannsleute aber können; sie sagen bisweilen mehr, als sie wissen und als sie ihr Lebtag zu tun gedacht, sagen auch, was man hören will, auf daß sie der Pein entledigt werden. Es ist wert, angemerkt zu werden: Auch Unschuldige zwingt der Schmerz zu lügen. Das ist es: in der Folter werden oft Unschuldige angegeben, und zwar gezwungen durch die Marter[137]. Darum sollen die Richter das Einsehen haben, solche Personen dem Kläger zu Gefallen nicht mit dem Schärfsten (der Folter) den Beklagten übereilen zu lassen. Es ist sehr gefährlich, die Leute (hart) anzufassen. Wie, in welchem Maß und in welcher Gestalt und mit was für Personen man mit scharfen und peinlichen Sachen fortfahren und gebrauchen soll, lies in den kaiserlichen und sächsischen Rechten, findest auch etwas davon im Verfahrensrecht (processo iuris). Und ist zu allererst vonnöten, daß ein Richter sich in den scharfen Fragen wohl und weislich vorsehe, Bürgen von dem Kläger nehme, ehe er den Beklagten mit scharfen Fragen angreifen läßt. Der Grund dafür ist, wenn derselbe in seinen Peinen nicht bekennte, wenn er unschuldig wäre, wenn ihm Beine, Glieder oder Arme zerbrochen oder wenn er während und infolge der Marter stürbe, daß dann dem Beklagten für seinen Schaden, Hohn und Spott oder seinen Freunden für seinen Tod Genugtuung geschähe, sonst würden solche »Gefälle« (Kosten) dem Richter anheimfallen, wie die Doktoren und Rechte es gemeinhin halten, reden und schreiben; auch daß die Obrigkeit wisse, von wem in diesem Falle die gebührende Brüche einzuziehen sei. Denn ohne Brüche und Leibesstrafe können die Dinge nicht abgehen, es sei in Gnaden oder Ungnaden je nach Beschaffenheit und Bewandtnis der Sachen. Es sollte auch wohl gehalten werden, daß über des Klägers Hals fällt und kommt, was er dem unschuldigen Beklagten unbegründet (»mith nichts«) und ohne Wahrheit zulegt, mutwillig, bedacht oder unbedacht. Worte des Herrn: Welches Maß etc. Ebenso: Was du nicht willst, daß es dir geschehe, füge keinem andern zu. Wie doch hinwiederum: Es (das unschuldige Blut) wird auf dein Haupt kommen usw. Im nachhinein ist gut predigen. Jeremia 22: Vergießt nicht unschuldiges Blut. Quintilian in der 10. Rede: Häufig täuscht mich oder euch, ihr Richter, die Meinung, aber ihr glaubt (dennoch), irgendeine Sache könne so eindeutig entschieden werden, daß ihr kein Schein der Lüge beikäme.«

Worum geht es in dieser »Nota«?

Dem Stadtsekretär ist nicht verborgen geblieben, daß sich das Verbrechen der Zauberei und der Hexerei, wie wir hinzufügen, von allen bisherigen Straftaten, wie Diebstahl, Mord u. ä., fundamental unterscheidet. Die letzteren haben einen greifbaren Tatbestand, sind offenbar und beweisbar, dies alles eignet der Hexerei nicht. Gewißheit von ihr ist über die Täter selbst zu erzielen. Da diese aber selten freiwillig geständig sind[138] – wer nimmt sich schon gern das Leben? –, muß mit Zwang nachgeholfen werden, muß der Schmerz die oder den Angeklagten gefügig machen, zumal, wenn der »böse Feind« ein Bekenntnis mit seinen teuflischen Mächten verhindern will. Von diesem Standpunkt aus erklärt sich die Grausamkeit des Vorgehens; man handelte in dem Glauben, daß sich die Folter »weniger gegen den Angeklagten selbst als gegen den ihm innewohnenden Teufel« richtete[139]. Da die damaligen Richter von der Möglichkeit der Hexerei überzeugt waren – sie erachteten es ja keineswegs als ein fiktives Verbrechen –; und demgemäß der Hexenprozeß in seinem Kern ein Prozeß gegen Dämonen war, fand man nichts dabei, der oder dem Angeklagten das Schuldbekenntnis abzuzwingen, »nachdem die Richter schon von der Schuld überzeugt, jedenfalls beinahe überzeugt waren«[140]. Das ist ein merkwürdiges Paradoxon! Auf der einen Seite das Rechtsbewußtsein, das nach dem Beweis, dem Geständnis, verlangt, auf der anderen Seite die Voreingenommenheit von dem Vorliegen eines bestimmten Verbrechens, weshalb immer wieder auf die Anwendung der Folter erkannt wurde. Für den Verdächtigen blieb dadurch nicht viel Raum zur Rechtfertigung. Für ihn gab es selten ein Entkommen – gleich ob er schuldig oder unschuldig war, denn wie heißt es doch bei Boye? Auch Unschuldige zwingt der Schmerz zu lügen; Boye dachte hierbei – dem Zeitgeist folgend – an die sprichwörtlich schwachen Weiber. Dessenungeachtet hat Boye ein Grundübel des damaligen Prozeßverfahrens erkannt, das nach ihm viele beklagt haben. »In seinen Studien zur Geschichte des deutschen Strafrechts schrieb C. von Wächter, nach der Behandlung der Folter im Hexenprozeß, die oft angeführten Worte: ›Wir würden in unserer Zeit noch ebenso viele Hexen finden und verbrennen können, als in jenen Zeiten, wenn man dasselbe Mittel, sie zu finden, bei uns noch anwenden wollte . . .: die Folter.‹ Er sprach damit aus, was jeder, der eine eingehende Untersuchung über die Hexenprozesse anstellt, unterschreiben muß. Auch in der Hexenzeit selbst war es den Klügeren schon klar: nur die Folter macht die Hexen: die Geständnisse ihrer Hexentaten wären ohne Folter nie gegeben worden.«[140a] Letzteres ist zwar für die Folter als Mittel der Wahrheitsfindung wohl zutreffend, verkürzt aber die Problematik, weil ein Faktor dieses vielschichtige Phänomen Hexenglauben und Hexenwahn kaum erklären kann, insbesondere wird darin die äußerst zentrale Frage ignoriert, was der Glaube in das Bewußtsein gesenkt hat, was er uns aufgegeben und was er dadurch verschuldet hat ... Weil die Folter sehr gefährlich ist und letztlich nicht durchgängig und unanfechtbar die Schuld eines Menschen an den Tag bringen kann, müssen bestimmte Vorsichtsmaßregeln, Rechtsnormen, beherzigt werden. Daher halte man sich an die kaiserlichen und sächsischen Rechte, d. h. an die Peinliche Gerichtsordnung Kaiser Karls V. von 1532, an die sog. Carolina, und an den Sachsenspiegel mit den auf ihm fußenden Rechten wie das Sassen- und Holsten-Recht, das Lübecker und das Hamburger Recht[141]. Sie erteilen nicht nur Hinweise für die rechte Handhabung der Folter (Carolina), sondern definieren das Verbrechen. Mit andern Worten ausgedrückt: An wen man sich für was wie zu halten hatte. Einer wüsten Verfolgung sollte dadurch ein Riegel vorgeschoben werden, das folgern wir aus dem Tenor des Gesamttextes der Nota, der von Besonnenheit, Menschlichkeit und tiefer Sorge um Recht und Rechtmäßigkeit getragen ist. Sich zu sorgen, dafür gab es mehr als einen Grund; Boye mochte nicht zuletzt an das Schweigen des Schleswiger Stadtrechts zu allen diesen wichtig gewordenen Fragen gedacht haben[141a]. Nicht ohne Grund rezipiert er fremde Rechte! Es fällt auf, daß das »Landrecht« des Herzogtums Schleswig, das Jütische Recht, von Boye mit Schweigen übergangen wird; dabei galt es in den Distrikten und Städten, welche eigene Rechte hatten, »subsidiär« (hilfsweise, unterstützend, ergänzend), sofern nicht ein anderes Recht ausdrücklich in diese Funktion gerückt war. »In Schleswig pflegte es (Jütisches Recht) in älterer Zeit jährlich auf dem Rathhause publicirt zu werden, welches jedoch mit dem Jahre 1504, mithin gerade wie der Dänische Text zuerst gedruckt war, aufgehört zu haben scheint.«[142] Erklärt dieser Hinweis das Schweigen hier? Wohl nur, wenn man mit dem Ende der öffentlichen Einschärfung ein Obsoletwerden des Subsidiar-Rechtes verbindet, denn auch der Druck hätte »publizierend« wirken können.

An der Ungleichartigkeit der angeführten Rechte wurde aber Boyes gute Absicht zuschanden. Sie formulierten nämlich nicht übereinstimmend die Verbrechenstatbestände. Die Carolina will »nur« die Zauberei, die Schaden oder Nachteil schuf, durch Verbrennen des Schuldigen gestraft sehen. Zauberei ohne negative Nachwirkung sollte nicht von vornherein unter die harte Leibesstrafe fallen[143]. Die Strafe ist hier auf die Delikte ausgerichtet und abgegrenzt von dem nicht beschriebenen Glaubensabfall, der Teufelsketzerei. Anders geht der Sachsenspiegel vor: Ketzer, Zauberer und Giftmischer gehören auf den Scheiterhaufen[144]. Das Lübecker und das Hamburger Stadtrecht bauten in diese Bestimmung den Grundsatz von der handhaften Tat (das Ertappen auf frischer Tat sozusagen) ein[145]. Für sich genommen, mochten alle Rechte irgendwie mäßigend wirken, zusammen potenzierten sie den Verfolgungswahn. Alles, was nämlich mit Zauberei und Hexerei zusammenhing oder danach aussah, war strafwürdig. Boye hat dies sicherlich nicht gewollt. Ihm lag daran, Rechtsgrundsätze aufzuzeigen, in einer Zeit neuer Verbrechen und neuer Verfahren, die sein heimisches Recht (– das »heimischere« jütische verschweigt er ja –) nicht kannte. Ein Indiz für das Neue, das man noch nicht recht fassen konnte, sondern in Altes einfließen ließ, für das man nur alte Namen hatte, ist die Wendung Zauber: »Im Deutschen ist bekanntlich Zauberei derjenige Name, dessen sich das Gesetz bedient.«[146] Hexerei war aber etwas grundsätzlich anderes als Zauberei. Ihre Verfolgung erforderte daher ganz spezielle gerichtliche Maßnahmen. Auf die Folter als eine solche Maßnahme wiesen wir bereits hin. Der Ausspruch, »als die Gottesurteile enden, kommt die Folter hoch«[147], läßt ahnen, welche Umwälzung sich im Recht, insbesondere im Strafrecht, das sich jetzt auszubilden begann, vollzog. Die Carolina ist eine Antwort – wenn nicht gar die Antwort von den zitierten Rechten – auf diese Herausforderung.

Das bisher gültige Prozeßverfahren, der Anklageprozeß, wurde von Elementen des Inquisitionsverfahrens durchsetzt.

Halten wir ein, um beide Verfahren zu charakterisieren, damit wir den Standpunkt der »Nota« besser orten können. Inquisition leitet sich von lat. inquirere, aufsuchen, nachspüren, ab. Als strafprozessualer Begriff steht er für die Erforschung von Straftatbeständen von Amts wegen, ex officio. Er beinhaltet zwei Prinzipien des Vorgehens, Offizial- und Instruktionsmaxime betitelt. »Im Interesse einer wirksamen Verbrechensbekämpfung und -aufklärung wurde den amtlichen Strafverfolgungsorganen die Initiative zur Verbrechenssahndung und Verfahrensdurchführung als Amtspflicht auferlegt (Offizialmaxime). Hinzu kam die weitere Verpflichtung dieser Organe, sich selbst über die straferheblichen Tatsachen und Umstände des kriminalistischen Sachverhaltes und damit über die objektive Wahrheit von Amts wegen zu unterrichten (Instruktionsmaxime).«[148]

Als »Instrument der Wahrheitsermittlung«[149] diente allen inquisitorischen Verfahrenstypen die – oft genannte – Folter. Der inquisitorisch geführte Prozeß hebt sich von dem älteren akkusatorischen scharf ab. Accusare heißt anklagen, »wo kein Kläger ist, da ist kein Richter«. Das heißt: Die Verfolgung von Strafsachen hatte durch geschädigte Privatpersonen zu erfolgen[150]. »Der Prozeß ist ein Streit der Parteien vor dem Gericht, wobei es für das Verfahren zunächst keine Rolle spielt, ob eine Rechtsverletzung gerügt wird, die nach modernen Maßstäben mit Strafe bedroht ist, oder ob es sich dem Gegenstand nach um privatrechtliche Ansprüche handelt. Daher ist auch das Beweisrecht im Prinzip formell: Das Gericht kann die materielle Wahrheit einer behaupteten und ›bewiesenen‹ Prozeßtatsache von sich aus nicht überprüfen bzw. bestreiten. Dies blieb Sache der Partei.«[151]

Im Laufe der Zeit nahm der Akkusationsprozeß jedoch Verfahrensgrundsätze des Inquisitionsprozesses in sich auf. Beide Prozeßarten glichen sich infolgedessen an. Vor dem Hintergrund dieses Vorganges ist unsere »Nota« zu sehen. Der Formalismus – wie sich etwa der Angeklagte mit Eideshelfern reinigen konnte – verschwindet aus dem Beweisrecht. Die Folter wird als Mittel der Beweisfindung übernommen[152].

Es interessiert nicht mehr die formenstrenge Feststellung von Schuld einerseits und Unschuld andererseits, sondern der in der Vergangenheit liegende Sachverhalt, der mit rationalen Erkenntnismitteln nachgezeichnet werden soll. »Hier fängt der sog. Inquisitionsprozeß an«[153]. Dieses Erforschen der Verbrechenstatbestände als Grundlage des Urteils ist das eigentliche Charakteristikum des Inquisitionsprozesses und nicht so sehr – wie es oben den Anschein haben mochte – die Prozeßeinleitung, die Anklageerhebung von Amts wegen. Unsere in Schleswig geführten Prozesse – über die anders gearteten Angeliter wird weiter unten gesondert zu handeln sein – entsprechen hinsichtlich der kriminalistischen Voruntersuchung dem Beschriebenen.

Die Tatsachenermittlung nimmt in den Quellen den größten Raum ein, das eigentliche Urteil, das Zusammentreten des Gerichtes, wird ganz knapp und nebensächlich abgetan. Die Beweisführung fand im Gefängnis – unzugänglich und unabhängig vom Kläger – statt. Die gütliche wie peinliche Befragung des Täters erforderte die gesamte Aufmerksamkeit derer, die das Gericht repräsentierten[154], sie wurde zum zentralen Punkt. »Die materielle Wahrheit war erwiesen einmal aufgrund eines freiwilligen glaubhaften Geständnisses, zum anderen – bei Vorliegen von Verdachtsmomenten (Indizien) und bei beharrlicher Leugnung – aufgrund des durch die Folter erzwungenen Geständnisses oder schließlich durch die Aussagen zumindest zweier klassischer Tatzeugen. Angesichts der Mehrzahl zeugenloser Straftaten gewann das in der Regel durch die Folter erzielte Geständnis eine entscheidende Bedeutung (confessio regina probationum = das Bekenntnis ist die Königin der Beweise).«[155]

Indizien – Anzeichen der Tat – waren: nach dem 44. Artikel der Carolina: »(1) Item so ymandt sich erpeut, anndere menschen zauberey zu lernen (= Wenn jemand sich erbietet, andere Zauberei zu lehren), oder (2) ymands zu bezaubern betröwt Vnnd dem betröuten der gleichenn beschicht (= das Androhen eines Schadens, der wirklich eintraf), auch (3) sonnderliche gemeinschafft mit zaubern oder zauberin hat (= der Umgang mit Zauberern oder Zauberinnen), oder (4) mit sollichenn verdachtlichen dingen, worten vnnd weisenn vmbgeet, die zauberey vff sich tragen (= Verdächtige Dinge, Gebärden, Worte und Handlungen, die Zauberei an sich haben), vnd (5) dieselbig persone desselbenn sunst auch beruchtiget (= der Hexerei berüchtigt sein): Das gibt ein Redeliche anzeigung der zauberey vnd genugsam vrsach zu peinlicher frage.«[156] Was wir davon in unseren Prozessen wiederfinden, wird unten im speziellen Teil dieses Abschnittes exemplarisch dargetan.

Eingeleitet wurden die Prozesse nicht vom Schleswiger Stadtgericht, sondern von Privatpersonen als Kläger. Im II. Prozeß nahm das Verfahren gegen Caterina Eggerdes am ehesten Züge eines Verfahrens von Amts wegen an. Im III. Prozeß war der Gerichtsherr zugleich der Geschädigte gewesen. Privates und Amtliches mischten sich hier unauflöslich, wie es auch für den anderen Gerichtsherrn, Henneke Rumor, der Fall war. Einerlei wie das Verfahren zustande gekommen war, es setzte sich amtlich fort: Die Kläger wurden von Amts wegen durch Tortur und Zeugenverhör während der Kriminaluntersuchung oder des Vorverfahrens im Kerker unterstützt, genauer gesagt, wurden sie von Amts wegen vertreten. Die Beweislast lag bei einem Untersuchungsausschuß (siehe hierzu die *Anlage 10.4*). Der Rat war darin regelmäßig durch seinen Kämmerer und den Stadtvogt zugegen.

Daß am geschichtlichen Anfang der materiellen Wahrheitsermittlung und damit letztlich unseres modernen Strafprozesses die Folter steht, ist Ironie und Tragik zugleich. Daß sich Folter und Wahrheit höchst problematisch zueinander verhielten, wußte Boye. Daher pochte er auf die Einhaltung erprobter Grundsätze des Anklageverfahrens. Daß nämlich dem Ankläger nicht gestattet sein durfte, willkürlich jemanden zu verklagen. Bürgen sollten für ihn gutsprechen und einstehen, ehe man folterte. Außerdem mußte sich der Ankläger bewußt sein, worauf er sich einließ, die Strafe fiel im Falle der Unbegründetheit der Anklage auf ihn zurück. Beachteten die Richter nicht diesen Grundsatz, dann hafteten sie für den Schaden. Daß Boye diese Prinzipien in seiner den Prozeßakten nachgesetzten »Nota« mit Hilfe der Bibel und anderer Autoritäten leidenschaftlich beschwört, läßt leider nichts Gutes vermuten. Der Schluß drängt sich auf, daß in praxi eben nicht danach verfahren worden war.

Zum Zeitpunkt der Anklageerhebung hören wir niemals von einer Einschärfung der geschilderten Prinzipien dem Ankläger gegenüber. Die Folter begann, ohne daß Bürgen gestellt worden wären. Es ist kaum anzunehmen, daß Boye uns dies, wenn es vorgekommen wäre, verschwiegen hätte. Am Schlusse des denkwürdigen II. Prozesses wird zwar auf den mutwilligen Ankläger Nicolaus Lucht die göttliche Gerechtigkeit herniedergewünscht, die irdische dispensiert sich indessen, sie beliebte abzuwarten, zu beobachten.

Hatte die Angst vor der Hexerei alle guten Grundsätze vergessen machen lassen? Die Hexerei war wegen des Teufelspaktes ein »Ausnahmeverbrechen«. Weil größte Gefahr im Verzuge war, konnten die Richter in der Regel einfach und ohne Umstände dem Übel begegnen; jeder konnte Zeuge sein, insbesondere die Mitschuldigen, die ja oft (siehe Abelke gegen Caterina) die Beweislast trugen[157]; das Verhör durfte noch am 1. Tage der Ergreifung statthaben; eine Verteidigung gab es jetzt und später, als dieses Rechtsinstitut allgemeiner geworden war, nicht, denn das Verbrechen der Verbrecher zu verteidigen, wäre Sünde gewesen; jede Form der Anklage, auch die anonyme und die lediglich auf Gerücht beruhende, war erlaubt, oftmals erwünscht und gefördert. Diese Punkte veranschaulichen, was für eine gefährliche Waffe der Hexenprozeß war, weil alles in seinem Zusammenhang Geschehene den Schein des Rechtes für sich hatte. Der Justiz wuchs hiermit ein gewaltiges Problem zu, Boye ahnte das.

Die Hexenprozesse sind eine Art des Inquisitionsprozesses und somit eine besondere Form des deutschen (peinlichen) Strafverfahrens[158]. Ein weiterer »Anwendungsfall des Inquisitionsverfahrens«[159] ist der klassische Inquisitionsprozeß gegen Häretiker als Institution zur Reinerhaltung des Glaubens[160].

Für Schleswig-Holstein ist wie für Norddeutschland insgesamt[161] die sehr geringe Bedeutung der Ketzer-Inquisition im eben definierten Sinne zu konstatieren. Der gewöhnliche kanonische Prozeß bleibt bei diesem Tatbestand mögliches Verfahrensvorbild; vor der Reformation gehörten Zaubereiverbrechen vor die geistlichen Gerichte[162]. Können von hier Anregungen für die Hexenprozesse empfangen worden sein? Auch im Jütschen Recht gibt es einen Artikel (III, 69) »über Zauberwerk«[163], der das Freischwören des Beklagten von dem Verdachte der schädigenden Zauberei durch Ernannte aus dem Kirchspiel »sowohl vor dem Kläger als auch vor dem Bischof« vorschreibt. Warum beruft sich Boye nicht hierauf?

Daß er diese Bestimmung als selbstverständlich gültig voraussetzte und daher nicht auf sie einging, möchte ich gemessen an der Argumentation und am Gesamtduktus der Nota als zu vordergründig ausschließen. Das Verschweigen muß negative Gründe gehabt haben.

Wenn auch III, 69 des Jütschen Rechts ein Zusatz aus späterer Zeit – genauer gesagt aus der Zeit nach 1400[164] – ist, dann ist das bei Zauberwerk anzuwendende procedere Teil eines älteren Ganzen. Mußte die Carolina als Kind des 16. Jahrhunderts nicht attraktiver, weil effektiver für die Bekämpfung spezieller Verbrechen sein? Letzteres scheint mir der wahre Grund für die Nichtbeachtung des Jütschen Rechts durch Boye zu sein. Ein ähnliches Argument kommt hinzu: Entsprach die Schleswiger Gerichtsverfassung, seitdem sie im Rat zentriert war, überhaupt noch derjenigen des Jütschen Rechts? Hatten sich beide nicht zu sehr auseinanderentwickelt?[165]

6.2 Die Gerichtsverfahren

In den drei abzuhandelnden Prozessen stecken, genau genommen, fünf Prozesse, worauf schon anläßlich der Wiedergabe des Geschehens hingewiesen wurde. Drei Prozesse fanden vor dem Schleswiger Stadtgericht statt, zwei vor den Grundherren Henneke Rumor und Bartram Radtlow als Gerichtsherren ihres Grundbesitzes in Angeln. Die Angeliter Prozesse hängen mit den Schleswigern zusammen – und umgekehrt; genauer gesagt, griff der II. Schleswiger Prozeß, in dem die Gelharsche besagt wurde, auf Angeln aus. Im III. Schleswiger Prozeß trug es sich anders herum zu. In Angeln begann man mit dem Prozeßverfahren, das sich infolge der Denunziation von Schleswigerinnen durch Angeliterinnen als ein selbständiges Verfahren in Schleswig fortsetzte. Überliefert sind uns die auswärtigen Verfahren nur im Zusammenhang mit den Schleswiger Prozessen. Eine eigenständige Überlieferung fehlt leider. Sie hätte uns mit Sicherheit über manches, was wir an Informationen vermissen, unterrichtet. Wir müssen uns jedoch mit der Schleswiger Sicht der Dinge begnügen und können uns trotz allem glücklich schätzen, im Besitz solch wertvoller Nachrichten für diese relativ frühe Zeit der Verfolgung zu sein.

6.2.1 Das Schleswiger Stadtgericht

Der Rat der Stadt Schleswig setzte sich aus zwei Bürgermeistern und sechs und mehr Ratsverwandten, Ratsleuten oder Ratsmannen zusammen[166]; er ergänzte sich selbst[167], gewählt wurde auf Lebenszeit[168]. Nicht nur die gesamte Stadtverwaltung lag in seinen Händen, auch die richterlichen Befugnisse waren darin vereinigt[169]. Diese Verbindung von Rechtsprechung – und zwar einschließlich der gesamten höheren Gerichtsbarkeit[170] – und Verwaltung hat übrigens in abgeschwächter Form noch bis 1867 bestanden[171].

6.2.2 Der I. Schleswiger Prozeß 1548

Wer Recht haben wollte, mußte klagen[172], diese Beobachtung hat ihre Richtigkeit für alle Schleswiger Hexenprozesse des 16. Jahrhunderts.

Im I. Prozeß klagten Matthias Gotke zu Moldenit[173] und Hans Moldenit, nach der Gottorfer Amtsrechung ebenfalls in Moldenit ansässig, Lene Jurgens und deren Tochter Anne »umb Thoferye« an (S. 87). Unmittelbar nach der Anklageerhebung gab Lene Jurgens Metke Fusten, eine Kuhhirtin zu Akeby, als »Kunsthfruw« an. Diese Besagung ereignete sich in dem Moment, als Lene die verfängliche Situation begriffen hatte. In der Quelle ist die Wendung, als sie den »Ernsth marckede, ße pinlichen tho erhorende« (S. 87), gebraucht. Sie besagte die andere, um die Schuld von ihrer Tochter zu nehmen; galten doch Töchter von »Hexen« automatisch als der Mittäterschaft verdächtig. Lene ahnte diesen Zusammenhang von Schuld und Verhängnis oder folgerte ihn rasch aus den bedrohlichen Umständen.

Vor wem Lene die Metke bezichtigte – nichts anderes bedeutet besagte –, ist unbekannt. Sie löste eine amtliche Reaktion aus: Die »Polizei« des Rates wurde tätig: Peter Eggerdes, der Stadtvogt, ergriff Metke auf dem Felde und brachte sie nach Schleswig. Schleswig war Gerichtsort, weil die beiden angeklagten Frauen (Lene und Anne) innerhalb der Stadt wohnten. Die Ankläger waren dagegen in Moldenit ansässig[174]. Die Verbrechen wurden bis auf eine Ausnahme nicht in Schleswig verübt. Die »Deprehension« (die Ergreifung) des Verbrechers[175] am Ort seiner Untaten scheidet als Kriterium zur Bestimmung des Gerichtsortes aus, denn: »Der enge Begriff, daß ein Verbrechen nur da gerichtet werden könne, wo das Verbrechen begangen worden, war noch unbekannt.«[176]

Lene, Anne und Metke wurden nach Schleswig gebracht und jede für sich, um Absprachen zu unterbinden, in das Gefängnis im Rathaus eingewiesen. Hier in der Büttelei oder in der »Hechte« begann das sog. Vorverfahren, dem »Ordell unde Sententz« (S. 90) des Gerichtes vorgeschaltet war. Es sollte erweisen, ob die Anklage zu recht oder zu unrecht erhoben worden war. Es ging um nichts anderes als um die Überprüfung, Ermittlung und Erhärtung der in der Anklage angegebenen Verbrechenstatbestände. Dazu wurden die Angeklagten freundlich und peinlich, d. h. ohne und mit Foltergebrauch, verhört. Die Folter mußte das Geständnis der Delinquenten befördern. Ohne Geständnis als abschließenden und oftmals einzigen Schuldbeweis gab es in der Regel kein Urteil, ohne Folter aber wiederum in vielen Fällen weder Geständnis noch Urteil.

Lene Jurgens legte ein »pynliches Bekantenusse« (S. 88) ab. Über die Einzelheiten der Folter erfahren wir überhaupt nichts. Vorausgegangen war ihr Eingeständnis, daß sie »ichteswes van der Kunst wuste« (S. 88). Das war nicht ausreichend für eine Verurteilung gewesen. Da man sich Hexen gemäß der Lehre von der satanischen (Hexen-)Sekte nie als Einzeltäter dachte, mußten Komplizinnen ausgeforscht werden. Lene bekannte, daß Kay Mollerkun aus Wiesbüll »erher alle Meysterinne unde Hovetfruwe« (S. 88) war. Die »Kunsth« war erlernbar gedacht, indem man sich einer Kundigen anschloß, bei ihr die Lehre absolvierte. Es gab regelrechte Bünde, Gesellschaften ist der Ausdruck unserer Quellen hierfür. Eine »Hovetfruwe« setzte andere, untergeordnete Frauen voraus. Lene besagte diverse, die anderen Leuten, die wir mit Namen kennen, Schaden angetan hatten. Diese Leute klagten nicht, ebensowenig wurde eine der Angezeigten – wie Metke seinerzeit – vom Stadtvogt gefänglich eingezogen. Dies erstaunt; wir gehen im 7. Kapitel näher darauf ein. Lenes Besagungen fielen auf sie selbst zurück, indem sie ihr strafwürdiges Wissen preisgaben.

Lenes Tochter Anne bekannte ohne und mit Folter (S. 89). Über die Foltergrade können wir uns wiederum keine Gewißheit verschaffen. Es fehlt auch die Angabe, daß das Verhör, wie es auf ihre Mutter bezüglich nachzulesen ist, im Beisein der (in der *Anlage* 10.4 verzeichneten) Folterzeugen abgewickelt wurde. Können wir davon ausgehen, daß sich dieser Personenkreis bei den übrigen Verhören des I. Prozesses eingefunden hatte? Die Folterarbeit oblag dem dem Stadtvogt nachgeordneten Scharfrichter, Büttel oder Frohn, dem »Mester Jurgen« (S. 89).

Von Annen, die im Vergleich zu ihrer Mutter weniger oft etwas zu bekennen hatte – sie machte drei Aussagen, Lene hingegen acht bzw. neun –, ist hier noch zu berichten, daß sie ihren Erklärungen, die das Geständnis waren, ein ausdrückliches Schuldbekenntnis hinzufügte. Sie war sich bewußt, ihr Leben verwirkt zu haben wegen ihrer Beteiligung an zwei boshaften Zauberanschlägen und wegen der Mitwisserschaft von der Rachepuppe. Sie bereute ihre Verwirkungen von Herzen, mit aufgehobenen Händen bat sie alle Menschen, den »alweldigen Godth« um Gnade und Sündenvergebung und um Errettung aus des »Duwels Strick« zu bitten. Um ihre kleinen, unmündigen Kinder möge man sich kümmern (S. 89).

Metke Fusthken wollte auf die freundliche und selbst auf die dreimalig peinlich gestellte Frage nichts bekennen, »ßunder sede, ße were eyn arme, unschuldich, fattich Wiff« (S. 89).

Metke wurde mit der Reckleiter[177] gefoltert, der Körper wurde sehr schmerzhaft ausgereckt. Verständnis für das, was sie zu erdulden hatte, wurde nicht an den Tag gelegt. Ihre ohnmachtsähnlichen Zustände deutete man als besondere Raffinesse, als Verstellung, um von der Peinigung loszukommen: Einmal hatte sie sich den Anschein gegeben, als wollte sie verscheiden, dann wiederum als ob sie bereits verschieden wäre. Mester Jurgen ließ sich dadurch nicht blüffen – »he kende sulcher Lude Arth woll« – und intensivierte das Recken, »dath ße under der Leddern by eren angebunden Armen hangede« (S. 89). Wie tot hing sie, kein »Geber des Levendes« war »in der armen ehelenden Mynschen« zu sehen. Der Frohn mußte den wie verstorben anmutenden Körper abnehmen. Daraufhin kehrte Leben in Metke zurück, und zwar »sehr wüst«, sie rief und sprang zum Frohnen mit »Pfui dyn Schelmern unde Bosewich«. Da das Bekenntnis nach wie vor ausstand, holte der Stadtvogt Rat über das weitere procedere ein. Endlich fand man ein probates Mittel, den Schweigezauber zu beendigen: Die Frau sollte gänzlich ausgekleidet werden; in ihren Gewändern konnte sie ja ein widerstandsbefähigendes Zaubermittel versteckt haben. Dann wurde ihr ein Hemd, das aus einem geweihten Meßgewand aus päpstlicher Zeit angefertigt worden war, übergezogen. In dieser Bekleidung wurde sie auf die Leiter gebunden, wo sie »frygwillich ungepiniget bekanth«. Hiermit waren die Untersuchungen über die Stichhaltigkeit der Verdachtsmomente abgeschlossen.

Die Verurteilung geschah nun aber keineswegs in Fortsetzung der Beweiserhebung von Amts wegen, sondern – der Privatklage entsprechend – auf das Begehr der Kläger, »hebben Hans Moldenett und Matz Gotke Recht begehrt, ock erlangett« (S. 89). Sogar das Holz, das zum Verbrennen nötig war, besorgten die Ankläger.

Nachdem der Urteilsspruch vom Stadtgericht gefällt worden war, wurden die drei Frauen in einem Holzofen, in dessen Mitte ein Pfahl stand, an den die Delinquentinnen gebunden wurden, verbrannt. »Wurth angetunderth, unde quemen balde umbe. Godt geve, dath erhe Lichame thor ewigen Salicheit weren geluthereth, dath behelppe enhe Godt, Amen« (S. 90).

6.2.3 Der II. Schleswiger Prozeß 1551

6.2.3.1 Das Verfahren gegen Caterina Eggerdes

Es war schon lange vor Caterina Eggerdes' Gefangensetzung am 23. 5. 1551 »in den Dach gekamen« (S. 90), daß die genannte »vele Jare heer myth Mißhandelyngen der Toverie beruchtigett, ock schyr stratenruchtich gewesth« (S. 90). 1546 hatte es darum eine Beleidigungsklage gegeben. Das Gerücht, der schlechte Leumund, klagte sie, je länger desto heftiger, an, ganz abgesehen davon, daß sich Caterina selbst gefährdete, indem sie Unbedachtes oder zu wohl Bedachtes – dieses oder jenes würde nichts helfen – noch unbekümmert aussprach (S. 90), als Gefahr aufgezogen war. Als erster Kläger trat gegen Caterina der von ihr schwer beleidigte, bedrohte und geschädigte Doctor oder Kunstener Christoffer Smyt aus Eckernförde auf, der sie als Toversche am Krankenbette eines Opfers entlarvt hatte (S. 91). Daraufhin bezeichnete Peter Eggerdes seine Schwester vor Zeugen, die es vor Gericht wiederholten, als Toversche, die nun ausgetanzt habe und dem Feuer verfallen sei (S. 91).

56

Diese – von Peter zur eigenen Rechtfertigung beabsichtigte – Denunziation war eine Anklage. Sie führte zur Inhaftierung am 23. 5. 1551. Damit nicht genug, während Caterina im Gefängnis scharf bewacht wurde (S. 91), klagten Hynrick Platensleger »myth etlicher syner Gesellen«. Ihnen taten es Hans Juversen (oder Hans Juwersen) und Anneke Pansermakersche (S. 92) nach. Neben diesen vielen Anklägern wurde so vielfältig gegen Caterina »bekanth« (S. 91) und »betugett« (S. 92), daß sich der Eindruck von ihrer Schuld erdrückend verdichtete. Da sie nicht geständig war, mußte über die Anklagen und das Zeugnisablegen so viel Strafwürdiges zusammengetragen werden. Die Hoffnung war, daß Caterina ein Geständnis ablegen würde. Nichts von dem trat jedoch so ein, wie es die Richter gern zur Begründung ihres Urteilsspruches herbeigeführt hätten. Nur einmal zeigte sie Schwäche, was angesichts der Umstände nicht erstaunt. Sie hatte erbärmlich »geklagett«, »dath ße myth erhen duwelschen Kunsten Orsake were Hinrick Platenslegers Undergangs und wo ße den Duwel in den Polerer Dam getoverth, densulven wechthonemende. Wo gescheen« (S. 91). Eine solche Aussage kam Caterina kein zweites Mal von den Lippen. Wenn es in den Akten heißt, daß Caterina auf die vorgestellte Klage nicht alles Angegebene habe bekennen wollen, obwohl es doch bezeugbar (»betuchelich«) war, so ist dies im Vergleich zu Caterinas beharrlichem Schweigen eine Übertreibung im Interesse des Gerichts, die die Rechtfertigung für den kommenden Urteilsspruch bot. Caterina mußte, um das an Bekenntnissen Ausstehende nachzuholen, scharf befragt werden. Viele Schleswiger versammelten sich als Zeugen dieses Geschehens (siehe die Anlage 10.4). Peter Eggerdes, der Stadtvogt, fehlte in dieser Aufreihung. Auch bei der Vernehmung von Metke Framen und Abelken Stenbruggers (S. 94), Caterinas Komplizinnen, war Peter als Verwandter der Hauptbeschuldigten, die die Prozeßlawine ausgelöst hatte, nicht zugelassen. Jurgen Maes van Kosle versah hier wie dort Peters Amtsgeschäfte (S. 96).

Wie wir schon wissen, nahm die Folter nicht den erhofften Ausgang, da weder Gelegenheit zur Folter noch zum Bekenntnis verblieb: Caterina verstarb plötzlich – höchstwahrscheinlich vergiftet[177a] – in der Büttelei. »Und ße is uppe der Leddern (ehe man sie angriff) snellich gantz groff geworden, erhe Sprake vorlaren, myth der Brosth geslagen unde Halse gorgellt und snellich ahne Pyne lichtlich gestorven, des 16. Dages Junii« (S. 93). Am nachfolgenden Tage sollte und wurde »aver den doden Corper Recht gefellet« (S. 93), und zwar »uppe deme gehegedem Dynge« (S. 93). Diese Wendung vermißt man bei Abschluß der anderen Schleswiger Prozesse.

Eine weitere Eigenheit scheint zu sein, daß ihre Verurteilung von Amts wegen durchgeführt wurde. Wir hören jedenfalls nicht, wie wir es für den I. Prozeß taten und für den III. tun werden, daß die mannigfaltig gegen Caterina aufgetretenen Privat-Kläger ihr Recht begehrt hätten.

Das fehlende Geständnis konnte nicht ignoriert werden. Man ersetzte es durch »vorangetane Kunscuppe, testimonia und Tuchenusse« und durch die Überbetonung von Caterinas Erklärung ihres nächtlichen Umherschweifens – »dath de Duwell sulches Gespenn in eher Gestaltt und Wegen gedan« (S. 92) –. Als Schuldbekenntnis hatte Caterina das freilich nicht geäußert. Die Worte waren aber gefährlich und schlugen ihr zu großem Nachteil aus. Es fällt ferner auf, daß ihr in diesem Zusammenhang nicht ihre auf den Platensleger aktivierten »duwelschen Kunsten« (S. 91) vorgehalten wurden.

Das Urteil wurde an dem Tag, an dem es gesprochen und verkündet wurde, ausgeführt. Ohne eine unerwartete Wendung und ohne Schrecken ging es erneut nicht ab: Es verwehte etwas von Caterinas Asche. Ihr Unwesen war nicht vollständig getilgt. Zauberische Nachwirkungen waren zu befürchten (S. 93).

6.2.3.2 Das Verfahren gegen Abelke Stenbruggers, die Gelharsche und Metke Framen

Noch zu Caterinas Lebzeiten war deren vormalige Magd Abelke Stenbruggers verhaftet worden, als sie sich, während Caterinas »Sache« nicht gut stand, aus der Stadt entfernt hatte. Dies wurde ihr ohne Zögern als Flucht und Indiz der Schuld interpretiert. Von Amts wegen wurde ihr der Prozeß gemacht. Von Nicolaus Lucht als Ankläger ist hier noch nicht die Rede. Auf das Verhör reagierte Abelke mit freiwilligen Bekenntnissen, insgesamt waren es sechs (S. 92f.). Währenddessen besagte sie u.a. »eyne Toversche Geelharsche« in Angeln (S. 93). Sie brachte hiermit einen Stein ins Rollen, der weite Kreise zog. Denn die Gelharsche ihrerseits besagte später eine Vielzahl von Personen. Mittlerweile verstarb Caterina im Gefängnis. Ihr Geständnis nahm sie mit in den Tod. Deswegen fiel Abelke, die bei Caterina in Lohn und Brot gestanden hatte, sie also kannte, die Rolle der »Zeugin der Anklage« zu. Man wollte nämlich von ihr wissen, »offte ock noch sunsth welche syn muchten, de Handelinge myth Caterinen gehat habben« (S. 93). Mittäterinnen waren ein Indiz, ein Anzeichen der Schuld. Abelke wurde gefoltert (siehe die *Anlage 10.4*). Abelke besagte erneut die Gelharsche in Angeln. Neu denunzierte sie Metke Framen. Metke wurde gefangengesetzt, die Gelharsche wurde ihrem Herrn Henneke Rumor, erbgesessen zu Röst, per Brief angezeigt. Derselbe begann das Verfahren, indem er der Gelharsche die Freiheit nahm. Er setzte sie in Kenntnis von den Anschuldigungen. Sie stritt alles ab. Daraufhin drang Henneke Rumor beim Schleswiger Rat auf eine persönliche Gegenüberstellung Abelkes und der Gelharschen. Abelke wurde zur »Jegenrede« nach Angeln »gefengklich darhen gestellt« (S. 94) in der Begleitung der ehrsamen Bürger Hinrick Becker, Hinrick Szwarte, Tewes Budelmaker und Hans Juversen. Diese »Begegnung« ist uns in Form der »Acta und Bekantenusse tho Röste gescheen« (S. 94f.) überliefert. Sie enthalten ausschließlich die Gelharschen-Aussagen (insgesamt 18). Stünde nicht dabei, daß sie dies der Abelken »inth Angesychte« gesagt habe bzw. daß Abell wohl wisse, dann könnte man Abelkes Gegenwart völlig vergessen, so auf die Gelharsche und ihre Erfahrungen und auf ihr Wissen beschränkt sind die Darlegungen. Sie ließen Abelke kein einziges Mal zu Worte kommen. Wenn wir der Quelle Glauben schenken dürfen, redete die Gelharsche ohne Gewalteinwirkung – »ungenodigett« (S. 96). Sie hatte dabei Abelke schwer belastet, indem sie sie mit Caterina Eggerdes einig in zauberischen Anschlägen schilderte und indem sie Abelke losgelöst von Caterina, als intime Kennerin des Schleswiger Hexenzirkels, der »18 Kunsthfruwen« (S. 94), porträtierte. Darüber hinaus legte sie Abelke wie Metke Framen eine eigene »Selscuppe« (S. 96) bei – wie wir wissen, völlig unbegründet.

Während ihrer vielen Enthüllungen, die neben der Schleswiger Hexen»szene« eine bis dahin unbekannte Angeliter nachwiesen, blieb nicht verborgen, daß die Gelharsche Caterina Eggerdes nicht nur flüchtig gekannt, sondern daß sie mit ihr bösen Zauber getrieben hatte, ja, daß sie die Kennerin, wenn nicht das Haupt des

Angeliter »Zirkels« war, daß die Gelharsche beide Kreise in ihrer Person miteinander verbunden hatte. Diese Überlegungen sind unvereinbar mit der abschließenden Selbstdarstellung der Gelharschen: »hadde ock vor erhe Parson tho alleme nicht meer vorbraken, ßunder dath ße viffmall Amen (beim Topfzauber – D. U.) hadde gespraken« (S. 96). Wir rechnen: Fünfmal hatte sich die Gelharsche selbst bei der Mitwirkung von bösen Stücken namhaft gemacht; die Anzahl stimmt überein, aber nicht der Grad der Mitwirkung. Auf alle ihre Aussagen nahm sie den »Dodt« (S. 96).

Diesem sollte sie auch verfallen, was sie wohl nicht vorausgesehen hatte, vielleicht hatte sie gehofft, durch ihr kooperatives Verhalten die Richter milder zu stimmen. Henneke Rumor ließ sie mit der Küsterin aus Kappeln und drei anderen – ein Bruchteil der Beschuldigten – brennen, und zwar »nha geholdeme Dynge by Cappell nha gefeldther Sententz und Ordell des 17. Dages Julii« (S. 96).

Nachdem draußen in Angeln das Verfahren beendigt worden war, setzte sich das Schleswiger fort. Abelke wurde erneut in das Gefängnis eingeschlossen. Dort hatte Metke Framen ausdauern müssen. Abelkes »Ausflug« hatte ihr keine Schuldentlastung eingetragen, im Gegenteil, sie sah der zweiten Folterung entgegen (siehe wegen der Zeugen die *Anlage 10.4!*). Abelkes Antwort konzentrierte sich auf ihre Leidensgenossin, auf Metke, welche von den angeklagten bzw. beschuldigten und eingezogenen Frauen übriggeblieben war. Metke war von Abelke bereits während der ersten Folter ins Blickfeld gerückt worden, wohingegen während des allerersten – folterlosen – Verhörs Caterina sehr viel mehr den Mittelpunkt abgegeben hatte, wohl als Widerhall auf die vorangegangenen Ereignisse in der Büttelei. Außerdem hatte Abelke damals bereits auf die Gelharsche hingewiesen, und nicht gerade eben beiläufig.

Metke Framen, die, als Abelkes 2. peinliches Verhör lief, schon länger als einen Monat im Gefängnis unter auffallend laxen Bedingungen lebte, wies »sulche Toverye« (S. 96) beständig und nachdrücklich von sich und ließ sich sogar öffentlich von der Kanzel für ihre Unschuld beten. Dreimal – doch nicht »tho eyner Tyth« (S. 96) – wurde sie auf der Reckleiter mit den dazu angerichteten Instrumenten gefoltert. Die Instrumente lassen auf einen »schwereren« Foltergrad schließen[178]. In ihren Nöten (S. 96) bedeutete sie, hiermit aufzuhören und bekannte. Man nahm sie von der Leiter. Sie widerrief nicht, sie bekannte sich auch jetzt noch zu der »Toverye«: Sie hatte sie mit Caterina gegen den Zöllner von Gottorf und Domvikar Nicolaus Lucht verübt. Gegen Lucht, mit dem sie in Streit geraten war, hatte sie sich mit Caterina zur Wehr gesetzt. Wie betont, war uns Nicolaus bei Abelkes Ergreifung nicht als Initiator der Anklage benannt worden. Während der Hinrichtung gibt man ihn uns als Ankläger zu verstehen. Nicht nur in bezug auf Metke forderte er sein Recht, sondern auch in bezug auf Abelke. Letztere wohl in Vertretung für Caterina, die Metke bei dem Anschlag unterstützt hatte. War er sowieso die treibende Figur gegen Caterina gewesen?

Die Frauen wurden »nha erer muntlichen Bekantenusse thor Fure (zum Feuer) vorordeltt« (S. 97). Der Chronist hebt hervor, daß die Obrigkeit ihnen nicht ins Herz hätte sehen können, was soviel wie »der Schein sprach gegen sie« heißen kann und soll, wenn wir uns der dramatischen und bereits bestaunten Ereignisse auf dem Richtplatz erinnern, die ein großes Fragezeichen hinter die Rechtmäßigkeit der Aburteilung setzen (Abb. 9).

Abb. 9 Urteilsvollstreckung. Wie die hier abgebildete Frau aus dem 17. Jahrhundert wurden Abelke Stenbruggers und Metke Framen in Schleswig 1551 in das Feuer gestürzt. Illustration von Jan Luyken zu einem Buch aus dem Jahre 1685 »Anne Hinrichs, zu Amsterdam verbrent. Anno 1571«; nach Honegger 1978, S. 226.

6.2.4 *Der III. Schleswiger Prozeß 1557*

Was die in den III. Prozeß verstrickten Schleswigerinnen angeht, so war ihnen das Mitleid des Chronisten ebenso sicher wie ihren Leidensgenossinnen im vorangegangenen. Das verbindet diese Frauenschicksale. Wir beginnen daher mit ihnen und nicht mit den Angeliterinnen, die den Stein auf sie warfen.

Die Zweifel an der Schuld der Schleswiger Delinquentinnen kamen diesmal nicht buchstäblich im letzten Moment während der Aburteilung zum Ausdruck: Das Schleswiger Stadtgericht wollte sie, nachdem ihre Besagerinnen in Angeln von Bartram Rathlow längst verbrannt worden waren, und Rathlow kein Interesse an den Schleswigerinnen bekundete, nicht zu einer Leibesstrafe verurteilen. Man hoffte, daß man Mittel und Wege fände, sich ihrer mit einer Buße, einer Geldstrafe, zu entledigen. Aber etliche Blutgierige trachteten nach ihrem Leben und vereitelten diese gute Absicht. Und da ein hartes Vorgehen andererseits nicht gänzlich aus der Ordnung fiel – hatten doch »dusse armen Sunderinnen erher egene Bekantenusse nha ehr Leventh vorwarkett, ock etliche Mall ere Bekantenusse weddergeropen[179] unde lestlich doch by erer Bekantenusse gebleven« (S. 99) – wurden sie auf Forderung und Drängen ihrer ungenannten »Wedderparten« zum Tode durch Verbrennen verurteilt.

Wer mögen diese »Wedderparten« gewesen sein? Was hatten sie von den Frauen zu ertragen gehabt? Die Schuld der Schleswigerinnen bestand darin, zusammen mit den Angeliterinnen, die sie besagt hatten, am Nachttanze vor Bartrams Hof zu Lindau teilgenommen und mit dem Teufel in Gestalt eines kleinen schwarzen Hundes einen Anschlag gegen den Grundherrn ausgeführt zu haben. Schleswiger hatten dabei keinen persönlichen Schaden genommen. Der angerichtete Schaden war sowieso nicht ausschlaggebend, in den Vordergrund waren Teufelsbund und Teufelsidee als beherrschende Verbrechen gerückt, wie wir es kein zweites Mal in den übrigen Prozessen antreffen.

Peter Eggerdes erwies sich begierig und kundig zugleich, den Teufel aufzuspüren. Hierzu mochte ihn sein persönliches Schicksal bestimmt haben. Das Odium des Verdachtes war durch seine Schwester und durch sein eigenes Verhalten ihr gegenüber auf ihn gefallen. Er war vom Dienst suspendiert worden; für uns etwas unerklärlich, gelang es ihm, sich der Vorladung des Rates nach Caterinas Ende zu entziehen. Sechs Jahre später durfte und konnte und wollte er sich während eines neuen Hexenprozesses bewähren. Und er bewährte sich. Da ihm nicht zuletzt von seiner Schwester vieles vom Zauber- und Hexentreiben vertraut war, kam er den Frauen auf die Schliche; er entlockte ihnen »korthwylich in Schartz« (S. 99) Geheimnisse auf leichte Art. Gab er ihnen gar die rechten Gedanken ein?

Auf die Folter wurde dennoch nicht verzichtet. Anneke Muttzen bekannte ohne und mit Pein; Elli Petersen gab zunächst in ihrem Entsetzen unverständliche, tierische Laute von sich. Der Teufel sei in sie gefahren, bemerkte ihre nicht angeklagte und unbeteiligte Umwelt im Kerker. Später artikulierte sie sich ungepeinigt. Anneke Lutkenn bat ganz inständig um Gottes willen, daß man ihre Glieder nicht brechen möge. Sie haben das Feuer und den Tod »ahn ehrer Moder« (wegen ihrer Mutter Stelle) doch wohl verdient und außerdem als eine Ehebrecherin ihr Leben verwirkt und schändlich zugebracht. Dies sei wahr, fügt der Protokollführer hinzu, aber was sie der »Thoverye« halben verwirkt oder nicht verwirkt, sei Gott bewußt (S. 99). Sie hatte schon zu Anfang des Verhörs nachhaltig betont, des Trollens unkundig zu sein. Die Berufung auf Gott zeigt an, daß die Menschen an das Ende ihrer Weisheit gelangt waren, daß sie letztlich für das Richteramt in diesem Fall überfordert waren.

Die drei genannten Schleswigerinnen waren von zwei zum Grundbesitz von Bartram Rathlows gehörigen Angeliterinnen – Margareta Lungken und Margareta Karstensenn – besagt worden. Was sie verband und um ihr Leben brachte, hörten wir: Der Nachttanz »vor deme Have thor Lyndowenn, ock in deme Handel, alße Bartram Radthlow beschedigget was« (S. 98). Aus Angeln kam über Bartram Rathlow die Anzeige und der Anstoß, die Schleswigerinnen einzuziehen. Die Beschuldigten reagierten, wie es Abelke seinerzeit getan hatte. Sie wollten sich vor den Angeberinnen rechtfertigen. Ihrem Begehr wurde entsprochen. Peter Eggerdes begleitete sie mit 17 Schleswiger Bürgern als Zeugen nach Boren. Als sie in Boren eintrafen, waren die Angeliterinnen, es waren ihrer insgesamt 10, bereits verurteilt. Die Aburteilung wurde eingeleitet, die Scheiterhaufen brannten. Man bedenke diese Szenerie und beklemmende Atmosphäre wohl für den Fortgang des Rechtsgeschäftes, für die Konsequenzen bei der Wahrheitsfindung, für die Psyche der Frauen nahe dem Feuer ... Die Angeliterinnen, die bereits ihr Todesurteil vor Augen hatten, ließen den Schleswigerinnen keine Chance: »vor deme gloyedem, barneden, flammenden, erschreckliches Fure by Bewarunge unde Erholdynge erher Selen Salicheit uppe erhe leste Hennefahrt bekanth unde gesecht, dath Elli Petersenn, Anneke Muttzen unde Anneke Ludtken ßo vele wusten, ock ßo schv'lich in den Saken waren alse erer eyner« (S. 98). Als die Angeredeten dennoch nicht aufgaben, sondern sich nach wie vor loszusprechen versuchten, wurde von Amts wegen der Gegenüberstellung ein Ende gemacht. Die beiden Angeliterinnen wurden kurzerhand zu den übrigen acht Frauen ins Feuer geworfen – »Loen (Lohn) vor erhen Verdensth tho enthphangende« (S. 98).

Dieses Verfahren schreckte die Schleswiger Richter ab, sie taten es Bartram Rathlow nicht gleich. Sie konnten sich dies auch erlauben, weil sich in Schleswig kein Ankläger geregt hatte und weil sich der Ankläger, Bartram Rathlow, inzwischen völlig desinteressiert zeigte. Die Schleswiger besannen sich auf die unabdingbare Voraussetzung der Verurteilung, das Geständnis der Beklagten: Allein auf die Aussage und das Bekenntnis der Verbrannten könne keine Verurteilung ergehen, denn keines verurteilten Menschen Zeugnis dürfe nach der gefällten Sentenz ohne ein eigenes Geständnis des Beschuldigten zugelassen werden (S. 98). Die Wahrheit wolle man von ihnen wissen. – Daß sich zumindest unser Chronist bei der Niederschrift nicht sicher war, sie erfahren zu haben, gaben wir zu Beginn dieser Darlegungen zu verstehen.

Es ist fesselnd, zu verfolgen, wie diese Unsicherheit unseren Protokollanten, sei es in Erleichterung seines oder anderer Gewissen, zu Rechtsüberlegungen – materieller und verfahrensrechtlicher Art – »quält«. Seine Überlegungen stehen auf einer Ebene mit denjenigen, die konzentriert in der »Nota« den Richtern zur Beachtung mitgeteilt werden. Diese Nota allein stellt schon die Schleswiger Quellen über das Mittelmaß der Aussagefähigkeit vergleichbarer Unterlagen.

6.2.5 Zusammenfassung

Nach dem Studium des speziellen Teils der Gerichtsverfahren, das sich mit den Schleswiger Prozessen befaßt – die Angeliter bilden eine Gruppe für sich und werden für sich erörtert –, wird sich der eine oder andere mit Blick auf die einleitenden grundsätzlichen Darlegungen im Anschluß an die »Nota« wundern, weil sich alles so unjuristisch – ohne Bezug auf Rechte und Paragraphen und Rechtskunde – gibt, weil sich im steten Flusse Erzählung an Erzählung von zauberischen Begebenheiten reiht. Hätten wir nicht von Anklägern und vor allem von der Folter gehört, so könnte man der Täuschung erliegen, man hätte es mit bloßen Geschichten zu tun. Diese Geschichten sind, das darf nicht verkannt werden, zu einem Großteil »Anzeichen der Schuld«, Indizien, und, wo bekannt wird, Beweise. Sie sind Beweisermittlung, Wahrheitsfindung, und zwar dergestalt, daß Geständnisse einander ablösen. Hin und wieder werden sie unterbrochen von den Mühen, die man hatte, um sie in Fluß zu bringen oder zu halten.

Dies ist ganz typisch für den I. Prozeß, in dem die Wahrheitsfindung ausschließlich über die Äußerung der Beschuldigten, der beiden Angeklagten und der einen Besagten, lief. Ebenso trug sich die Beweisermittlung im Kreise der angeklagten und besagten »Kunsthfruwen« – dreizehn an der Zahl – im III. Prozeß zu. Die Gegenüberstellung der drei Schleswigerinnen mit den beiden Angeliterinnen, die sie in das Verfahren gezogen hatten, unterstreicht noch diesen Sachverhalt. Die eine Ausnahme, die den Kreis der »Kunsthfruwen« durchbrach, war der Ehemann von Elli Petersen, Peter Jensenn genannt (S. 99). Er meldete sich vor Gericht »ungefragett und frigwillig« (S. 99) zu Wort. Was aus ihm wurde, entzieht sich unserer Kenntnis, jedenfalls scheint er nicht von Gerichts wegen danach behelligt worden zu sein. Von einer Vernehmung der Geschädigten, die ja im Unterschied zum III. Prozeß im II. recht zahlreich waren, erfahren wir nichts. An eine Zitierung der sonstwie Betroffenen, die von diesem oder jenem Tun und Reden hätten zeugen können, war ebenfalls nicht gedacht worden. Was die Angeklagten zu ihrem Tun sagten, was sie sich gegenseitig vorwarfen, wurde unbesehen für bare Münze genommen. Es bewahrheitet sich hier erschreckend, daß das Geständnis wirklich die »Königin der Beweise«[180] ist. Andererseits stellt sich dadurch die Folter als »der Hauptnerv aller Beweisführung«[181] und als »die eigentliche Seele des ganzen Prozeßverfahrens«[182] und dessen »Symbol«[183] dar. Insbesondere für den III. Prozeß, in dem sich das »Schwergewicht des Hexenverbrechens von der Schadenzufügung zum Teufelspakt« eindeutig verlagert hatte[184], gilt die nachstehende Problematisierung der Tortur als Beförderin der »Königin der Beweise«: »Denn das Unwirkliche und Unmögliche wie Teufelsbündnis, Teufelsbuhlschaft und Hexenfahrt konnten nur durch das Geständnis der angeblich Schuldigen den Schein erwiesener Wahrheit erhalten. Ein solches Schuldbekenntnis aber konnte man nach Belieben durch die Folter erpressen.«[185] Ganz freiwillig gab keine der Frauen im I. und III. Prozeß ihr Schuldbekenntnis; entweder sie wurden direkt gefoltert, was die Mehrzahl war, oder sie standen durch das Miterleben dessen, was ihren Gefährtinnen an Schrecklichem widerfuhr, indirekt so unter dem Eindruck der Folter (Anneke Lutkenn S. 99), daß sie reden mußten. In der Regel wurden die Einzelheiten der Folter nicht notiert. Nie wurde festgehalten, auf welchen Grad der Marter das Gericht erkannte. Sollte dadurch dem Untersuchungsrichter bzw. dem Scharfrichter freie Hand gelassen werden?[186] In Dunkel gehüllt ist für uns heute so ziemlich alles, was mit der Folter zu tun hatte. Daß die Reckleiter das Folterinstrument war, können wir hin und wieder dem Text entnehmen. Daß Maß der Ausreckung bzw. die Folgen entziehen sich fast immer unseren Recherchen[187]. Wenn sich nicht etwas Unerwartetes ereignete, wie z. B. Metke Fustkens Verstocktheit und die Szene mit dem geweihten Hemd, dann überging man die Pausen während der Marter. All das Beobachtete läßt uns mit gutem Grund fragen, ob wir den Angaben, wie jemand bekannte, nämlich freiwillig oder genötigt, trauen dürfen. Hinsichtlich des Sprachgebrauchs im I. Prozeß fällt auf, daß »bekende« ohne Zusatz stets gefoltert bedeutet; für den III. Prozeß wie auch für den II. ist dies hingegen nicht herauszukristallisieren. Allein im III. Prozeß kamen Widerrufe vor. Die Schleswigerinnen hatten anfangs nach ihrem eigenen Bekenntnis ihr Leben verwirkt. Später widerriefen sie es, um es darauf wieder zu bestätigen (S. 99). In zwei Zeilen wird uns diese wichtige Mitteilung gemacht. In den ausführlichen Bekenntnissen ist sie nicht aufzufinden. War das Absicht? Sollte vertuscht werden, wie oft widerrufen worden war? Denn nach dreimaligem Widerruf und nach dreimaliger überstandener Folterung[188] wäre der Freispruch rechtens gewesen. Geht sein Ausbleiben auf das Konto der Blutgierigen; lag in diesem Verschulden der Grund für das den Beschuldigten bezeugte Mitleid? Äußerte sich Boye deshalb in einer sporadischen Infragestellung des Deliktes Hexerei und somit des Hexenglaubens?

Von alledem ist im I. Prozeß nichts zu spüren. Auf die Rechtmäßigkeit des Verfahrens und auf die Begründetheit des Urteils fällt kein Schatten eines Zweifels. Dies macht die Besonderheit des I. Prozesses aus, die wir im II. Prozeß ebenso vermissen wie im III.

Der II. Prozeß bringt im Zusammenhang mit der Hinrichtung von Abelke und Metke die spektakulärsten Zweifel zum Ausdruck.

Spektakulär ist dieser Prozeß in mancher Beziehung; der Hinweis auf Caterina Eggerdes möge den Anfang der Eigenheiten bedeuten.

Caterina begleitete spätestens seit 1546 das Gerücht der Zauberei. Erst 1551 wurde ihr der Prozeß gemacht. Man könnte meinen, daß es dem Gericht wegen des weit bekannten Gerüchts ein Leichtes gewesen wäre, sie zu überführen und ohne großen Aufwand schnellstens zu verurteilen. Ganz im Gegenteil! Aufwendigst entwickelte sich das Verfahren, fleißig wurde recherchiert, indem eine Vielzahl von Betroffenen zu Worte kam. Die Folter wurde überraschend spät eingesetzt. Und das, obwohl der Schein seit langem gegen sie sprach. Dabei lagen mehrere Anklagen Privater, die Schaden genommen hatten, vor; sie waren vor und nach ihrer Inhaftierung erhoben worden. Dennoch wurde weiterhin mannigfach gegen sie »betugett« und »bekanth«. Zeugenaussage schloß sich an Zeugenaussage. Umgekehrt proportional zu diesen Mühen verhielt sich Caterina. Sie kooperierte so gut wie gar nicht mit dem Gericht. Nur zweimal steuerte sie etwas hinzu, ein Geständnis war das eigentlich nicht, wenngleich ihr die eine Aussage so ausgelegt wurde.

Im Vergleich zu der Schnelligkeit und Unkompliziertheit des Gerichtsganges und der Einfachheit der Ermittlungen des I. Prozesses drängt sich die Idee auf, daß etwas faul an der Sache sein mußte. Daß etwas nicht mit rechten Dingen zuging, teilte uns die Quelle selbst mit: Caterina war wegen ihres Bruders, des Stadtvogtes, über Gebühr geschont worden[188a], aber auch jetzt noch wurde sie bevorzugt behandelt bzw. der Prozeß wurde ungewöhnlich vorsichtig geführt. Man bemühte sich um Argumente und Rechtsbegründung: Alles Ruchbare, Bezeugte, Bekannte und Geklagte, d.h. als Klage Vorgebrachte, wurde zu *einer* Klage zusammengefaßt – von Amts wegen, muß man ergänzen, da die Privatkläger nicht extra als Rechtbegehrende von sich hören ließen. Caterina negierte den Wahrheitsgehalt der Klage, »wowoll doch sulches betuchelich«. Jetzt endlich erkannte man auf die Folter. Was sich dann ereignete, wissen wir. Caterina starb, ehe die Folter begonnen hatte und ehe sie hätte reden müssen. Dieses plötzliche Ende, das höchstwahrscheinlich gewollt herbeigeführt worden war, betont ihre Ausnahmestellung stark.

Aufgrund der für übereinstimmend gewerteten »Kunscuppe, testimonia und Tuchenisse« (S. 93) und aufgrund eines Caterina beigelegten Geständnisses, aufgrund einer Aussage, wurde ihr toter Körper zur Hinrichtung durch Verbrennen verurteilt. Caterina war die einzige, die kein Geständnis auf sich nahm; was ihr später als Geständnis auferlegt wurde, war eine verfängliche Erklärung, die von keinem Reuegefühl begleitet war. Daß den Richtern wegen des fehlenden Bekenntnisses einigermaßen unwohl war, scheint noch in der sehr apologetisch gehaltenen Hauptüberschrift des II. Prozesses durch: »Acta, Handelunge und bewißliche avertuchliche testimonia, worumb Caterina Eggerdes, Peter Eggerdes' des Stathfagedes, Suster, Toverie halven angeklagett und vorbrandt ys« (S. 90). Die Überschrift klingt mehr nach Rechtfertigung der Richter als nach der Überzeugtheit, im Recht gewesen zu sein. Da wir nicht nachvollziehen können, wann die Prozesse genau aufgezeichnet wurden, sei der Gedanke dahingestellt, ob der Aufmarsch der Zeugen nachträglich so überzeugend arrangiert wurde.

Abelke wurde stellvertretend für Caterina gerichtlich verfolgt. Ihr gegenüber machte man sich wegen der Folter nicht so viele Skrupel wie im Falle Caterinas. Abelke wurde mehrmals gemartert. Man wollte ganz sicher gehen, es mußte umfassend gestanden werden, so sollte nachträglich oder zusätzlich der vorige Verfahrensausgang unantastbar werden. Wunschgemäß bekannte Abelke nicht nur eigene Missetaten, sondern besagte die Untaten anderer, vor allem diejenigen Caterinas und der Gelharschen. Metke Framen wurde miterwähnt; sie hatte, wie wir herausschälen können, nur einen Zauberanschlag, allerdings mit Caterina zusammen, verursacht. Von den Genannten war die Gelharsche die einzige, die ohne Folter sehr ausführlich sprach. Sie redete sich um Kopf und Kragen. Sie wurde mit dem größten Scheine des Rechts zu Tode gebracht. Kein Zweifel an der Rechtmäßigkeit dieses Vorgangs erhob sich.

Wie anders nahm sich doch Abelkes und Metkes letzte Stunde aus. Das Schuldhafte wurde fragwürdig, die Strafzumessung wurde hinterfragt. Tiefer Skeptizismus am irdischen Rechtsgang brach durch. Dennoch mußten sie sterben. Um so mehr wurden sie als Opfer – des Nicolaus Lucht – bedauert.

Hier nicht zu sagen, daß Gottes Mühlen langsam mahlen, wäre unmenschlich.

6.2.6 Die Gerichte zu Boren Kirche und Kappeln

Unerwähnt blieb bisher, wer sich um das Feuer geschart hatte, als Bartram Rathlow »teyn Toversken« bei Boren Kirche brennen (»barnen«, S. 97) ließ. Viel mehr ist nämlich über diese Gerichtsverfahren nicht nachzutragen, weil die Quellen uns nichts offenbaren. Insbesondere versiegen sie, was die Folter angeht.

Viele hatten sich bei Boren Kirche eingefunden, als die Scheiterhaufen angezündet worden waren: »in Bysynth des ehrbarn Hinrick Rantzowen, Ampthmans tho Gottorpe, dryer Pastorn uth Angeln und Swantze, Peter Eggerdes, Stadtfagedes, unde der mytsynde (17 Schleswiger) Borgern[189] und mher andern Bunden, Lansten und Hußluden« (S. 98).

Halten wir die noch knappere Mitteilung des II. Prozesses über die Hinrichtung der Gelharschen dagegen: »Aver Henneke Rumor tho Roste hefft de Gelharschenn, de Kosterschenn tho Cappell sulffvoffte (ihrer fünf insgesamt) nha geholdenem Dynge by Cappell nha gefeldther Sentenz und Ordeel des 17. Dages Julii lathen barnen« (S. 96).

Was eröffnen uns diese Zeilen über die Gerichtsverfassung und über das Recht, das angewandt wurde? Wenig Sicheres, müssen wir bekennen, erhellt aus den Zitaten und aus dem, was wir sonst noch über das Verfahren sammeln können.

In beiden Fällen handelte es sich um die sogenannte Patrimonialgerichtsbarkeit. Der Grundherr war Gerichtsherr; von dem jeweiligen heißt es daher treffend: Er ließ die »Kunsthfruwen« brennen. Die Hinrichtung und damit auch die Rechtsprechung muten personalisiert an, einem bestimmten Herrn zugehörig und von ihm allein? oder ausschlaggebend? oder bestimmend? geübt. Übte er sie völlig allein? Gab es keine Dingversammlung[190]? Gab es keine Urteilergremien[191], wie sie im Jütschen Recht üblich waren? Nach der Gerichtsverfassung des Jütschen Rechts zu forschen, ist angemessen, war es doch, wie bereits angeführt, »das allgemeine Landrecht im Herzogthum Schleswig«[192]. Richtete man sich auf dem flachen Lande danach? Waren die bei Boren Kirche versammelten »Bunden, Lansten und Hußluden« »Ding- und Urteilergremien« (wie Sandmänner, Rauberannte u. Hardesernannte)? Versuchen wir uns an besser dokumentierten Beispielen zu orientieren.

In einem im Jahre 1641 zu Röst[193] verhandelten Hexenprozeß befahl der »Junker« Heinrich Rumor, »daß die Angeklagte binnen 10 Tagen Kirchspiels Gezeugniß über ihre Unschuld bringen« sollte[194]. »Nach Verlauf dieser 10 Tage, am 17. Dec., wird die Beklagte mittags nach Röst gebracht, woselbst ordentliches Ding geheget wurde.«[195] Für das Kirchspiel legten 12 Bonden, die sog. Hardesernannten[196], Zeugnis ab, d. h. sie zeugten in einer Art Feststellungseid[197] über den Leumund der Angeklagten: »Die weil Anna Beckes auf sie (die Angeklagte) bekandt, auch darauf gestorben, das Kirchspielsgezeugnuß sie auch nicht entfreyet . . . So erkennen die 12 Bonden sie in des Büttels Handt – doch auf Anclegers Gefahr.«[198] Hierauf begann das Verhör in Gegenwart Heinrich Rumors und zweier Männer. Nach dessen Abschluß »erkennen die 12 Bonden der Adelichen Birke Röst, nach angehörter Clage, Antwort und aller gerichtlichen Fürbringen, auch auf die von Angeclagtinnen in und außer der peinlichen Frage gethanen Bekanntnuß, hiemit für Recht . . .«[199]

Die Patrimonialgerichtsbarkeit des Herrn Rumor wurde soeben als »Adeliches Birk Röst« vorgestellt. Birk bedeutet »ein aus dem Hardenverband (s. Harde) abgesondertes Gebiet«[200]. »Die ursprüngliche Einfachheit des Gerichtswesens und die Einheit der Jurisdictionsverhältnisse in den einzelnen Gerichtsbezirken ward durch Exemtionen von den gewöhnlichen Gerichten und durch Übertragung der dem Landesherrn zustehenden Gerichtsbarkeit auf Andere, wodurch die spätere sog. Patrimonialgerichtsbarkeit sich entwickelt hat.«[201] Einen Gedankengang aus dem Vorigen aufnehmend, fragen wir, ob der bei Boren Kirche anwesende Amtmann zu Gottorf seinen Herrn, den Herzog, in irgendeiner auf das Gerichtsverfahren bezogenen Weise zu vertreten hatte?

Fügen wir dem Fall von 1641 einen weiteren hinzu, der allerdings vor dem Hardesvogt – und nicht vor einem Grundherren – spielte, also einen »gewöhnlichen« Gerichtsgang[202] zum Thema hat. 1614 war auf Westerland-Föhr über Hexerei zu erkennen gewesen[203]. 12 Männer wurden »als Kirchneffninge (= Ernannte aus dem Kirchspiel) des Hardes Wester Landt Föhr«[204] ernannt. Sie wohnten neben dem Hardesvogt und den Bonden der Anklageerhebung durch einen Geschädigten in den vier Dingstöcken[205] und der Antwort der Angeklagten bei. Schließlich hatte der »Hardesvagt dat Recht gahn laten, und uns 12 Männer tho Gundell Knudtsen (der Angeklagten) uthgenahmen, von Königl. M. wegen, und uns tho gebeden, by Verlust unsers Boßlotts, ehr entwedder tho frjen effte (oder) tho fällen (frei oder schuldig schwören). In solcher schweren Sache averst, söcht man gerne Hülpe, Rath und Trost, derwegen hebben wy uns mit unsern Edlen Ehrenvesten Ambtmann beradtschlaget, mit unseren Ehr. Hr. Pastorn sambt etliche Oldesten im Harde, awerst nemand hefft ehr in der Sacke können bistahn noch frjen (= freischwören von der Anklage auf Zauberei). Wider averst des Tages als wy unse Edt geven mösten, hebben wy 12 Männer im Hardesdinge vor dem Voigt und Bonden mit lude Stemme thom offtermahl geropen, und geseget, sindt hier in diesem Harde 3 Männer, noch man 2, noch man einigen (ein einziger) Mann, de idt, went effte seggen kan, dat se unberüchtiget gewesen oder ock frj iß van Töver, de komme hervor im Dinge und betüge idt vor unß, so will wy se frjen vor ehren Cläger, averst dar ist nicht ein Minsche gekamen, de ehr konde frjen, entweder mit Breffe (Briefen), mit Worden noch jenigen Bewiß«[206]. Da niemand aus dem Kirchspiel sie von dem Verdacht der Zauberei freischwören, reinigen, wollte oder konnte, mußten sie die »12 Männer« zu einer »Töverschen« schwören[207].

Wie hier prozessiert wurde, entspricht dem Jütschen Recht »Über Zauberwerk«[208]: »Wenn jemand einen anderen beschuldigt, daß er etwas von dem, was ihm gehört, durch Zauberwerk verdorben habe, und gesteht es nicht ein, der beklagt ist, sondern leugnet, und schwört jener, der klagt, es ihm zu, da wehre der sich, gegen den sich die Klage richtet, mit Ernannten aus dem Kirchspiel, sowohl vor dem Kläger als auch vor dem Bischof.«

Was den Bischof angeht, so muß bedacht werden, daß dieser Text aus der vorreformatorischen Zeit (nach 1400) stammt.

Unsere Gerichtsverfahren in Angeln wollten wir durch die angeführten Beispiele aus dem Jütschen Rechtsgebiet konkretisieren. In dieser oder jener Weise müssen unsere Verfahren sich in Angeln abgespielt haben. Aufgrund der spärlichen Nachrichten, die wir aus unseren Quellen ziehen, verbietet sich jede weitere Mutmaßung über ihren Gang. Denn: »Eine einheitliche Regelung des gerichtlichen Verfahrens gegen die Hexen und Zauberer war gerade wegen der Ungeklärtheit dieser peinlichen Sachen sehr erwünscht; aber bei der Selbständigkeit der Städte, der Patrimonialgerichte, selbst bei Mitwirkung heilsamer Rezesse und Verordnungen des Königs und der Herzöge fast unmöglich.«[209] Letzteres scheint unserer Zeit und unserem Forschungsstand vorauszueilen. Wir sehen die Aufgabe, die es weiter zu lösen gilt[210-213].

7 Hexenverdacht und gerichtliche Schuldzuweisung

7.1 Das Problem: Das Zahlenverhältnis von Angeklagten und Besagten im Hinblick auf die Verurteilten oder Hingerichteten

»Und je mehr Hexen brennen, desto mehr Hexen gibt es«[214] ist über den Umfang der Hexenprozesse geurteilt worden. Dieser Aussage liegt die Überzeugung von der Mechanik oder Automatik der Hexenprozesse zugrunde: Die unter der Folter erpreßte Besagung oder Denunziation von bisher am Prozeß unbeteiligten Personen habe den Kreis der Beschuldigten beständig ausgeweitet. »Es war ja beim Hexenprozeß immer Brauch, die ›Schuldige‹ gleich nach ihren Mitschuldigen zu befragen und diese Aussage, diese Denunziation, als genügenden Grund zur Verhaftung, ja zur Folter zu betrachten.«[215] Vor ihrer Aburteilung hätten die Denunzierten ihrerseits, wiederum gezwungen durch die Folter, Mittäter preisgegeben, die automatisch andere in das Verhängnis der Aburteilung gerissen hätten.

Dieser Teufelskreis von Anklage bzw. Denunziation, Tortur und Urteilsvollstreckung prägte und prägt die Vorstellung vom Ablauf der Hexenprozesse zu allen Zeiten der Hexenverfolgung und in allen davon betroffenen Gegenden, wie die diesjährige Sonderausstellung zum Thema »Hexen« des Hamburgischen Museums für Völkerkunde beweist[216]. Entwickelt haben sich diese Vorstellungen an den festen, auf dem kanonischen Inquisitionsprozeß beruhenden Regeln des »Hexenhammers«[217], die unbesehen für die Wirklichkeit der Hexenprozesse genommen wurden.

die unbesehen für die Wirklichkeit der Hexenprozesse genommen worden sind.

In letzter Zeit hat die vorbeschriebene »Wirklichkeit« viele Einbrüche erfahren müssen. Infolgedessen zeichnet sich ein sehr viel differenzierteres Bild von den Hexenprozessen ab, das die Rede von der Rechtsmaschine Lügen straft[218].

Für Schleswig-Holstein stehen neuere umfassendere Untersuchungen aus. Es herrscht daher das alte Bild vom Hergang der Hexenprozesse vor. Die Besagung, die Nennung von Komplizinnen oder Komplizen während der gerichtlichen Untersuchung, steht in dem Geruche, der eigentliche Motor der Hexenverfolgung gewesen zu sein. Indem sie eine Reihe weiterer Verfahren stets nach sich gezogen haben soll, trug sie zu der möglichst radikalen Austilgung der Spuren eines Hexen- oder Zauberverbrechens bei[219].

Mit der Dominotheorie wird neuerdings dieser Sachverhalt veranschaulicht. »Wie im Dominospiel hätte so ein Hexenprozeß den nächsten hervorgebracht, seien kleine Prozesse zu großen geworden, wären Unschuldige schuldig und dann mit dem Feuertod bestraft worden.«[220]

Diese Dominotheorie, ein anderer Ausdruck für die Rechtsmaschine – andere bevorzugen den Ausdruck Kettenreaktionen oder Sammelprozesse[221] – ist in jüngeren Abhandlungen, die sich intensiv mit der Erforschung der Hexenprozeßtypologie einer Gegend befaßt haben, kritisch beurteilt worden. H. Lehmann[222] hat Einwände prinzipieller Art gemacht: ». . ., daß der Verlauf der Hexenprozesse nicht allein mit Hilfe dieser Domino-Theorie erklärt werden kann. So wurde nicht allein schon lange vor Beginn der Massenprozesse gegen Hexen gefoltert, so waren Folter und peinliche Fragen bei vielen anderen Delikten üblich, die Folter blieb vielmehr im Alten Reich auch lange, nachdem die großen Hexenprozesse vorüber waren, ein Mittel gerichtlicher Wahrheitsfindung.« Der Amerikaner Midelfort[223] sieht die Rede von der Dominotheorie höchstens für die Anfangsphase einer Hexenpanik als berechtigt an, andernfalls hätte jeder Prozeß mit der totalen Depopulation einer Stadt oder Gegend enden müssen.

Der Däne Gustav Henningsen[224] hat in seiner jüngst erschienenen und gerade für die Erforschung der schleswig-holsteinischen Hexenverfolgung äußerst interessanten Zusammenfassung seiner Ergebnisse betont, daß in Dänemark relativ wenige Prozesse stattgefunden haben. Unter Berufung auf die noch nicht abgeschlossenen Forschungen von Karsten Sejr Jensen und Jens Chr. Johansen belaufen sich seine Schätzungen für die Zeit von 1539 bis 1693, als die letzte Hexe in Dänemark verbrannt wurde, auf tausend, höchstens auf ein paar tausend Verfahren. Es wurde nämlich beinahe so häufig freigesprochen, wie verurteilt wurde[225].

Paßt auf unsere Prozesse das Bild von der Rechtsmaschine, von der Kettenreaktion?

Vorweg sei gesagt, daß sie keine Kettenreaktion in dem Sinne waren, daß ein Prozeß den anderen fortsetzte. Sie entstanden nicht durch die Besagung immer neuer Personen, die, verteilt über die verschiedenen Verfahren, abgeurteilt worden wären. Von den belasteten Frauen ist nur eine einzige – Wibke Stampenn – in mehreren Prozessen anzutreffen. Im I. Prozeß wandte sie sich um Hilfe an Lene Jurgens, die aber nichts ausrichten konnte. Im II. Prozeß erscheint sie in der gleichen Angelegenheit als Komplizin von Caterina Eggerdes. Obwohl sie deshalb mehrfach besagt wurde, wurde sie gerichtlich unbehelligt gelassen[226].

Verschaffen wir uns nun einen Überblick von den Prozessen, betrachten wir insbesondere für jeden Prozeß die Anzahl der bei Prozeßbeginn Angeklagten und der während des Prozesses Besagten mit Blick auf die Anzahl der Hingerichteten, die, wenn die Rechtsmaschine funktioniert hätte, die Summe der zuvorgenannten Personen ergeben müßte.

I. Prozeß 1547	II. Prozeß 1551	III. Prozeß 1557
2 Angeklagte*	1 Angeklagte*	10 Angeklagte*
6 Besagte**	49 u. m. Besagte**	3 Besagte**
3 Verurteilte oder Hingerichtete	8 Verurteilte oder Hingerichtete	13 Verurteilte oder Hingerichtete
Kein Freispruch	*Kein Freispruch* Später kamen der Küster zu Kappeln und Kunsthfruwen um	

* bei Prozeßbeginn/** während des Prozeßverlaufs

Das Problem kündigt sich in den Zahlendiskrepanzen des I. und II. Prozesses im Unterschied zum III. Prozeß an: Es wurden viele – nämlich Angeklagte und Besagte – beschuldigt, es wurden aber längst nicht diese alle verurteilt; lediglich im III. Prozeß ist die Summe von Angeklagten und Besagten die Anzahl der Verurteilten und Hingerichteten und bewahrheitet die radikale Austilgung der Beschuldigten.

Das Problem konkretisiert sich, wenn wir berücksichtigen, daß *alle* Angeklagten (bei Prozeßbeginn) – gleich in welchem Prozeß – verurteilt und hingerichtet wurden. Auf sie trifft zu, was Heberling[227] beklagte: »Alle weltlichen Richter waren von vornherein von der Schuld der Angeklagten überzeugt. Ihr Verfahren verlief demnach bei aller Klügelei und logischen Kunst, die, je länger, je mehr darauf verschwendet wurde, doch nur darauf hinaus, die Angeklagten um jeden Preis durch Indizien zu belasten, oder, falls das fehlschlug, sie durch Folter zum Geständnis zu bringen.« Und kürzlich wurde erst wieder mit großer Betroffenheit gefragt: »Wie können Rechtsformen sinnvoll sein, deren Voraussetzungen dem Angeklagten überhaupt keine Möglichkeit bieten, sich selbst je von dem Verdacht zu reinigen; die dem Richter fast keine Handhabe geben, die Angeklagten auch freizusprechen; die die Schuldzuweisung vor jeglicher gerichtlichen Untersuchung bereits festlegen und daher den Einsatz der Folter erzwingen, bis ein Geständnis diese vorgängig feststehende Schuld bestätigt?«[228]

Die meisten unserer Besagten gerieten jedoch – zum Glück – nicht in diese »peinliche« Situation, weil das Gericht sich trotz der gegen sie ausgesprochenen Anschuldigungen nicht um sie kümmerte; dies besagt auch die Angabe »kein Freispruch«. Es ist daher zu fragen: »Wann reichte eine Denunziation oder ein Verdacht aus, um eine Verhaftung vorzunehmen?«[229] Bzw. ist zu klären, »wie die anfängliche Hexereibeschuldigung zustande kam«[230]. Anders gewendet: Wurden die Hexenanklagen aufs Geratewohl oder nicht aufs Geratewohl, wie behauptet[231], formuliert? Und woran liegt es, daß die Angeklagten stets für schuldig befunden wurden? Und nach welchen Kriterien wurden ihnen Besagte hinzugesellt?

7.1.1 Der Untersuchungsgang anhand jüngster Forschungsergebnisse. Kriterien für die Bedingungen gerichtlicher Schuldzuweisung

Im Mittelpunkt dieses 7. Kapitels steht also das Bemühen um die Erhellung der Bedingungen für eine Hexenanklage.

Zu den Bedingungen, daran dürfte nach dem Vorhergehenden kein Zweifel bestehen, zählt an prominenter Stelle die Besagung. Die hier weiter zu beleuchtenden Bedingungen sind in ihr enthalten: Die Besagung macht auf bestimmte Personen und auf deren schuldhaftes Verhalten aufmerksam. Verbrechen und Täter müssen demgemäß gewürdigt werden. Dabei darf der Täter keinesfalls isoliert genommen werden, sein Gegenüber, sein Kontrahent, sein Opfer – immerhin ein potentieller Kläger – gehört dazu. Für alle drei Aspekte sollen jüngste Forschungsergebnisse vorgestellt werden – zur Präzisierung des möglichen Bedingungskomplexes und des Untersuchungsganges.

Zunächst etwas zu den Begriffen Besagung und/oder Denunziation. Besagung wird bei uns, den Quellen gemäß, als Anschwärzung durch Beschuldigte während des Verfahrens benutzt. Andere, so z. B. Midelfort, sprechen von der Denunziation als Anzeige durch Unbelastete. Denunziation als Besagung in unserem Sinne ist jedoch auch zu notieren[232]. Midelfort ist es für sein Untersuchungsgebiet nicht verborgen geblieben, daß die Maschine Denunziation nicht fortlaufend Aburteilungen produziert hat. Etwa ein Drittel der Besagten wurde in Mergentheim auf diese Weise gerichtlich erfaßt[233]. Die fehlenden zwei Drittel dürfen uns nicht über die Schwere dieses Indizes einer Besagung oder Denunziation hinwegtäuschen. Lagen drei Besagungen vor, so schritten die südwestdeutschen Richter zu Verhaftung und Verhör[234]. In Ellwangen stand damit die Wahrscheinlichkeit der Schuld fest. Wurde dann noch an irgendeiner Körperstelle der oder des Beschuldigten das Hexenmal[235], eine unempfindliche Stelle, aus der kein Blut tropfte, wenn man in sie hineinstach, entdeckt, dann bedurfte es keiner weiteren Anzeichen der Schuld, um die Folter zuzulassen. Nach Hexenmalen wurde in unseren Verfahren nicht geforscht, wie auch göttliche Unschuldsprüfungen – wie etwa die Wasserprobe[236] – fehlen. Besonders verhängnisvoll war die Besagung seitens Abgeurteilter. Sie beschwor automatisch den Prozeß[237].

Welche Verbrechen verschärften die Besagungen?

»Nicht der von Hexen angeblich verursachte Schadenzauber führte deshalb zu jenen großen Hexenjagden, sondern der den Hexen zugeschriebene und von vielen angeklagten Hexen unter den Qualen der Folter auch zugestandene Abfall vom christlichen Glauben.«[238] Erklärt sich unter Umständen die nicht lückenlose Verfolgung der Täterinnen aus dem anders gearteten Charakter der Delikte? Aus dem Fehlen des neuen Hexenverbrechens oder dem nicht ausreichenden Vorhandensein?

Für Dänemark ist unter diesem Aspekt mit Gustav Henningsens Forschungen diese kausale Verbindung herstellbar. Das Charakteristikum der dänischen Hexenprozesse ist, daß sie sich fast immer um konkrete Vergehen, um Schadenzauber, drehen. Der Teufel und der Hexensabbat nehmen in ihnen nicht den zentralen Platz ein, der ihnen in den mitteleuropäischen oder dem nordschwedischen Hexenprozeß zukommt[239].

In England ist die Vorstellung vom Hexensabbat gänzlich unbekannt[240]. Trotz dieses Fehlens eines der Herzstücke kontinentalen Hexenglaubens und kontinentaler Hexenverfolgung hat es in England Hexenprozesse gegeben. Alan Macfarlane[241] hat in seiner bedeutenden Studie über die Hexenprozesse in der Grafschaft Essex im 17. Jahrhundert dem Teufelskult eine untergeordnete Rolle zugewiesen. ». . . formell wurden die Hexen zwar wegen Teufelsverehrung angeklagt, aber die gegen sie auftretenden Zeugen waren häufig Opfer, die sie vorher auf irgendeine Art kleinlich behandelt hatten.«[242] Gegenseitiger Hexenverdacht und angespannte interpersonale Beziehungen sind die zwei Seiten einer Medaille. Schon Reginald Scot, der Verfasser der 1584 erstmals veröffentlichten »Discoverie of Witchcraft«[243], wußte von diesem Zusammenhang, wie Macfarlane betont. Hexerei wurde nach Scot nur dann vermutet, wenn vorher gestritten worden war. Es war die soziale Beziehung des Opfers, weniger die schmerzhafte oder unerklärliche Natur einer Erkrankung, die die Reaktion auf ein Unglück bestimmte[244].

Die angelsächsische Sozialanthropologie hat als erste wissenschaftliche Disziplin dieses Wissen von dem Hexenglauben als ein »social fact« propagiert und praktiziert[245]. Midelfort, Macfarlane und Henningsen fühlen sich dieser Forschungsrichtung, wenn auch den Erfordernissen ihrer Disziplinen entsprechend modifiziert, verpflichtet[246]. »Der eigentliche Wert sozialanthropologischer Feldforschungen auch für die Betrachtung europäischen Hexenglaubens liegt nicht in der einfachen Übertragung der an ›einfachen‹ Gesellschaften gewonnenen Ergebnisse oder in der von manchen begrüßten Möglichkeit zum intergesellschaftlichen Vergleich. Er ist vor allem darin zu sehen, daß die Ergebnisse sozialanthropologischer Forschungen Fragen nach dem Zusammenhang von Hexenglauben und sozialer Struktur, nach den Beziehungen der Beteiligten untereinander und nach den sozialen Funktionen, die die Beschuldigungen der Hexerei erfüllen, sinnvoll erscheinen lassen.«[247]

7.2 Der I. Prozeß 1548

7.2.1 Die Besagungen

Erinnern wir uns an die Zahlen: (Vgl. Besagungsschema 1)

2 Angeklagte
6 Besagungen
3 Verurteilte oder Hingerichtete
Kein Freispruch

Das Besagungsschema individualisiert die obigen Zahlen. Es verdeutlicht, wer von welchem Angeklagten wie oft besagt (beachte die Pfeilsignaturen) wurde und ob diesem Besagten während des Prozeßverlaufes die Anklage ereilt hat. Die dritte Angeklagte, übrigens die einzige während des Prozesses Angeklagte, war die insgesamt von den Angeklagten siebenmal angegebene Metke Fuschen oder Fustken. Einmal weniger wurden Kay Mollerkun und Este Anderßen von den zu Prozeßbeginn Angeklagten besagt. Im Unterschied zu Metke Fuschen wurden sie jedoch nicht vom Stadtvogt verhaftet und vor Gericht gestellt. Das gilt auch für die zweimal besagte Metke Clawessen. Johan Brade war zu diesem Zeitpunkt bereits tot. Er lief sozusagen außer Konkurrenz. Für die bei Prozeßeröffnung Angeklagten ist die Anzahl der wechselseitigen Besagungen gering, sie bezogen sich zudem nur auf Lene Jurgens.

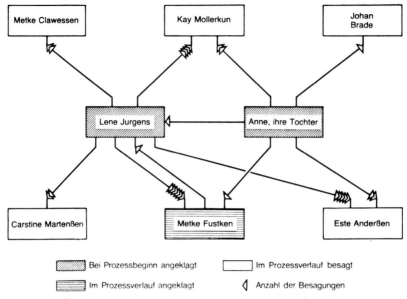

Besagungsschema 1

7.2.2 Die Verbrechen

Weder was die Menge der Vergehen noch was die Schwere des angerichteten Schadens angeht, werden die 4 besagten, aber gerichtlich unbeachtet gebliebenen Frauen durch die Statistik der Schäden[248] entlastet. Kay Mollerkun und Este Anderßen hatten mehr Strafwürdiges als die hingerichtete Anne, Lene Jurgens Tochter, aufzuweisen.

Die Statistik der Zauberinstrumente bzw. der Träger des Verzauberungswillens[249] belehrt uns, wem das neue Teufelsverbrechen zuzuschreiben ist. Gesühnt wurde es an Este Anderßen nicht. Verfolgt und bestraft, und zwar mit der Höchststrafe, dem Leben, wurde der mit vielen und vielartigen Instrumenten betriebene Schadenzauber. Konsequent geschah jedoch auch dies nicht: 2 derartige Fälle begegneten gerichtlichem Desinteresse. Eine durchgängig zutreffende Erklärung ist nicht zu finden.

7.2.3   Die interpersonalen Beziehungen und Konflikte
7.2.3.1 Kunsthfruwen – Ankläger

Matthias Gotke und Hans Moldenett hatten Lene Jurgens und ihre Tochter Anne angeklagt. Hiermit begann der Prozeß. Ein Motiv für dieses Vorgehen erfahren wir nicht, d. h. zutreffender nicht sofort. Ein Motiv hatte die »nur« besagte Metke Fustken. Aus Rache, daß sie als Kuhhirtin von den genannten Männern entlassen worden war, hatte sie zusammen mit den beiden Angeklagten Zaubertöpfe unter die Häuser der ehemaligen Dienstherren setzen lassen. Mit dieser Kenntnis erscheint Metke als die Seele des Zaubers; warum sich die Ankläger nicht gleich an sie hielten, ist unklar. Sollte Metke doch nicht die Drahtzieherin gewesen sein?

7.2.3.2 Kunsthfruwen – Opfer

Wir wüßten auch gern Bestimmteres über die Gründe, die die Frauen zu gemeinsamen Anschlägen in Angeln über relativ weite Distanzen zusammenkommen ließen[250]. Von den meisten Opfern kennen wir die Namen – nämlich Tammes Ericksen und Hanß Jebsenn zu Winderatt, Hanße Petersen zu Torsballig und Tomas zu Nübel –, aber leider nicht die Motive, weshalb sie geschädigt wurden. In zwei Fällen sind uns die Geschädigten unbekannt: An wen ein Schaden in Hürup verübt wurde, wird nicht mitgeteilt. Außerdem entzieht es sich unserer Kenntnis, gegen wen die von Johan Brade stammende Wachspuppe eingesetzt wurde.

Auf das Begehren dreier Steruper Bauern töteten Lene Jurgens und Kay Mollerkun drei Steruper, deren Namen aufgezeichnet sind. Vergebens versuchte Lene Jurgens, Wybke Stamptenns Anliegen gegen den Müller Clawes Selke zu realisieren.

7.3 Der II. Prozeß 1551
7.3.1 Die Besagungen

Wiederholen wir, wieviele Leute mit diesem Prozeß zu tun hatten:
1 Angeklagte zu Prozeßbeginn (Vgl. Besagungsschema 2)
49 u. m. Besagte während des Prozeßverlaufs
8 Verurteilte oder Hingerichtete (wovon nur 5 im Besagungsschema dargestellt werden konnten)
Kein Freispruch

Caterina Eggerdes' besondere Stellung dokumentiert sich hoch oben im Schema als einzige zu Prozeßbeginn angeklagte Frau. Das Einzigartige drückt sich ferner darin aus, daß Caterina als Angeklagte niemanden besagt hat.

Caterina Eggerdes wurde so oft wie keine andere – 19mal – besagt. Aber: Der ganz überwiegende Teil widerfuhr ihr posthum. Nur Abelke Stenbrugger, die ja noch zu Caterinas Lebzeiten in Verdacht geriet und arretiert wurde, konnte Caterina wirksam im Hinblick auf die Hinrichtung besagen. Daß Abelke die Rolle zugedacht worden war, Caterinas Schuld zu erhärten, setzten wir bereits auseinander[251]. Die vielen nachträglichen Besagungen der anderen müssen dann auch als Rechtfertigung des gefällten Schuldspruches verstanden werden.

Über Abelke Stenbrugger, Caterinas einstmalige Magd, setzte sich das Verfahren fort. Mit ihr beginnt die Ausweitung des Verfahrens durch die Besagungen.

Wann genau Abelke von Nikolaus Lucht angeklagt wurde, ist unklar; daß er ihr Ankläger war, erfahren wir bei ihrer Hinrichtung.

Wurde sie indirekt ein Opfer ihrer eigenen Besagungen, die von den Besagten, von der Gelharschen und von Metke Framen, zurückgegeben wurden? Wurde Nikolaus Lucht erst dadurch zu seiner Anklageerhebung veranlaßt? Bedurfte er einer solchen Nachhilfe? Wußte er nicht, daß Abelke zusammen mit Caterina Eggerdes seiner Hauptkontrahentin Metke Framen beigestanden hatte?

Wie ist in diesem Zusammenhang die Tatsache zu bewerten, daß er als Ankläger der Metke Framen ebenso spät wie bei Abelke benannt wurde?

In welcher Weise Nikolaus Lucht die Besagungen, die Metke Framen und Abelke Stenbrugger als Täterinnen anprangerten, berücksichtigte, als er zur Klage schritt, wissen wir nicht. Ob unsere Überlegungen, die wir angestellt haben, berechtigt

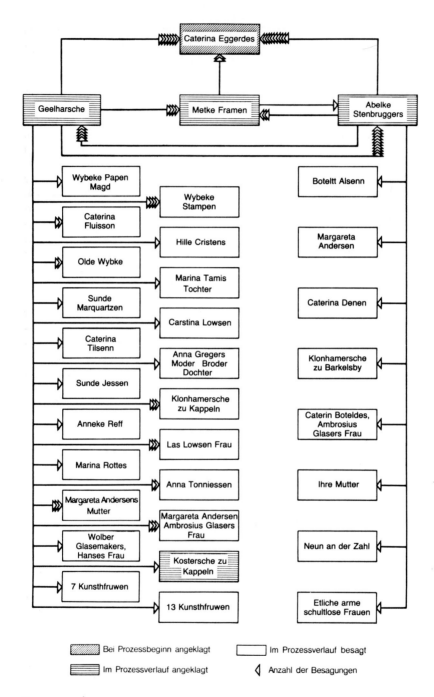

Besagungsschema 2

sind, ist ungewiß. Wir können nämlich nicht aufzeigen, was aus der Büttelei von den Verhören nach draußen drang, ob beispielsweise die Bürger von den gegen sie unternommenen Untaten unterrichtet wurden, um so eine Klageerhebung zu ermöglichen.

Die Gelharsche wurde eindeutig ein Opfer von Abelkes Besagungen. Diese teilte nämlich der Schleswiger Rat Henneke Rumor, ihrem Herrn und Richter, mit. Er machte ihr daraufhin den Prozeß – sozusagen von Amts wegen, denn persönlich war er von ihren Untaten, soweit wir wissen, nicht in Mitleidenschaft gezogen worden. Dies nimmt sich auch bei der Kosterschen so aus; die Kostersche zu Kappeln war von der Gelharschen beschuldigt worden.

5 Angeklagte haben wir bis jetzt abgehandelt. Die über dem Besagungsschema stehende Relation weist jedoch 8 Verurteilte oder Hingerichtete aus; wir wissen ja, daß Angeklagte, egal zu welchem Zeitpunkt das gerichtliche Verfahren gegen sie eröffnet wurde, mit der Todesstrafe rechnen mußten. Warum haben die drei noch ausstehenden Delinquentinnen keine Berücksichtigung im Schema gefunden? Die Antwort ist einfach: Ihre Namen sind uns unbekannt. Unsere Vermutung wollten wir, weil es sich eben nur um eine Vermutung handelt, nicht in das Schema einbringen. Diese Vermutung zielt auf die drei Frauen, die als einzige aus der Menge der von der Gelharschen denunzierten Henneke Rumor und dessen Frau direkt schädigten. Wybeke Papen Magett, Caterina Fluisson und Hille Cristens heißen sie. Ihr Wohnort wird uns verschwiegen, aber erlauben die Besagungen durch die Gelharsche und ihre Schädigungen nicht den Schluß, daß wir in ihnen die gesuchten Angeliterinnen vor uns haben?

Wenn wir ein Fazit wagen wollen, dann ist zu sagen: Mit der Kosterschen zu Kappeln und den drei Frauen wird die Schuldzuweisung aufgrund der wenigen Besagungen problematisch: Bisher hatte es so ausgesehen, als sei die Vielzahl – von 7 an aufwärts – entscheidend für die Verhaftung und Anklage gewesen. Die Kostersche und die drei Frauen sind nicht die einzigen, die weit unter dieser Anzahl liegen; warum wurden sie herausgegriffen? Warum wurden die von Abelke Stenbrugger je einmal besagten Personen vom Gericht völlig in Ruhe gelassen?

Bedeutungslos sind die Besagungen für die gerichtliche Schuldzuweisung nicht gewesen. Regelmäßigkeiten – jeder, der mehr als siebenmal besagt wurde, wurde verhaftet, wer nur einmal besagt wurde, wurde nicht vor Gericht gestellt – und eine daraus folgende Gleichheit in der Behandlung der Verdächtigen lassen sich nicht begründen, das ist die Schwierigkeit.

7.3.2 Die Verbrechen

Gewinnen wir durch die Verbrechen ein eindeutigeres Bild von den Bedingungen gerichtlichen Einschreitens?

Wurde das neue Verbrechen, mit dem Teufel im Bunde zu stehen, unnachgiebig bestraft? Die Statistik der Verzauberungsinstrumente[252] belegt klar das Überwiegen der mit herkömmlichen Instrumenten bewirkten Zauberschäden. Der Verzauberer Teufel ist nur bei Caterina Eggerdes anzutreffen, die hat jedoch so viel auf dem Kerbholz, daß das Teufelsverbrechen nicht als ausschlaggebend für ihre Aburteilung erachtet werden kann. Immerhin wurde es im Unterschied zum I. Prozeß gesühnt.

Bei der Betrachtung der Statistik der Schäden[252a] gilt unser Augenmerk den Frauen, die nicht vor Gericht gelangten. Harmloseren Schadenzauber, etwa die Wegnahme landwirtschaftlicher Erträge, deutet nicht die gerichtliche Passivität. Tod und Verderben sind auch hier die Parole. Was die Vielzahl der Verbrechen angeht, so wiederholt sich hier das von den Besagungen aufgenommene Bild: Die Angeklagten Caterina, Abelke, die Gelharsche und Metke vereinen auf sich sehr viele, die meisten Untaten, wohingegen die Kostersche zu Kappeln mit ihrer einen Straftat erneut Anstoß hinsichtlich der Begründetheit und der Gerechtigkeit der Schuldzuweisung erregt. Selbst wenn wir die drei mit der Kosterschen hingerichteten Frauen als Wybke Papen Magett, als Hille Cristens und als Caterina Fluissonn identifizieren, die sich je dreimal vergangen hatten, schwindet dieser Eindruck gerichtlicher Willkür nicht.

7.3.3   Die interpersonalen Beziehungen und Konflikte

7.3.3.1 Kunsthfruwen – Ankläger
Christoffer Smyth, Hynrick Platensleger »myth etlicher syner Gesellen«, Hans Juversen und Anneke Pansermakersche klagten Caterina Eggerdes an und setzten so das gerichtliche Verfahren in Gang. Während des Prozesses traten Nikolaus Lucht gegen Abelke Stenbrugger und Metke Framen und Henneke Rumor gegen die Gelharsche, die Kostersche zu Kappeln und die drei Frauen, deren Identität uns umstritten ist, als Ankläger auf.

Was für Motive hatten diese Männer und diese Frau bei ihrer Anklageerhebung? Was für Motive hatten die Beschuldigten, gegen sie zu handeln?

Caterinas Ankläger ahndeten mit ihren Klagen das von ihr angedrohte und bis auf eine Ausnahme[253] eingetroffene Unglück.

Worum ging es in diesen Auseinandersetzungen? Caterina bedrohte und schädigte Christoffer Smyt aus Eckernförde, weil er sie als Zauberin, als Urheberin von Hans Bunthmakers »unnatürlicher« Krankheit erkannt hatte. Sie rächte sich daraufhin an ihm. Gegen Hynrick Platensleger ging sie nicht minder rachsüchtig vor. Er war mit ihrem Mann, dem Toffelmaker, wegen eines nicht ganz korrekt abgewickelten Geldgeschäftes in Streit geraten. Caterina sprang ihrem Mann bei, wie es, wenn auch mit statthaften Mitteln, Platenslegers Gesellen für ihren Meister taten. Wie schlecht es auch immer um das Verhältnis der Eheleute Caterina Eggerdes und Hans Toffelmaker gestanden haben mag, wenn sie in Schwierigkeiten oder in Not gerieten, schlossen sie sich gegen ihre Mitwelt zusammen. Mit dieser Mitwelt lebten sie auffallend oft in Unfrieden.

Dies ist im Fall Hans Juversen zu exemplifizieren. Der Toffelmaker hätte ihn beinahe mit einem Spieß »unvorseens modtwillich umbgebracht«[254] – als Reaktion auf Juversens Beschwerde über Caterinas unziemliches und schreckenverbreitendes Betragen, als sie von Juversen um die Zahlung der Hausheuer gemahnt worden war. Erneut waren wie bei Platensleger handfeste materielle Interessen im Spiel.

An einer anderen Stelle berichtet uns die Quelle – geht diese zeitlich mit dem eben Dargestellten einher? –, daß Caterina mit ihrer Magd Abelke Stenbrugger zusammen Hans Juversen durch einen Topfzauber vernichten wollte. Ihre Rache war unbeirrbar.

Was Caterina gegen die Pansermakersche und deren Mann zu Drohungen aufstachelte – die Wirkung dieser Reden soll nicht ausgeblieben sein –, ahnen wir nicht.

Interessanterweise vermissen wir Nikolaus Lucht unter den Anklägern der Caterina Eggerdes, obwohl sie ihm doch geschadet hatte, indem sie Metke Framen in deren Auseinandersetzung mit Nikolaus um Korn, Vieh und Land wesentliche – zauberische – Schützenhilfe gab. Abelke Stenbrugger dagegen, die ihr bloß zur Hand ging, wurde von Nikolaus Lucht angeklagt. Warum richtete er sich nicht gegen die Seele des Zaubers? Kam er zu spät? Hatte er von ihren bösen Taten nichts gewußt, als sie lebte? Hinderte ihn Caterinas Verwandtschaft mit dem Stadtvogt?

Wer war Nikolaus Lucht?[255] Um 1530/40 arbeitete er als Zöllner zu Gottorf; damit nicht genug, er zählte zu den Vikaren am Dom zu Schleswig. 1546 erhielt er zudem den Dienst als Pfarrer an St. Michaelis. 1544 wurde er abgesetzt – als Reaktion auf sein Hervortreten als Hexenverfolger?[256] –; 1560 verstarb er. Der Gottorfer Zollstätte kam im Rahmen des nord-südlichen Transits, insbesondere des Ochsenhandels, ein großer Stellenwert zu. Neben dem Zoll zu Rendsburg, der genauso an der alten Heerstraße lag, war der Zoll zu Gottorf die Hauptzollstätte des Landes und eine der größten Bareinnahmequellen der Fürsten. Nikolaus Lucht war einflußreich und vermögend, unsere Quelle betont dies. Hatte er es dennoch auf die Besitztümer von Metke Framen abgesehen?[256a]

Keinen Anhaltspunkt haben wir, ob Henneke Rumor mit seiner Klage gegen die Gelharsche Recht für ein ihm persönlich widerfahrendes Unrecht fordern wollte. Seine »öffentliche« Funktion muß uns diesen Schritt erklären: Im Bereiche seines Besitzes, seines Gutes, oblag ihm die Sorge für Recht und Ordnung. Er entzog sich dieser Pflicht nicht, wie sein Vorgehen gegen die Gelharsche, die Kostersche und gegen die drei namentlich nicht bekannten Frauen beweist. Warum er andere Übeltäter nicht in diese Strafverfolgung einschloß, ist rätselhaft.

Welche Motive leiteten ihn bei seinen Verfolgungen? War es das Allgemeinwohl? War es das Erschrecken, in welcher großen Gefahr er sich, seine Frau und sein Besitz befunden hatten, als er des Schadenzaubers der Magd von Wybeke Papen, der Hille Cristens und der Caterina Fluissonn gewahr wurde? Was diese wiederum und alle anderen in Angeln, die sich zu Bösem verstanden, motiviert haben mochte, welches Wechselspiel von Streit und Haß hier herrschte, ist eine Frage ohne Antwort.

7.3.3.2 Kunsthfruwen – Opfer

Caterina Eggerdes schädigte mehr Menschen, als sie dafür anklagten. Folgende Konflikte lassen sich für die Opfer eruieren:

Gegen Oleff Olefsen stieß sie böse, Verarmung beinhaltende Worte aus, weil er im Zank mit ihrem Manne lag; den Grund kennen wir nicht.

Bemerkenswerterweise ging Hans Toffelmaker aus diesen und anderen Vorfällen, Streitereien, Manipulationen mit Geld und Tätlichkeiten gegen Personen, die begründeten Zweifel an seiner Integrität erweckten, ungeschoren hervor. Gegen ihn wurde kein Verfahren angestrengt, er geriet auch nicht in den Ruf eines schadenbringenden Kunsteners. Dennoch ist zu fragen: Wollte man ihn treffen, als man sich wegen der besseren Konditionen für eine Hexenanklage gegen seine Frau zur Wehr setzte?

Rache bestimmte Caterinas Handeln gegen den Mann von Wolber Glasemakers.

Diese hatte ihr nicht das holen können, was sie zur Verrichtung eines Schadenzaubers benötigte. Der Mann, als das Teuerste der Frau, wurde bestraft.

Wiederum aus Rache zauberte sie Heyneke Putters (und dem Roleff Rusche) einen Hexenschuß (»Knappstoth«) an. Hatte doch Heyneke mit Clawes Selken, dem Müller, der Caterina noch zusammen mit der ihm feindlich gesonnenen Frau des vormaligen Müllers beschäftigen sollte, »getugett«[257].

Auch in einem weiteren Fall litt sie keine Zeugenschaft. Zu nachtschlafender Zeit war sie rächend vor Jurgen Mases Haustür aufgetaucht. Er war vorher dabeigewesen, als Christoffer Smyt sie der Zauberei bezichtigt hatte.

Mit dem eben genannten Clawes Selken berühren wir Caterinas Treiben für andere Leute. Als Kundige genoß sie einen Ruhm, der sie als Helferin in schwierigen Lebenslagen empfahl. Wybeke Papen hatte bereits 1547 vergeblich von Lene Jurgens Hilfe erbeten. Einige Jahre später versuchte sie es aufs neue mit Caterina Eggerdes, aber nicht mehr als Bittstellerin, sondern als Komplizin in den Anschlägen gegen Clawes Selken. Dieser Mann hatte ihren Ehemann aus der Mühle verdrängt. Die Mühle wollte sie zurückerobern[257a].

Gegen Selken zu wirken, muß Caterina sehr willkommen gewesen sein, hatte er sich doch schon bei ihr unbeliebt gemacht.

Gegen Nikolaus Lucht scheint sie ausschließlich als professionelle Kunsthfruw tätig geworden zu sein. Ein persönliches Motiv läßt sich nicht entdecken. Abelke Stenbrugger assistierte ihrer Herrin dabei. Dies ist kein Einzelfall. In dieser Zu- und Unterordnung erschöpfte sich Abelkes Kunst nicht. In einer ureigenen Sache wurde sie tätig, als sie einen Knecht zur Liebe verzaubern wollte. Als diesem von ihr abgeraten wurde, und er von ihr abließ, nahm sie dies nicht tatenlos hin, sondern rächte sich an dem ungebetenen Ratgeber. Den Liebeszauber trug übrigens die Gelharsche mit.

Die Gelharsche begegnet uns nie selbständig und allein tätig. Bis auf eine Ausnahme – hierbei geht es um Abelkes Liebeszauber – handelte sie zusammen mit Caterina Eggerdes gegen deren Widersacher (Hans Juversen, Heyneke Putters und Roleff Rusche und Clawes Selken) bzw. gegen Wybke Stampens Feind Clawes Selken. Dreimal werden Wybke Stampen und Caterina Eggerdes zusammen mit der Gelharschen in Anschläge verstrickt beschrieben. Einmal sollte Wolber Glasemakers Frau mittun. Daß sich die Frauen unter Caterinas Ägide verbündeten, geschah wiederholt.

Botelt Alsen war sich mit Caterina eins in einem Liebeszauber gegen den untreuen Toffelmaker. Außerdem unterstützte sie Caterina in dem Anschlag gegen den Pansermaker. Wie Botelt Alsenn zählten Wolber Glasemakers, die Klonhamersche zu Barkelsby, Margareta Andersen und Caterina Denen und höchstwahrscheinlich Caterin Boteldes, Ambrosius Glasers Frau, deren Mutter und neun Frauen zu Caterinas Helferinnen, die keine eigenen Motive, sondern die Verbundenheit mit Caterina bei ihren »bösen Stücken« leiteten. Wie steht es mit den übrigen Beschuldigten, die nicht Caterina und deren Motiven zuzuordnen sind? Hiermit wird die große Gruppe der Personen ins Blickfeld gerückt, die die Gelharsche ins Gerede gebracht hatte. Von allen kennen wir die Opfer, was wichtig ist; hinsichtlich der Motive sind wir nicht so gut informiert.

Wegen etlicher Gänse hatte Olde Wybke einem anderen Mann tötlichen Schaden gebracht; wegen einer Tonne Bieres hatte Marina Tamis Dochter letzten Endes den Tod von Michell Snyder verursacht; wem sie gram waren, dem schadeten Las Lowsen Frau, Anna Tonniessen und 7 weitere Kunsthfruwen am Korn.

Las Lowsen Frau ist auch unter denjenigen anzutreffen, die ohne Motivangabe schadeten. Nämlich: Die Kostersche zu Kappeln trat gegen die Kostersche zu Rabenkirchen auf; 18 berühmt-berüchtigte Kunsthfruwen, darunter Abelke Stenbrugger, Metke Framen, Margareta Andersen (= Ambrosius Glasers Frau), deren Mutter und die Klohamersche zu Kappeln wirkten unheilvoll gegen einen Mann – einen Schleswiger? – und gegen die gesamte Stadt Schleswig; Marina Rottes hatte vermutlich Sunde Esbersenn geschadet; mit Krankheit und materiellem Nachteil wurden Henneke Rumor und dessen Gemahlin von Wybeke Papen Magett, Caterina Fluissonn und Hille Cristens belegt; drei andere Frauen, Sunde Marquartzen, Carstina Lowsen und Caterina Tilsenn, vergingen sich an der Milch der Nachbarinnen, Anna Gregers erer Moder Broder Dochter und Sunde Jessen hingegen am Lebensglück des Tomas Vos.

Alle diese Aufzählungen dokumentieren, daß sich die Schädigungen nicht ins Anonyme verlieren, im Gegenteil, die Opfer sind bekannt. Dies ist deshalb von Wichtigkeit, da jedes Opfer ein potentieller Kläger ist.

Daß jedoch nur wenige Geschädigte klagten, erklärt in gewissem Umfang, weshalb die strafrechtliche Schuldverteilung so auffallend ungleichmäßig, ja willkürlich und ungerecht anmutend, ausfiel. Im gewissen Umfange schrieben wir, was heißt das? Ein Rest von Ungeklärtem bleibt: Warum fand nicht durchgängig oder des öfteren eine Anklage von Amts wegen statt?

Wurde nicht Metke Fuschen während des I. Verfahrens auf diese Art der Prozeß seitens der Stadt Schleswig gemacht, obwohl der Schleswiger Rat nie als ihr Ankläger tituliert wird?[257b] Wurde Caterina Eggerdes letztlich nicht von Amts wegen gerichtet?[258] War nicht Henneke Rumor Ankläger von Amts wegen, als er sich gegen die Gelharsche wandte, die ihm persönlich keinen Tort angetan hatte?

Oder strapazieren wir hier Unterschiede ungebührlich?

Lag es an den unterschiedlichen Jurisdiktionen, daß Anklagen nicht erfolgten? Wohl kaum, denn wenn man wollte, tauschten die Gerichte ihre Kenntnisse aus.

Es bleibt zu fragen: Wann war man dazu bereit?

7.4 Der III. Prozeß 1557

7.4.1 Die Besagungen

Erinnern wir uns wie jedes Mal zu Beginn dieses Abschnittes der Zahlen der Beteiligten: 10 Angeklagte   3 Besagte   13 Verurteilte

(vgl. Besagungsschema 3)

Zum ersten Mal sind alle Besagten gefangengenommen und angeklagt worden. Keine von ihnen entkam dem Verhängnis im Unterschied zu den vorhergehenden Prozessen.

Das Besagungsschema zeigt zwei Personenkreise, die besagenden 10 Angeliterinnen und die davon betroffenen drei Schleswigerinnen. Beide Gruppen wußten voneinander, wenn auch in unterschiedlich intensiver Weise: Die Schleswigerinnen besagten sich nicht so lückenlos wie die Angeliterinnen untereinander, auch erwiderten sie die Besagungen nicht in dem erfahrenen Maße.

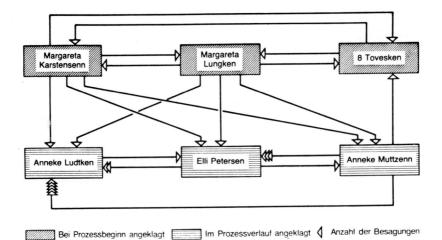

Besagungsschema 3

7.4.2 Die Verbrechen

Zum ersten Mal ist das Teufelsverbrechen der gemeinsame Nenner aller Täterinnen[259]. Dieser eindeutigen Ausprägung hatten weder der I. noch der II. Prozeß etwas Vergleichbares an die Seite zu stellen.

7.4.3 Die interpersonalen Beziehungen und Konflikte

7.4.3.1 Kunsthfruwen – Ankläger = Opfer

Bartram Rathlow erkennen wir als das Opfer und als den Ankläger der Angeliterinnen. Persönlichen Schaden trug er nicht davon, nur sächlichen hatte er zu beklagen, sein bestes Pferd wurde von den Frauen »hingegeben«. Im Vergleich mit den Schäden und Verbrechen der ersten beiden Prozesse ist dieser Schaden bescheiden, dennoch wurde er unnachgiebigst geahndet.

Die Schleswigerinnen konnte Bartram Rathlow nicht richten, dies oblag dem Schleswiger Stadtgericht. Als Ankläger – so auch in der Quelle bezeichnet, was sich für die Angeliterinnen nicht wiederholt – zeigte er sie dem Gericht in Schleswig an. Nach der Hinrichtung »seiner« Kunsthfruwen verlor er jedoch das Interesse an ihrer Aburteilung. An seine Stelle traten »etliche Blothgirige« oder »Wedderparten«, von denen wir kein persönliches Motiv mitgeteilt erhalten, warum sie sich in dieser um Leben und Tod gehenden Angelegenheit engagierten. Sie setzten sich – des Prinzips wegen, das besagt, daß du den Zauberer nicht leben lassen sollst? – gegen mildere Bestrebungen, die die Leben der Frauen retten wollten, durch.

Der III. Prozeß entspricht in seiner Unerbittlichkeit, in seiner Unverhältnismäßigkeit der strafrechtlichen Mittel in bezug auf das Begangene dem bekannten Bild von der Rechtsmaschine Hexenprozeß. Ist es repräsentativ? Wurde es repräsentativ für Schleswig-Holstein?

7.5 Fazit

Wann reichte eine Denunziation oder ein Verdacht aus, um eine Verhaftung vorzunehmen? Diese Frage leitete uns bei der Betrachtung und Erörterung der Besagungen, der Verbrechen und der Beziehungen und Konflikte zwischen den Kunsthfruwen und ihren Opfern.

Leider konnten wir nicht, wie es Midelfort für südwestdeutsche Städte vermochte, eine bestimmte Anzahl von Besagungen oder Denunziationen ermitteln, die regelmäßig in allen drei Schleswiger Prozessen zur Verhaftung und zur Verurteilung geführt hätte. Regelmäßigkeit kommt anders zum Ausdruck. Verhaftete sind bei uns schon angeklagt oder werden angeklagt. Wen das Schicksal der Anklage ereilt hatte, der sah der Aburteilung, dem Feuertode, entgegen.

Hinsichtlich der Qualität der Besagung ist in Übereinstimmung mit Midelfort[260] zu konstatieren, daß die Besagung überführter und verurteilter Täterinnen den Richter bzw. das Gericht tätig werden ließ. Wir erinnern uns, daß im III. Prozeß die Schleswigerinnen draußen in Angeln sogar im Widerschein des lodernden Scheiterhaufens besagt wurden. Über zwischenzeitliche Bedenken des Schleswiger Gerichts, ob dieser Besagung gerade wegen der dramatischen Umstände und wegen der Voreingenommenheit der Besagten zu mißtrauen sei[261], setzte man sich hinweg. Alle Beschuldigten wurden vernichtet. Es ist behauptet worden, daß diese totale Auslöschung aus einem bestimmten Verbrechen resultiert, aus dem Abfall vom christlichen Glauben, wie er prinzipiell, und wie er in unserem Fall mit dem Hexentanz praktiziert wurde. Ein ursächlicher Zusammenhang scheint für unseren Prozeß nicht in Abrede zu stellen sein. Weitere Untersuchungen über die Hexenverfolgung in Schleswig-Holstein müssen zeigen, ob diese Verbindung stets vorhanden war.

Abgesehen von dieser für Schleswig-Holstein ungeklärten Frage ist es in der Tat nicht zu übersehen, daß der Hexentanz zur Erläuterung der Hexenjagden besonders geeignet ist. Zu dieser Haupt-Festlichkeit versammelten sich viele Hexen von nah und fern. Dank der Vielzahl und dank der verschiedenen Herkunftsorte konnten vielfältige Verwicklungen und Beschuldigungen entstehen. Dies geht aus der ersten großen Hexenverfolgung im deutschen Südwesten hervor. In Wiesensteig an der Fils hatten 1562 einige beschuldigte Frauen behauptet, sie hätten Frauen aus der 30 Meilen entfernten Stadt Eßlingen beim Tanz gesehen[262].

Es läßt sich jedoch nicht verheimlichen, daß der I. und der II. Schleswiger Hexenprozeß im Widerspruch zu dem Obigen stehen. Sie zeigen, daß der Hexentanz weder die unabdingbare Bedingung für die Verwicklung vieler Personen in einen Prozeß noch für das räumliche Ausgreifen eines Prozesses über seinen Entstehungsort hinaus ist[263]. Ob dieser Sachverhalt repräsentativ ist, wissen wir aufgrund der zu schmalen Quellenbasis nicht.

Am weitesten nach Angeln griffen der I. und II. Prozeß aus[264], in denen, wie gesagt, der Hexentanz unter den Delikten nicht vertreten ist. Der III. Prozeß vermittelt demgegenüber einen eher bescheidenen Eindruck. Weiterhin ist atypisch, daß er nicht die größte Anzahl der Beschuldigten und Verdächtigten in sich vereinigt. Die Krone gebührt in dieser Beziehung dem II. Prozeß. Midelfort bestätigt sich hier: Es war kein Hexenjäger wie in England notwendig, da die Denunziationen gewöhnlich Leute aus einer großen Region erfaßten[265]. Nicht Midelfort, sondern Macfarlane ist in einer Besprechung zur Charakterisierung der drei Schleswiger Prozesse herangezogen worden[266]: Die Anklagen gehen aller Wahrscheinlichkeit nach nicht auf das Konto eines fremden, von auswärts gekommenen Hexenjägers, sondern zu Lasten besonderer Spannungen innerhalb eines Gemeinwesens, etwa politischer Unsicherheit oder wirtschaftlichen Niedergangs[267].

Die auf den Karten 2 und 4 abzulesende Mobilität der Täterinnen ist erstaunlich, nicht minder die Kenntnisse, die man von Land und Leuten hatte. Auch in dieser Beziehung sind Ähnlichkeiten mit Macfarlanes Ergebnissen nicht abzustreiten: Daß sich nämlich die Hexenverfolgungen unter Menschen abgespielt haben, die sich sehr gut gekannt haben[268]. Wenn Macfarlane[269] dann fortfährt und schreibt, daß sehr wenige Anklagen von weit entfernt lebenden Personen erhoben wurden, und er zur Illustrierung auf seine Karte 9 verweist, dann tun sich im Hinblick auf unsere Distanzen keine unüberbrückbaren Gegensätze auf. Beide scheinen vergleichbar zu sein.

Über welche Entfernungen sich wer mit wem zu Anschlägen verabredet haben soll, stellen die Karten dar[270]. Wie können wir dieses Bild mit Hilfe der Statistiken der Verbrechen[271] ergänzen? In allen drei Prozessen haben von den spezifizierten Schäden die Untaten, die auf den Tod von Mensch und Vieh, auf Unglück und Verarmung zielen, konkurrenzlos die größten Anteile. Dies deckt sich weitgehend mit den Verhältnissen in Essex[272]. Oftmals ließ sich Rache als Motiv der Kunsthfruwen Metke Fuschen und Caterina Eggerdes samt ihrem Anhang für ihre zauberischen Taten herausfinden. Für den III. Prozeß tappen wir in diesem Punkt leider völlig im dunkeln.

Rachegefühle und -gelüste entstehen nicht von ungefähr, hiermit befinden wir uns in Übereinstimmung mit der Sozialanthropologie[273] (wiederum ist auf Metke Fuschen und Caterina Eggerdes zu verweisen). Sie sind der Ausfluß von – zumeist nicht bewältigten – Konflikten, die zwischen Hexen und Opfern bzw. zwischen Beschuldigten und Beschuldigern standen. »Für Hexereibeschuldigungen waren somit frühere Animositäten die Grundlage.«[274] Leider können wir sie nicht in dem Maße, wie es der Untersuchung förderlich wäre, in den Quellen konkretisieren. So bleibt unsere Motivforschung – vorerst? – im Persönlichen angesiedelt. Dieser Mangel ist aber nicht aus der Unkenntnis der modernen Fragestellungen und Forschungsrichtungen erwachsen, sondern illustriert die bedingte Aussagefähigkeit unserer Quellen und die Forschungslage. Macfarlane konnte nicht nur auf eine erstaunlich breite Quellenüberlieferung zurückgreifen, sondern fand gute Vorarbeiten sowohl zur Erforschung der Hexenverfolgung in seiner Region als auch der Sozialgeschichte vor[275].

So verbietet es sich, Verallgemeinerungen »über die Art des Grolls, den die Hexe angeblich gegen ihre Opfer hegte«[276] zu ziehen. Die Beziehung, die zwischen Hexe und Opfer herrschte, können wir nicht mit »Mängeln der gesamten Sozialstruktur in Zusammenhang bringen«[277]. Macfarlane ist in der glücklichen Lage, »Hexerei nicht einfach (als) Haß, sondern (als) ein(en) Haß, der in bestimmten Sozialbezügen wirksam ist, in anderen dagegen nicht«, darzustellen. »Mit anderen Worten, man hielt die Hexe nicht für jemanden, der aus bloßer Rachsucht agierte; vielmehr ahndeten sie ein klares Unrecht (das gegen nachbarschaftliche Beziehungen verstieß – D. U.). Es ging nicht bloß darum, daß Opfer und Hexe sich vorher gestritten hatten. Entscheidend ist paradoxerweise, daß eher die Hexe moralisch im Recht war und nicht das Opfer. Dieses Ergebnis stimmt mit dem überein, was von Anthropologen an anderen Orten herausgefunden wurde.«[278]

Solche Schlüsse sind uns verwehrt, wenn wir auch dank Lorenzen-Schmidts Dissertation Schleswigs Sozial- und Wirtschaftsstruktur zwischen 1500 und 1550 orten können: Die Stadt kennzeichnet ökonomische Bedeutungslosigkeit und das Vorherrschen mittlerer Vermögensgruppen einerseits und das Fehlen von Unruhen und Aufstandsbewegungen wegen des Reformationsprozesses andererseits[279]. Da Macfarlanes Ergebnisse für andere Gegenden vorliegen, tragen sie nichts Direktes zur Erhellung unserer Frage bei, wie die seltsame Schuldzuweisung aufgrund der wenigen Hexenanklagen gegenüber den vielen unverfolgt gebliebenen Verdächtigten zustande kommt. Unsere Untersuchungen zeigten des öfteren die Gewichtigkeit der Anklagen, die Ver- und Aburteilung regelmäßig beinhalten. Bei diesen Anklagen handelte es sich zumindest für Schleswig gesehen stets um Privatklagen, jedenfalls werden nur Private ausdrücklich in den Quellen als Kläger bezeichnet; hinsichtlich der Herren Rumor und Rathlow läßt sich streiten, ob diese noch privat oder schon öffentlich – von Amts wegen – waren. Für beide Jurisdiktionen läßt sich der Schluß ziehen, daß es keine unsere modernen Vorstellungen entsprechende Strafverfolgung gab. Die Ermessensfreiheit der Richter war erstaunlich groß.

Der Angelpunkt der damaligen Strafverfolgung war der Privatkläger, der Geschädigte, der Klage erhob. Nicht jeder Geschädigte fühlte sich jedoch zur Klage berufen. »Der Hexenglaube erklärte nicht Unglück im allgemeinen, sondern nur im besonderen.«[280] Das Maß der persönlichen Betroffenheit auf der einen und der Impetus zum Handeln auf der anderen Seite mußten sich nicht decken, so wie ja auch heutzutage nicht jeder, der sich zivilrechtlich geschädigt sieht, zur Zivilklage schreitet.

Gustav Henningsen[281], dessen Untersuchungsgebiet an das unsrige grenzt, hat einen direkten Zusammenhang zwischen den relativ wenigen Hexenprozessen und zwischen dem auf der Privatklage beruhenden Strafrechtssystem gesehen. Zu klagen war früher eine ausgesprochen kostspielige Sache. Der Ankläger mußte beispielsweise für die Verpflegung des Angeklagten während dessen Inhaftierung aufkommen. Auch war sich die Klagepartei des Ausganges eines solchen Verfahrens nicht gewiß. Es konnte damit enden, daß sich der Ankläger mit einem Beleidigungsprozeß behaftet fand. Erst wenn man keinen anderen Ausweg sah, ließ man sich in ein Prozeßverfahren ein.

Weitere Forschungen für Schleswig-Holstein müssen zeigen, ob die Anklage von Amts wegen eine lückenlose Strafverfolgung brachte.

8 Nachrede bzw. Umrisse des zu Erforschenden

Wenn sich die Verfasserin am Schluß dieser Erörterungen kritisch damit auseinandersetzt, was das Dargebotene zur Erhellung der zentralen Frage – »Woher aber stammte dieser partielle Wahnsinn (der Hexenverfolgung) und die Möglichkeit seiner Eruption in einem Umfange, daß die Zahl seiner Opfer in den europäischen Kulturländern sich ohne Zweifel nach vielen Hunderttausenden berechnet?«[282] – gebracht hat, dann ist das Ergebnis trotz aller Mühen »wenig mehr als Null«. Denn wir können nicht aufzeigen, »warum es überhaupt zum Hexenglauben kam«[283].

Ohne Antwort bleibt, »weshalb in einigen Gesellschaften die ›Hexerei‹ als Erklärung gebraucht wird und in anderen nicht«[284].

Das hier zu Untersuchende mußte sich im Rahmen der Fragestellung wegen der wenigen vorliegenden Forschungsergebnisse über die Hexenverfolgung in Schleswig-Holstein im Bereich der Bestandsaufnahme und der (unterschiedlich sicheren) Erklärungen von Verbrechen und Gerichtsverfahren ansiedeln. Immerhin konnte dadurch ein Baustein für die weitere Erforschung des Zauber- und Hexenglaubens und der Hexenverfolgung in Schleswig-Holstein bereitgestellt werden, ehe die Beantwortung der zentralen Frage in die Nähe der Möglichkeit rückt.

Geduld ist vonnöten!

Die Funktion des Hexen- und Zauberglaubens als spannungslösendes Mittel, als Ventil für individuelle Konflikte und als Deutungshilfe für persönliche Unglücksfälle und für jeweils unverständliche Teile der Umwelt wurde des öfteren, besonders im 7. Kapitel in den Ausführungen über die »interpersonalen Beziehungen und Konflikte«, eindringlich thematisiert, und ist schon, wie es der positive Widerhall in wissenschaftlichen Besprechungen bezeugt[284a], Ergebnis genug, dennoch enträtselt sie nicht die große Frage des Warum.

Neuere wissenschaftliche Bemühungen konzentrieren sich auf eine Erhellung des Grundproblems über die Rolle des Hexenglaubens in der Sozialstruktur; auch davon war im vorigen wiederholt die Rede. Läßt sich aber so ohne weiteres die »bloße« Psychologie in eine Soziologie[285] umwandeln?

Die bereits erwähnte Arbeit über die Sozial- und Wirtschaftsstruktur der Stadt Schleswig zwischen 1500 und 1550[286], deren Verfasser die Mühen der Durchmusterung und Interpretation vieler ungedruckter Quellen nicht gescheut hat, erhellt die Grenzen des Machbaren schlaglichtartig: »Kurzum: Es bleiben mehr Fragen offen, als tatsächlich beantwortet werden können. Eine Folge davon ist, daß alle Versuche, sozialen und ideologischen Prozessen auf die Spur zu kommen, außerordentlich erschwert sind. Beispielsweise können wir heute nicht mehr bestimmen, welchen Personenkreis der Schleswiger Stadtschreiber Johannes Boye in seinen chronikalischen Aufzeichnungen über die Reformation in Schleswig als ›puffel‹ (Pöbel) bezeichnete: Waren es Gelegenheitsarbeiter, lohnabhängige Gesellen, schlechtverdienende Meister, die Armut der Städte oder oppositionelle Handwerker? Die Antwort darauf bleiben uns die Quellen schuldig.«[287]

Was uns die Quellen zu unserem Thema aussagen, das muß überprüft werden. Was dabei festgestellt wird, muß mit anderen Ergebnissen zur Geschichte der Hexenverfolgung und deren Einbettung in Sozialstrukturen oder zumindest in soziale Dimensionen verglichen werden. Wenn wir dies in Anknüpfung an die oben genannte Arbeit tun, dann ist die große Schwierigkeit zu betonen, die Schleswiger Ereignisse der Hexenverfolgung mit ökonomischen oder sozialen Faktoren der Stadt zu verbinden. Vor allem kann der Hexenglaube vor dem Fazit der Untersuchung von Lorenzen-Schmidt nicht als Folge oder Ursache der Reformation oder im Zusammenhang mit Konflikten im Reformationsprozeß – oder, wie man jetzt auch sagt, der frühbürgerlichen Revolution – angesprochen werden[288].

Es bestätigt sich hier eine Erfahrung, die anderen, die sich wegweisend um die Erforschung der Hexenverfolgung bemüht und verdient gemacht haben, ebensowenig erspart geblieben ist, daß »Anstrengungen zur direkten Korrelierung der Hexenverfolgung – sei es im Hinblick auf Zeitperioden, Gebiete oder Personen – mit ökonomischen, religiösen, medizinischen oder sozialen Faktoren ... nur teilweise erfolgreich gewesen«[289] sind. Selbst Macfarlane muß in seinem Kapitel über Hexenverfolgungen und ökonomische Probleme (Witchcraft prosecutions and economic problems) bekennen, daß die Schlußfolgerungen weitgehend negativ sind; kein einziger ökonomischer Faktor kann die Verbreitung der Hexenverfolgung in Essex erläutern[290]. Und eine andere Stimme besagt für das 14. und 15. Jahrhundert, die Inkubationszeit der großen Hexenverfolgung: »Ebensowenig scheint es zwischen Hexenerscheinungen und Aufständen, Hungersnöten oder Seuchen inhaltliche Verbindungen zu geben, außer in dem allgemeinen Sinne, daß das Phänomen während der unruhigen Perioden des 14. und 15. Jahrhunderts schnell um sich griff.«[291]

Ist doch das Persönlichkeitssystem der Schlüssel zum Ganzen, wie es sich aus einem Buch, das mit allen modernen Forschungsrichtungen und -methoden vertraut ist, über den Hexenglauben in der Gegenwart herauslesen läßt?

»Daß die spezifischen Krisensituationen, die innerhalb der Hexenvorstellungen mit ›Schadenzauber‹ umschrieben werden, von den einen eben mit dem irrationalen Erklärungsmodell der Hexerei interpretiert werden, andere jedoch nach den tatsächlichen möglichen Ursachen forschen (können), dürfte mit der psychischen Fähigkeit zusammenhängen, sich mit der unangenehmen Realität angemessen auseinandersetzen zu können, scheint also in einem bestimmten Persönlichkeitssystem zu liegen, das wiederum Produkt psychosozialer Prozesse ist.«[292]

Alle kritischen Reflexionen entheben uns, wie gesagt, nicht der Aufgabe, für Schleswig-Holstein Quellen zur Geschichte der Hexenverfolgung zu erschließen. Wir wissen über diese Epoche der Landesgeschichte einfach zu wenig[293]!

Was wurde für den von uns beleuchteten Ausschnitt, von dem Grundproblem einmal abgesehen, aus der schleswig-holsteinischen Hexenverfolgung erreicht?

Der Forschungslage gehorchend, mußten wir an Heberling anknüpfen, dessen Arbeit vor mehr als sechs Jahrzehnten gedruckt wurde. Dieser »Anachronismus« darf nicht unberücksichtigt bleiben, will man die hier betriebene Auseinandersetzung mit Teilen seiner Arbeit, die von neueren Forschungen als überholt oder uninteressant angesehen wird[294], angemessen würdigen.

Die von Heberling[295] geäußerte Meinung, die uns schon beschäftigt hat, daß den ersten Prozessen um 1550 die Züge der Hauptzeit fremd sind, weil Teufelsbündnis und Teufelsbuhlschaft fehlen, muß für die Schleswiger Prozesse zurückgewiesen werden, das hat die Erörterung des Teufelsgedankens ergeben. Das Teufelsbündnis hat einen überzeugenden Niederschlag gefunden. Auch sonst ist der Umgang mit dem Teufel nicht gerade selten, selbst die Idee der Teufelsbuhlschaft ist mit dem Hexentanz virulent, wenn auch nicht ausgesprochen. Alles zusammengenommen, ist es daher angebracht, wie es auch geschehen ist, von Hexerei zu sprechen. Die hiermit verbundenen Delikte reichen zwar zahlenmäßig nicht an die Vielzahl des Schadenzaubers heran, aber allein aufgrund der Zahl kann das Neue nicht negiert werden.

Andererseits – und hier erfolgt die Anknüpfung an zeitgenössische Untersuchungen – ist nicht zu leugnen, daß uns die Vorkommnisse zauberischer Schädigungen[296] die interessanteren Eindrücke von der Funktion des Zauber- bzw. Hexenglaubens innerhalb von Gemeinwesen vermittelt haben. Dies ist auch, das klang bereits an, in Kritiken hervorgehoben und begrüßt worden. So bekennt der Däne Johansen: Die Durchsicht der abgedruckten Quellen hat mich an die jütischen Hexenprozesse, über die ich gearbeitet habe, erinnert. Es ist nicht der Teufel, der im Mittelpunkt der Prozesse steht, und die Zaubereien werden gewöhnlich ohne seine Hilfe ausgeführt. Bei näherer Lektüre spiegeln sich deutlich in gerichtlichen Verfahren ganz triviale Konflikte in der kleinen Gesellschaft wider. In dem Prozeß von 1548 bekannten Lene Jurgens und Metke Fuschen, daß sie einen Zaubertopf unter die Türschwelle von zwei Männern gesetzt hatten, weil diese Metke Fuschen nicht mehr als Hirtin haben wollten und eine andere dafür angenommen hatten[297].

Im Zusammenhang mit den Verbrechen – egal ob Zaubereien oder Hexereien – konnten nicht zuletzt Glaubens- und Bewußtseinshaltungen vorgeführt oder angedeutet werden. Vieles, wenn nicht gar alles mag den meisten von uns als absurder Aberglaube oder als Wahn anmuten. Vor dieser Haltung muß mit Nachdruck gewarnt werden, wenn sie historisch anderes vollständig in Abrede stellen will. »Man kann eine angebliche Hexe oder einen Inquisitor nicht in sinnvoller Weise deshalb als verrückt bezeichnen, weil sie Ansichten über das Übernatürliche vertraten, die dem heutigen, allgemein anerkannten philosophischen Materialismus als verrückt erscheinen; denn jene Ansichten gehörten in der damaligen Gesellschaft zum Allgemeingut.«[298] Es gilt aber auch, daß alles verstehen, nicht alles entschuldigen heißt.

Dem Recht, genauer gesagt, der Rechtsprechung, haben wir uns mit großer Aufmerksamkeit zugewandt – und das Ergebnis ist wegen der zutage getretenen Rechtsunsicherheit, ja Rechtlosigkeit, erschreckend. Dies fühlte Boye, der Schleswiger Stadtsekretär, der uns dabei die Hexenprozesse mit kritischen Erwägungen über Recht und Gerechtigkeit überliefert hat; daß er Gefühle des Rates formulierte, dagegen scheinen seine Aufzeichnungen zu sprechen.

Rechtsunsicherheit und Rechtlosigkeit boten einen geeigneten Nährboden für die Saat der Hexenverfolgung. Eine wichtige Voraussetzung, wie es dazu kommen konnte, ist damit gewonnen. Aber diese Voraussetzung impliziert schon die Forderung nach der Klärung der nächsten: Wie konnte das zu Verfolgende als wahr erachtet werden? In dem Kapitel über die Verbrechen dürfte klar geworden sein, daß der Glaube an die Realität des Magischen im Volksglauben verwurzelt war; »unsere« Frauen glaubten an die Wirksamkeit ihrer Zaubertöpfe; ihr soziales Umfeld hielt dies nicht minder für angängig. Die neue Auffassung von der Hexerei, dem Teufelsverbrechen, konnte sich so in die alten Vorstellungen einschleichen. Einige – wie z. B. Metke Framen und Abelke – wurden davon überwältigt, sie wußten gar nicht, worum es dabei ging; andere, so hauptsächlich Peter Eggerdes und wohl auch Nicolaus Lucht, setzten sich bewußt auf dieses Pferd – des persönlichen Vorteils willen? Daß Urpersönlichstes in allen Anschuldigungen zum Tragen kam, dafür liegen ausreichende Anhaltspunkte vor. An persönlichen Auseinandersetzungen, Streitigkeiten und Zänkereien mangelte es nicht; der Zauber- und Hexenverdacht konnte dazu dienen, diese »persönlichen Feindschaften zu überformen«[299]. Zudem bot insbesondere das Prozeßrecht in der Übergangsphase zwischen Akkusations- und Inquisitionsprozeß die einzigartige Chance, diese über das »Recht« (Stadtrecht? Jütisches Recht? Kaiserliches Recht? Gewohnheitsrecht?) leicht auszutragen. Diese Möglichkeit existierte nicht zuletzt deshalb, weil die Obrigkeit dem neuen Glauben zumindest nicht nachhaltig entgegentrat, ihn teilweise sogar indoktrinierte. Was das bewirken bzw. begünstigen konnte, dazu gibt es Unmengen von bestürzenden Beispielen aus sehr viel »aufgeklärteren« und »moderneren« Zeiten.

Meine Meinung von der Rechtsunsicherheit, ja Rechtlosigkeit, die ich aus den Schleswiger Quellen herausgelesen habe, halte ich gegen Gustav Henningsen aufrecht, der für seine dänischen Gebiete im Recht und in dem auf der Privatklage beruhenden Prozeßrecht mit allen daraus folgenden Hemmnissen für die Ankläger respektive Sicherheiten für die Verdächtigten[300] den Grund für eine nicht sehr umfangreiche Hexenverfolgung erkannt hat. Ob diese Erkenntnis für Schleswig-Holstein repräsentativ ist, muß anhand eines aufmerksamen Studiums seiner wie noch zu erschließender Quellen untersucht werden. Die Schleswiger Prozesse redeten nicht dem Verfahrensgang der Privatklage das Wort; Boye sprach davon – warnend und, wie wir meinten, im Unterschied zum tatsächlichen Rechtsgang.

Andererseits hat das 7. Kapitel gezeigt, daß die Schleswiger Hexenverfolgung nicht lückenlos war; hiermit konnten ganz wichtige Forschungsansätze, die das Funktionieren der Rechtsmaschine bezweifeln, für eine schleswig-holsteinische Stadt verifiziert werden. Nicht jeder, der durch Besagung in Verdacht geraten war, wurde verhaftet oder gerichtet – zum Glück. Einheitliche Rechtsgrundsätze oder Bedingungen für eine gerichtliche Schuldzuweisung konnten wir nicht herauskristallisieren. Wir stießen auf viele Ungereimtheiten, die uns in unserer Ansicht von der Rechtlosigkeit, zumindest von der Rechtsunsicherheit bestärkten. Mit Blick auf Henningsen mußten wir aber auch fragen, ob die Lösung nicht doch in der Privatklage liegt. Gewißheit werden erst weitere Untersuchungen bringen; vorerst ist nur auf Henningsens Ergebnis als Denkansatz zu verweisen bzw. darauf, daß uns die Schleswiger Quellen in ihrer Schilderung der Gerichtsverfahren viele Antworten schuldig bleiben.

9 Die Quellen

Editionsrichtlinien

Die Groß-, Klein- und Zusammenschreibung folgt dem heutigen Gebrauch, um einen leicht lesbaren Text zu erhalten; philologische Aufschlüsse standen nicht im Vordergrund der Edition. Abkürzungen sind stillschweigend aufgelöst, offensichtliche Verschreibungen verbessert. Hinzufügungen sind nach Möglichkeit gekennzeichnet. Römische Ziffern werden in arabischen wiedergegeben. Folgende Buchstaben wurden nach ihrem heutigen Lautwert normalisiert: i und j, u und v, uu und w. Ansonsten ist der Lautbestand gewahrt worden, ausgenommen die doppelt, dreifach oder gar vierfach vorkommenden N-Laute. In Personen- und Ortsnamen ist der Lautbestand der Vorlage immer beibehalten.

9.1 Der I. Prozeß 1548

fol. CXCV **Van den Toverschen: Van Lene Jurgens, erher Dochter Annen unde eyner Koharsken, Metke Fuschenn gehenanth, de umbe Toverye angeklagett unde vorbranth syn**
Amme Jare nha Christi Geborth 1548 Fridages vor Palmarum[1] hebben Matthias Gotke tho Moldenett[2] unde Hans Moldenett Lene Jurgensen, de hir buten vor der Stath in Hinrick Goltsmedes Schune wanende, unde erhe Dochter Annen umb Thoferye anklagen unde setthen laten. Unde alse desulve Lene Jurgens den Ernsth marckede, ße pinlichen tho erhorende, hefft ße bekanth, datt ße ichteßwes van der Kunsth wuste, hefft doch erhe Dochter wyllen entschul-

dichgen unde eyne ander gemeldett alse eyne Koherdeschen tho Akebui³, Metke Fusten genanth, wylkere Peter Eggerdes, Stadthfagett⁴ aldar, uppeme Felde gegrepen, alhir ingeforth unde woll bewaren lathen, jodoch dath dusse dre van ander setteth, dath ße syck nycht underreden kunden, boradthslagen.

Van dersulven pynlichen Bekantenusse

In Bysynth Michell Grotenn, Kemenhers⁵, Peter Eggerdes, Stadthfagedes, Hans Riper, Peter Klonhamer, Jacob Meyneken und Clawes Hasse, Borgern, bekennde Lene Jurgens erstmals, dath Kay Mollerkun tho Wyeßbull⁶ erher aller Meysterinne unde Hovetfruwe ys. Unde ße hadde myth dersulven unde Este Anderßen tho Obdorppe⁷, Metke Clawessen unde Carstine Martenßen tho Eßmarke⁸ unde Metke Fustken mennichfoldige bose Stukke, Dade unde Handelinge tho Vorwarkynge erhes Levendes gedan unde hebben thom ersten Tammes Ericksen tho Wynderott⁹ dre Koye hengegeven unde vortoverth tho Dode.

Noch bekende Lene Jurgensen, dath Este Andersen tho Obdorppe¹⁰ den Duwel edder Troll geforderth hadde unde forderen kunde. Szo vaken ße wolde, was he tho ehn gekamen in Gestalt eynes kleynen swarten Koters, den stupeden ße, ßo lange he vorwilligede tho donde, wes ße van ehm wolden hebben. Aver ße kunden syner syck nycht wedder entledigen, ehr ße emhe Gewalt unde Tholaedt aver Mynsken, Perde, Koye, Ossen unde dergelichen geven.

Unde hebben dusse dre Kunsthfruwen, alse Lene Jurgens, Este Andersen unde Metke Fustken, Hans Jebsenn tho Wynderott¹¹ syne Hustede vortoverth, dath dar noch Mynsk edder Quick kan uppe dyen.

Noch bekende Lene Jurgens, dath ße und Kay Mollerkuen dre frame Mynsken, alse Clawes   fol. CVCVᵛ
Ericksenn, Anne Clawessenn unde Sunde Andersenn tho Steroppe¹² uth Vorderynghe dryer Hußlude, de uppe eren Gudern unde Hoven wedder wanen wolden, hergegeven unde tho Dode ghetrolleth. Ock is befunden, dath de dre Hußlude nha erheme Dode erhe Huser und Hoven beseten.

Noch bekande Lene Jurgens, dath Metke Fustken und ße under Hans Moldenetts Oster-Husdor unde Sull, dar alle Vhe uth- unde ingeyt, eyne lemen Kruke myth Dodenknaken und anderem Gebente, Wyltthar, unde wes ße dar mher thogebrukende plegen, gegraven unde gesetteth hadden unde gespraken: »In dusseme Huse gedye nichts nicht, ehr dusse Putt myth dusseme ingelechten Tuge hir wedder uthkumpt!« Unde ße heddent darumb gedan, dath Matz Godtke unde Hans Moldenett Metke Fustken nycht lenger vor eyne Herdeschen wolden hebben.

Item dersulven Ohrsake halven hebben de beyden Thoversken eynen Puth myth gelichen Donde under Matz Gotken Hus tho Moldenett¹³ syner Norder-Hußdore Legeden tho synes sulvesth und synes Qwekes Vordarff unde Underganck hengegraven, hadden darmyt syne Hustede betoverth unde van Henden unde Voten syne Nagele myth Swolsth, groter Plage unde Qwale hengegeven. Unde dusse Bekantenusse ßede Lene Jurgens Metke Fuskenn inth Anghesychte, wolde dar ock uppe leven unde sterven.

Wyder bekennede Leneke Jurgens: Nochdeme dat Clawes Selke, eyn Moller, Tomas Stamptenn uth der Sleßwiker Molen¹⁴ gefestet, szo was syn Wiff, Wybke Stamptenn, unde Cristine Spanken tho Leneke Jurgens tho Brekelingk¹⁵ in Jeppe Knuttzenn Hus gekamen, hadden Leneken gebeden, dath ße Tomas Stampenn durch erhe Kunste muchte wedder by de Sleßwiker Molen helpen, hadden ehr thor Reyse eyn langk Broth gebrocht, unde was gewesth in der Ahrne. Unde desulve Wybcke Stampen und Cristin Spangkenn hadden ehr dersulven Sake darnamals vaken besochtt. Unde wowoll Lene Jurgenns Kunste tho der Beheff eres Achtens gebrukett, hadde ße Tomas Stampen doch nicht wedder tho der Molen konen helpen. Ock hadde ße Clawes Selken nichts Boses byfogen konen. – Fu dy, helscher Satan, dat du dine Hanth nycht wider kanst strecken, alse dy Godt tolett.

Nochmals bekennde ße, dath ße unde Este Andersen tho Obdorppe¹⁶ ungeferlich vor vher   fol. CXCVI
edder viff Jaren hadde 2 Huse in Angelenn tho Hudorppe¹⁷ hengegeven und vorbarnen laten.

88

Pynliche unde frigwyllige Bekantenusse Annen, Lene.Jurgenn Dochter

Dusse Anna bekende frigwillich, dath ße darby gewesth was, alse ehr Moder unde Metke Fustkenn dath Tuch van der Dodengebente unde andern Knaken, Har unde dergelichen in dhen lemen Putte geferdigett unde togericht hadden. Sze hadde aversth dar nich bygewesth, ock nicht geweten, dath ße de Putte under Matz Gotkenn unde Hans Moldeneth Hus-Sulle setten wolden. Wen ße dath geweten hadde, dath ith Hans Moldenett scholde gegulden hebben, wolde ße emhe woll hebben gewarnett, wente he hadde ehrer Moder, ehr unde erhen Kynderen vele Gudes gedan, wowoll ovell belonett.

Noch bekende dusse Anna, dath ße myth Este Andersenn unde Kay Mollerkun Hanße Petersenn tho Tabalch[18] syne Hustede vorkerett, vortrollett hadden, dat dar nichts uppe gedien kunde unde scholde.

Ock sede ße henfurder, datt Este Andersenn unde Kay Mollerkun eyn wassen Kyndeken hadden, wylkers Her Johan Brade tho Flensborch[19], ehr he vorbrandth, gedofft hadde, unde weme ße wes Boses dhon unde byfogen wolden, in des Namen steken ße datt wassen Kyndeken voll Natels. Duth wuste Anna vorgemelt, dath Kyndeken by den beyden was unde dath ße dar Trollerige mede dreven.

Wes Anna ßunsth mher der Saken unde Doende wuste unde wyder myth andern Kunstfruwen erheme Negesten thom argesten gehandeltt, unde ok dewile ße syck bewusht, dath ße ehr Leventh vorwarkt, is ehr doch alles van Harten lett, biddett alle Mynsken myth uppegehavenen Handen, den alweldigen Godth uppet flitigste mytt ehr tho biddende, dath he ehre Sunde vorgeve, gnedich und barmhertich syn wyll unde tho Gnaden uth des Duwels Strick redden. Ock biddett unde badt ße, datt men syck erer armen, kleynen, unmundigen Kyndern muchte annemen, hanthaven unde hanthaven helpen, begaff syck gentzlichen unde stellede erhe Sake in den gnedigen Wyllen Gades.

Metke Fusthken Bekantenusse

Alse dusse Metke Fustkenn erstmall fruntlich unde darnha pinlich fragett, wes ße dartho sede, datt Leneke Jurgens unde ehr Dochter uppe ehr gegudett, der Sake wolde se syck gar keyner bekennen, ßunder sede, ße were eyn arme, unschuldich, fattich Wiff, unde wowoll ße eynmaell edder dre fasth hart pinlich worth angegrepen, helt se syck thor eynen Thit, wo ße vorscheden wolde, thor andern Tyth offte ße vorscheden were, im Falle dat Mester Jurgen, de Frone[20], sede, he kende sulcher Lude Arth woll, unde vorkerde de Leddern, dar ße uppegebunden unde gereckt wurth, dermaten, dath ße under der Leddern by eren angebunden Armen hangede, unde was lange Wyle keyn Geber des Levendes in der armen, ehelenden Mynsken tho sende, sunder hengede under der Leddern myth thogeslaten Ogen unde ghenegedem Hovede anhe Athem alse eyn doder vorstroven Korper, dath he ße affnemen unde nedderleggen scholde, alse de Frone dede. Aver ßo balde nedderghelecht, stellede ße syck ser wost ahn, reppe und sprack thom Fronen: »Phu dyn Schelmern unde Bosewich« unde ok anders; doch wolde ße nichts widher erher Mishandelinge bekennen, dath dermaten Peter Eggerdes, de Stathfagett, vororsakett syck, wider tho befragende, wo he syck hirinne schicken scholde. Szo ys emhe entlich geraden, dath he dhe armen Mynsken gentzlichen scholde laten uthkleden, laten eyn Hemmet maken van eyner olden papisteschen gewyeden Alven unde then ehr dathsulve ahn, ße wurde denn woll bekennen. Alße nhu sulches geschen unde men ße wedder ahn de Leddern gebrocht, hefft ße frygwillich ungepinigett bekanth, wo folgett:

Erstlich, dath se dhen Putte, de mytt der Toverie togericht, mith Lenen Jurgens under Hans Moldenett syner Sull na dere Mistede undergegraven unde den andern Puth under Matz Gotken Norder-Hußdor gegraven, ehne alle erhe Varenhave tho betoverende unde henthogevende, darumb, dath ße ehr vorwisset unde eyne andern Hardesken angenamen hadden.

Dewile denne dusse dre armen Sunderinnen erhe Missedat und Vorwarkynge muntlich bekennden, hebben Hans Meldenet und Matz Gotke Recht begerth, ock erlangett, hebben uth Struxstorppharde[21] hortich 40 Droge Holtt lathen voren. Unde myddeler Tytt hefft Metke

Fustken bekennett unde gesecht, dath ße Tomas tho Nubull[22] synes egenen Hovethares in eynen Stucke Keses to eten gegeven, darmytt ße enhe vordan. Kregen daraver Fridages na Quasimodo geniti[23] Ordell unde Sententz, wurden uthgefoeret unde in eynen Holtaventh ahn Pale, de dar mydden inne stunden, gebunden, wurth angetunderth, unde quemen balde umbe[24]. Godt geve, dath erhe Lichame thor ewigen Salicheit weren geluttereth, dath behelppe enhe Godt, Amen.

9.2 Der II. Prozeß 1551

Anno 51   fol. CXCIX
Acta, Handelunge und bwißliche avertuchliche testimonia, worumb Caterina Eggerdes, Peter Eggerdes', des Stathfagedes, Suster, Toverie halven angeklagett und vorbrandth ys

Nachdeme gemelte Caterina Eggerdes vele Jare heer myth Mißhandelyngen der Toverie beruchtigett, ock schyr stratenruchtich gewesth, doch hebben, de ße beschedigett, erhes Broders halven nicht offentlich mogen beklachtigen, aver wenner den Luden vele unde mennychfoldige Beledinge vordrut, hefft entlich de almechtige Godt ock eynen Misgefallen darahn schuwett und ansucht keyne Parsonen, wenner he sulche und dergelichen Gruwell tethlich angripen und uppe dusser Welt wyll straffen. Derhalven hefft de leve Godt eynen Sangk offte Kyfft anno 46 Dinxdages nha corporis Christi[25] twischen Peter Eggerdes, deme Stadtfagede, und syner Suster Ehemanne, Hanße Toffelmaker, de enhe dartho vororsakede, angerichteth, dermaten dath nha ytlichen Worden gedachter Stadtfagett tho syneme Swager, deme Toffelmaker, in deme Radtkeller[26] in Bysynth veler loffwerdigen Borger offentlich sede: »Swager, du magsth poltern, pucchen und snorken, wo du wullt, wente du westh, dath du eyn Jungkfruwensweker, Ebreker und sunsth wes mher bisth, wor wylles thom lesten hen, baven dath ys dyn Wiff eyne Toversche; wens dyr ungelucklich worth gande und dyn Wiff, myn Suster, vorbrandth, wyll und modth ick seen, dath ick deme Smoke uth deme Weghe gha.« Wylkes de bysynde Borger, alse Hans Olefsenn, Oleff Olefsenn, Hans Bentfeltt, Hans Glasemaker, Tewes Budelmaker, Hinrick Becker unde der mher, hartlich bewagen, dath dermaten Peter Eggerdes unde de Toffelmaker, syn Swager, in beyden Syden deme ersamen Michell Groten, domalß Kemerher, hebben beydes Deles der Scheltrede[27] Borge moten stellen. Und wowoll dusse Sake etliche Tide darnha durch Valentin Krukow, Husfagede tho Gottorpe[28], uppegenamen und uppe der Aptheken[29] twyschen den Delen dathmal vordragen, is doch entlich darnha in den Dach gekamen, dath Caterina Eggerdes eyner Kunsthfruwen Botelett Alsenn tho Esberstofft[30] in Angelen eyn nyg Kussen geschenkett hadde, darumb, dath Hans Toffelmaker, ehr Man, de Magett, de he beslapen, gram werden unde ehr alse syne Husfruwen scholde leff krygen.

Na dussem Geschrey is Hans Bunthmaker in langkwerige Kranckheytt gefallen, ock dath he thom Dele in synen Benen und Rugge gekrummett, ock syner Armen unde Lede unmechtigch geworden, lange Wyle bedderedich gelegen, unde dewyle Hanßs Bunthmaker sulcher[a] unnaturlichen Kranckheytt Caterina Eggerdes vordechtich gehatt, hefft syn Wiff erfaren, dath eyn nyer Kunstener[31], de wedder sulche Gebrecke Radth wuste, scholde bynnen Ekelnnforde[32] syn. Unde alse Hans Bunthmakers Wiff syck darhen gemakett und uppe deme Wege gewesth, hadde Caterina Eggerdes tho Hansse Olefsen und Clawes Braden gesecht: »Wete gy ock, dat Anneke Bunthmakers, Hanses Wiff, umbe Radth to erheme Manne is na Ekelmforde getagen? Men dar se umb henne is, schall ehr nicht wedderfaren, brochte ße ock teyn Doctors mede!« Unde geschach dathmall ock ßo, alse Hans Olefsen und Clawes Brade, loffwerdige Borgers, dath betugeden, und is geschen anno 51, den 6. Maii.

Dessulven Jares uppe den 12. Maii is Caterina Eggerdes parsonlich nha Ekelnforde gelopen, alse se Hans Bunthmakers synen Ernsth vormarkett, ock gehorett hadde, wes Clawes Brade und Hans Olefsen getugett, hefft se sulvesth dem Kunstener edder den Doctor[33] van Ekeln-

                                                             1

                                                             2

                                                             3

fol. CXCIX^V

1551
4

forde hirin geforth, umbe den Bunthmaker tho helpende. Unde alse de vormente Doctor ermarkett, dath de Bunthmaker betoverth, hefft desulve Caterinen Eggerdes in Junge Jurgen Maßes Huse, ok in syner und Hans Olefsenn unde ander framer Lude Bysynt, biddentlich geraden, dath se myth andern etlichen framen Fruwen tho Hans Bundthmaker scholde ingan und emhe affbidden, wes ße jegen emhe gehandeltt, darnha wolde he enhe tho reddende trachten, ßo vele alse Godt Gnade vorlenen unde tholaten wolde.

5   Alse ße nhu[b] sulchen Unradt erfaren, is ße stilleßwigens van dar gegan, doch korth darnha myth gantz tornigen Gemote und bisterm Gelate tho Junge Jurgen Mases Hus wedder ingelopen, hefft densulven Kunstener edder Doctor, Christoffer Smyt[34] genomett, in Bysynth framer Lude, alse Christoffer Tulter, Tomas Andersenn, Tewes Budelmakers unde Hans Jensen, vor enen Racker, Bodell, Schelm und Bosewight offenthlich und unvorschamett, alse ith Godt wolde, geschulden unde thogesecht, dath emhe Leeth wedderfaren und unschampherett uth Sleßwigk nicht scholde kamen. Und is emhe thom Dele wedderfaren, wente dessulven Nachts bleff emhe syn beste Perth dodt, dath des vorigen Avendes frisck und gesunth was, dath dermaten Doctor Christoffer Smytth vororsakett, ock van syneme Werde unde den medebenomeden framen Luden darhen geraden, sick sulcher Iniurien unde weddergefarne gelavede Daeth thobeklagende, wo gescheen, unde is, umb wider Vhaer tho vormidende, van hyr getagen.

fol. CC 6   Alse Peter Eggerdes, Stadtfagett, nhu gemarkett, dath men syne Suster syner langen prophetia nha gripen wolde, und erfor[c], dath ße in de Molen[35] geweken, is aldar tho ehr gegan und gesecht: »Hefstu nhu uthgereyerett. Dath dy Gotz Lident schende; wo hefstu gehandeltt, dath hefstu van unserm Vader und unser Moder nicht gelert, du slecht Schendersche, sunder Sissell Bademome[36] mach id dy gelertt hebben. Nhu[d] is dyn Tyth gekamen, nhu schalttu und mosth barnen. Ik hebbe dy genoch gewarnett.« Dusse Bekantenusse hefft Sunde Olefsen und eyn Mollerknecht, gefragett by Salicheit erher Zelen, gesecht den ersamen Ambrosius Bussenßmyt, Hans Benthfeltt, Hanße Gotken unde Hans Olefsen, wylkere id alßo vor Gerichte volgendes getugett, bekant und togestahn.

7   Noch bekanth Tyle Jensenn, eyn Arbeydesmann, dath Peter Eggerdes und Clawes Hasse emhe gemedett edder gehurett, dath he Caterina Eggerdes in der Nacht nha Moldenett wechtbryngen scholde, dath se nicht gegrepen wurde.

8   Aversth myddelertyth worth ße ingesettett den 23. Maii und Dach und Nacht mytt borgerlicher Wacht bewakett, Orsake is tho bedengkende; ock hadde ße sick alsedenne beklagett, dath ße erheme Broder, Claweß Hassen, erheme Swager, unde syneme Wyve Annen nicht gehorkett, wente ße hadden ehr in der Tydt tho wykende geraden.

9   Wider tugede Tewes Budelmaker, dath syn Medeborger Jurgen Juversen tho ehm gekamen unde gesecht: »Tewes, wo dungketh dy? Hir stunde nho balde Geltt tho vordenenende, men Satan mach es don, wente Peter Eggerdes hefft my 1/2 Daler[37] gebaden, in der Bodelie[38] tho gande, myth syner Suster tho drynckende unde se tho vorgevende.« Wylckes he ock nicht benehenett.

10   Nochmals bekende Sunde Olefsen, dath Caterina Eggerdes ehr thom flitigstichsten umb Gades Wyllen gebeden, tho Hinrick Platensleger tho gande und enhe tho klagende stillen; vorhapede syck, erhe Sake sunsth noch muchte gudt werden, wylkes ße geweyerth und ehr doch geraden, dath ße Otto Meggerse dartho vormoge, velichte Hinrick Platensleger emhe betern Gehor geven muchte alse ehr. Alse he syck des ock nycht wolde understan, hefft de Eggerdesche gesecht: »Her Godt, wyll nhu nemanth vor my gan? Wo wyl's den werden?«

11   Todeme tugen Tewes Budelmaker unde Clawes Putter, dath, alse de Toffelmakersche angetastett wurth, twemall nha eynander gesecht hadde: »A, Her Godt, nhu is myn Ende gekamen.«

fol. CC[V] 12   Alse Caterina Eggerdes in der Gefengkenusse[39] fasth harth gewartett, hadde ße erbarmlich
1   geklagett, dath ße myth erhen duwelschen Kunsten Orsake were Hinrick Platenslegers Underganges und wo ße den Duwel in den Polerer Dam[40] getoverth, densulven wechthonemende. Wo gescheen[e].

Unde iß sulches Hathes de Orsake gewesth, alse Hynrick Platensleger klagede, dath Caterina 13
er Mann, Hanse Toffelmaker, van eyneme Eddelmanne eynhunderth Daler[41] in Dennemarken
enthfangen, emhe vor Harrensck alhir tho voranthwordende. Dewyle nhu desulve Eddelman   Nota
Hinrick Platensleger sulches entbaden, hefft he gedachte Geltt van deme Toffelmaker, Caterina Eggerdes' Manne, geforderth, wylkere syck beklagett, dath he dathsulve Geltt in Dennemarken in Kornegeltt (angelegt), Respit gebeden; wenner he dat Korne tho Gelde gemakett, wolde he erlich und redelich betalen, hefft deme Platensleger ock etlich Geltt uppe Rekenscuppe gedan. Aver dewile de Toffelmaker de Betalynge des Geldes baven gelavede Tydt alwege jo lenger jo mher vortogerth, was de Platensleger vororsakett, den Toffelmaker durch de Synen sunder Underladt lathen tho manen, wylkes entlich und lestlich Caterinen vordraten, und tho des Platenslegers Botscuppe gesecht hebben scholde: »Wen dyn Her dath Geltt schon alles gekregen, schall eme doch dar nichts myth syn beholpen unde schall tho Ungelucke geraden alles, wor es hengewanth.« Quod factum est[f].

Wyder betugede Hinrick Platensleger, klagende myth etlichen syner Gesellen, dath Caterina 14
Eggerdes by nachtslapener Tydth mermals myth deme nakeden Orße ahn syne Dhor gelopen;
nha vorsechter Drowrede ßede ock, dath emhe folgendes vele Ungeluckes beyegenth. Doch
weth Godth thom Besten synes Ungeluckes Orsake, ock wol Lude. Doch is de Platensleger folgendes anno 60 groter Schulde halven uth syneme Huse armlich gekamen[g].

Des Jares vor erher Gefengknusse is geseen und getugett, dath ße uppe Suncte Johannes   15
Nacht tho Myddensamer[42] hadde vor Junge Jurgen Mases Dhor imme Hemmede gewesth,
hadde ock twischen beyden Doren inth Hus geblasen und in de Naborschuppe vor mher andern Doren myth upgehavenen Hemmede unde erheme Hindersten ahn de Dore gelopen.

Noch ist betugett, dath Caterina Eggerdes vor Hinrick Dreyers Dor, osth deme Hilligen Gey- 16
ste[43], thor sulven Tydth uppe etlich Tymmer, dath he dar dathmall liggende, schall myt deme
bloten Orse gereden hebbe, ock hadde ße uppe demesulven Tymmer den Ars ghewettett unde   fol. CCI
gerufeltt.

Alse Caterina Eggerdes nhu gefragett, wes Orsake ße by nachtslapener Tyth vor framer Lude 17
Dhor sulche Larverige angerichtett unde wes ße darmyth uthrichten kunde, hefft se frigwyllich
bekanth, is darnamals in erhen Nodthlingen dar ock by gebleven, dath ße sulches parsonlich
nycht gedan, ßunder dath de Duwel sulches in erher Gestalt, darin he syck vorwandeltt, thowege brochte.

Nochmals klagede Hans Juversen, nachdeme, alse he Caterina Eggerdes umb Hußhur gema- 18
nett, is ße scheldich geworden und ehm gedrowett, dath ehm bange werden und he und de Synen nicht weten, wo ße uth Sleßwigk scholden kamen, wo ock darnamals thom Dele wol befunden.

Alse Hans Juversen syck vormals dathsulve jegen erheme Broder Peter Eggerdes, dem Stath- 19
fogede, beklagett, korth darnah hadde ehr Mann, Hans Toffelmaker, den Hans Juversen myth
eyneme Spete bynha unvorseens modthwillich umbgebracht, hadde id de Almechtige nicht
gnedichlich gewendett.

Anneke Pansermakersche klagede, dath Caterina Eggerdes were myth eyneme Stocke tho   20
ehr vor de Dhoer gekamen, hadde gesecht und myth deme Stocke gewengkett: »Su, du schaltt
nycht dyen ahn Lyve und Gude, ock schall dyn Man nicht levendich bynnen Sleßwigk wedderkamen.« Duth is war geworden, wente ße is Armodes halven anno 58 thom Cismar getagen
und myth eyner Proven aldar begnedigett, ock is ehr Man nicht heymegekamen.

Van Abelken, der vormenten Toversken

Eyn wunderbarlich Geschichte: Dusse Caterina Eggerdes hefft eyne Magett vormals gehatt, 21
genomett Abelke, de ße eyneme Stenbrugger hadde gegeven. Alse desulve nhu vornam, were
de Sake myth erher olden Fruwen henuth wolde, is ße anhe jenige Klacht und Uthlegginge
enthweken. Und alse ße syck nhu etliche Dage to Kalebui[44] entholden, hefft men bose Dangken
uppe ße gehatt, aver is korth darnha, weth nicht uth wes Geystes Rogynge, wedder ingekamen,

22   is angetastett, gesettett und umbe etliche Sake gefragett. Unde bekennde erstlich frigwyllich, ungenodigett und ungedrungen, dath Caterina Eggerdes unde eyne Fruwe Botelt Alsen den Pansermaker inth Hovett gekrencket und vorbisterth und darnha wechlopisck gemakett hadden.

fol. CCI^V

Wyder wurth bekanth, wo Hinrick Platensleger ock betugede, dath, alse Oleff Olefsen myth Caterinen Manne, deme Toffelmaker, eynmael in Sangk gekamen und gekyvet hadde, ße to Oleff gesecht: »Su, ick lavett dy, du schaltt ßo arm werden, dath du neen Soltt uppe eyn Ey schasth hebben und myth Noth van Armode uth der Stadt wiken.« Geschen ys't.

23   Noch bekende Abelke unde ßede, dath de Klonhamersche tho Barkelßbui[45] vele Handelinge myth Caterina Eggerdes gehatt; ock wuste Caterina woll, wen man ße fragede, dath ße dath rechte Hoveth der Kunsthfruwen were.

24   Noch bekende Abelke Stenbruggers: Nachdeme alse Hans Juversen Caterinen de Hur halven gemanett, wo im vorygen 18. Artikel ermeldett, hadde eyne Toversche Geelhersche, dar men hirnamals wider van listh, myth Caterina Eggerdes Vhuer uppe eyne Nacht in Hans Juversen Stall gemakett. Darhen hadden ße islich eynen Stoll laten bryngen, ersthmals tho Vordarve

25   Hans Juversen. Darnha hadden ße beschaffett und gewarkett Clawes Selken ersthmals uth der Molen und darnha uth der Stadt tho toverende, der Orsake, dath he wedder Caterinen myth Heyne Putters getugett. Alse Abelke ehr darumb gestraffet, was Caterina bose geworden und hadde ße vorwiset. Duth ys Selken folgendes warafftich wedderfaren[h].

26 (ta Andersche)   Noch bekande Abell, dat Caterina vele Handelynge imme sulven Stalle myth Margareta Andersen und Caterina Denen scholde hebben gehatt, wuste aver nicht wes, bekende ock uppe Caterin Boteldes, is Ambrosius Glasers Wiff, und orhe Moder und der negen im Talle.

27   Noch bekande Abelke und sede, dath vorberorte Geelharsche in Angelenn und Caterina Eggerdes under andern thogericht unde gemakett, dath Heyneke Putters und Roleff Rusche islich eynen bosen Knappstoth krigen scholden, Heyneke Putters hefft erhen Knapstott baven Maten in nachtslapener Tyth gefolett.

De interitu Caterina Eggerdes

Dewyle denne Caterina Eggerdes uppe vorgestellede Klachte nicht alles, wes berorth, hefft wyllen bekennen, wowoll doch sulches betuchelich, hefft men ße wyllen laten scharppe fragen unde darby geforderth erstlich Jurgen Kosle, Michel Grote, Marx Brasen, Kemener, Junge Jurgen Maes, Hinrick Lange, Hans Olefsen, Reidthlanth, Hans Vos, Sulffgraw, Peter Jensen, Hans Tampsen und mer loffwerdige Borgers, unde alse de Frone ße pynnichlich wolde angripen, gaff he ehr uth eyn kleyn tynnen Stoplin ichtes wes in; ick achte, wo ock mher andern, dath ith vorgifft gewesth und darumb undergesettett und gescheen, dath ße nicht tho rume guden und bekennen scholde. Und ße is uppe der Leddern snellich gantz groff geworden, erhe Sprake vorlaren, myth der Brosth geslagen unde Halse gegorgelt und snellich anhe Pyne lichtlich gestorven, des 16. Dages Junii. Unde darnha, alse men geborliche Sententz und Ordel aver densulven doden Corper volgendes Dages fellen scholde, is Caterinen Broder, de Stadtfogett, vorbadett, aver hefft deme ersamen Rade entboden, dath syne Sake, wo ße tobrachtende, dathmall ßo nicht gelegen; men wuste doch woll buten Recht nicht tho tredende. Dewyle denne alle vorangetagne Kunscuppe, testimonia und Tuchenisse nha alse vor eyndrechtich und bestendich bleven, ock indeme Caterina by ereme Levende muntlich und unpinlich bekende, dath de Duwell sulches Gespenn in eher Gestaltt und Wegen gedan, hefft men uppe deme gehegedem Dynge[46] aver den doden Corper Recht gefellet und alse eyne Toverschen thom Vure gedelett. Is uthgefoertt unde den 17. Dach Junii vorbrent und tho Pulver geworden. Aver de Asche is nicht recht geloschett, sunder tho besorgende, dath ße seer wydt gestaven und by velen gebleven. Actum anno 1551, den 17. Junii.

Wyder van Abelken Stenbruggers und der Framesken

Alse nhu Caterina Eggerdes umbgekamen, is Abelke wyder vorhorett, offte ock noch sunsth welche syn muchten, de Handelinge myth Caterinen gehat hebben. Unde bekende erstlich

93

uppe de Gelharschen in Angelenn, darnha uppe etliche arme schulthlose Wyfer unde lestlich uppe Metke Framen unde ßede vor, in und nha eren Pinen alwege in Bysynth Jurgen Mas van Kosleenn[47] und Marx Brasen, Kemeners, Hans Olefsen, Hans Gotke, Sulffgraw, Hans Reyneke, Hinrick Lange, Hans Vos, Gerth Blote, Jurgen Iwersen, dath Caterina Eggerdes und Metke Framen eynen Putt myth allerleye Pulver und Krudth in der Frameschenn Huse in aller Duwell Nhamen inth Vur geworpen hadden, dar hadde Abell moten tho anthworden: »Amen in aller Duwel Nhamen!« Hermede hadden ße Nicolaus Luchten[48], des Tolners, Quick hengegeven, anders nargen umbe ßunder dath Luchten Volck ehr Quick affgescuttett hadden; offte dath nhu ßo geschen, mach de leve barmhertige Godt weten, deme alle Dingk bewusht.

Nachdeme Abelke Stenbruggers uppe de Gelharschenn gegudet, syn erenthhalven Breve ahn Henneke Rumorn, erffgeseten tho Roste[49], hen gerichtett, hefft desulven fengklich laten maken und vorgeholden, was Abel Stenbruggers aver ehr gesecht.

Dewyle denne de Gelharske vasth alles, wes ehr thogelecht, benennet, hefft de erbar Henneke Rumor vam ersamen Rade begerth, Abelken Steynbruggers uppe eyn fryg, felich, tzeker und christlich Geleyde aldar thor Jegenrede tho erschynen, worinne de ersame Radt[50] vorwylligett unde hebben Abelken gefengklich darhen gestellt, syck aldar tho borredende, wes ße van der Gelharsken alhir bekanth, ock tho gewarden, wes de Gelharsche ehr wedderumb antogende. Und syn myth dersulven hengeferdigett alle acta, ßo dar gan muchten, tho betugende: alse nomptlichen de ersamen Hinrick Becker, Hinrick Szwarte, Tewes Budelmaker unde Hans Juversen, Borgers. fol. CCII^v

Acta und Bekantenusse tho Röste[51] gescheen

Erstlich bekende de Gelharsche, dath de Kostersche to Cappell[52] tho ehr gesecht, dat Anneke Reff ehr wolde halen eynen Vadem uth der Kosterschen Rock tho Rauenkarke[53], darmede to makende ße nummer dyen scholde.   1

Wider de Gelharsche bekant, dath Las Lowsen Fruwe tho Fagelsanck[54] uppe Suncte Margareten Dach[55] hefft erher Naberschen Melck und Botter hengegeven.   2

Wider bekanth, dath Marina Rottes van Sunde Esbersenn eyn Puth fol Melck begerett und gekregen, de hefft ße in ereme egeneme Huse gesaden und darnha de Melck inth Vur geworpen, darumb dath ße de hengegeven Butter wedder hebben scholde.   3

Schrecklich

Noch bekende de Gelharsche alles ungepinigett, ungenodigt und ungedrungen, dath Caterina Eggerdes und Wybeke Stampen ehr bynnen Sleßwigk in Hans Juversen Stall gelockett und hadden gesecht: »Su, Caterina Gelhars, wultu uns helpen, Clawes Selken, den Moller, uth der Molen[56] tho bringende und darnha umbe Lyff und Levent? Ick wil dy 10 Gulden[57] geven.« Dartho muste Gelharsche vor eynen Wytten[58] eynen Puth Melkes van Suncte Jurgen halen, welken Put de Eggerdesche ehr gedan; desulve Melck hadden ße gesaden in aller Duwell Namen und myth eyneme Lepell in aller Duwel Namen uppe twe hete Stene gegaten und hadden gesecht, ßo scholde de Moller vorgan in aller Duwel Namen alse de Melck uppe den heten Stenen, dar hadde de Gelharsche tho gesecht: »Amen, in aller Duwel Namen.«   4 fol. CCIII

Noch bekande Gelharsche, dath Caterina Eggerdes und ehre Magett Abelke eyne vuren Butte under Hans Juversen to Sleswigk Hoffdhor gesettet, darumb he vordarven unde nummer dyen scholde. Und Abell hadde by desulver Butten 3 Pluggen gestellen, de beduden, dath deme Platensleger, deme Bunthmaker und Pansermaker sulchs durch dat Harte scholde gan, thodeme hadde ße gesecht: »Wo ith beter werden schall, modt Abell de Putte wedder uppenemen.«   5

Gelharsche hefft gesecht, dath under Clawes Redèrs, des Putters Hus, tho Sleßwigk in des Hilligen Geystes Straten[59], tho syneme Vordarve eyn Putt steyth, daruppe licht eyn verkanth Steyn.   6

Noch bekende ße, dath erer 18 Kunsthfruwen eynen Olyputt by eynes Mannes Fuerherth gesettett, und Abelke weth, we he ys, und kenth ock de Fruwen, und syn darmede Margareta   7

Andersen, Ambrosius Glasers Wiff, ehr Moder und Metke Framen, aversth ße hebben syck deshalven entlecht unde entschuldigett, ock hefft Abelke ße desshalven mede entschuldigett; ok scholde hir de Klonharmersche to Kapell syn myth gewesth. Alse dusse erher Mißhandelynge halven tosamende gewesth, szo muste eyn islich orer deme Duwell wes geven, szo geven ße de Masth und dath Korn 7 Jar wech, dath darumb, dath ehr Deell ßo drech alse eyn Sten scholde syn tho biten, gelick alse den andern de Hede tho sliten, und scholde dusse eyne Putt myth allerleye Gebente und Eventur int Stadtdore[60] hebben geset, darmit de Stadt tho vorarmende.

fol. CCIII[V]   Item sede de Geelharsche Abelken inth Angesychte, dath ße ehr eyn Borstwams gegeven tho makende, dath Abell den Knecht krege, wylkern ße gerne wolde hebben. Alße nhu eyn Mann densulven Knecht affgeraden, szo hefft Abell uppe eynen Midthweken morgen in dessulven Mannes Hofft, de ehr bekanth, eynen Putt gedragen unde under de Sule syner Dore gegraven, ehen darmede to vordarven.

9   Ock sede ße, dath Abell woll wuste, wes ße myth eyneme runden Holte under Hans Olefsen Husdoer stack.

10   Noch sede Gelharsche tho Abeln, dath Caterina Eggerdes unde Abelke wolden eynen Eddelman vordon[i] und umbbryngen, kunden aver nicht synes vasten und starken Gelovens halven sulches nicht thowege bryngen. Doch alse desulve riden wolde, was ehm syn beste Gorre under deme Lyve dodth gebleven, de was Otto Radtlow tho Arlewatt[61].

11   Noch bekande de Gelharsche, dath Wybke Stampen und Caterina Eggerdes eyne Fruwen gekregen, alse Wolber Glasemakers, Hanses Wiff, und se gebeden, tho Cappell in Hinrick Bruns Hus tho gande unde tho beschaffende, dath syne Hußfruwe van Hinrick Bruns Hovede 9 Haer und 13 d[62] kreghe, im schyne ße enhe darmytt thor Suntheyt helpen, de doch imme Synne hadden, ehne darmytt vam Levende thom Dode tho bringende. Alse aver Gelharsche noch Haer edder Gelt kunde krigen, szo hadden Caterina Eggerdes und Wybke Stampen eyn rodt Quarter myt inhebbendem Tuge under syne Dorsull tho Sleßwick gesettet, dath he in deme Huse ok sunsth nummermher scholde dyen.

12   Nochmals bekennede Geelharsche, dath Caterina Eggerdes und Wybke Stampen tho ehr gesecht: »Su, Caterina Geelhars, kanstu uns den Moller uppe den drudden Dach tho Dode bryngen, szo wyll ick, Caterina Eggerdes, dy 10 Goltgulden geven, unde ßo he starvett, ßo schaltu

Nota   noch 10 Goltgulden[63] darbaven hebben, wente dat Gelt schall myn Mann, de Schelm, Deff, Ebrecker und Bosewicht, nicht hebben, he sleyth, stoth und hartagett my baven Moten und ys my baven dath in allem Donde untruwe, und schallt den Moller Clawes Selken darumb tho Dode bringen, dath he Wybke Stampen Mann uth der Sleßwiker Molen gefestett unde he darnha wedder inkamen mach.«

fol. CCIIII   Item sede de Gelharsche, dath Wybeke Papen Magett, Caterina Fluissonn und Hille Cristens deme ehrbarn Henneken Rumorn eyn gantz Jar umb tho Bedde geholden unde geßwynden Schaden in de Schuldern bygefogett, hebben ock syne Hußfruwen eyn gantz Jar bedderedich gehatt, ock enhe Melck und Bottern wechgegeven und benamen, kann ock noch Melck edder Botter wedderkrigen, ehr he Caterina Fluyssones bekame und ße dath uppeneme, wes ße myth den andern beyden vorbenomeden, de nhu vorstorven und dodt syn, undergegraven hebben.

14   Item eyner, Olde Wybke genant, hadde eynen Man 9 Jar undergehat und lestlich tho Dode gebracht etlicher Gose halven, de se gemistett, hadde ock dessulven Mans Dochter eynen geswynden Schaden bygefogett, doch beyde, Vader und Dochter, unvorschuldett.

15   Noch bekende ße, dath Las Lowsen Wiff und Anna Tonniessen van Querne[64] twe Stene gehalett, de tho Hus gebracht unde desulven int Vur geworpen. Darnha syn noch 7 Kunsthfruwen tho ße gekamen, und alßwemen ße gram weren, makeden ße, dath eme noch Korn wassen und allenth, wes ße hadden, edder ock noch tholeggen wolden, ock enhe de ringeste Bete Brodes nicht gedyen scholde.

16   Nochmals bekende ße, dath, alse Michell Snyder Marina Tamis Dochter tho Olde Rabull[65] umbe eyne Tonne Bers[66] mande, de ße ehm schuldich, alse ße emhe nhu gantz boße Worde[j]

gegeven und he genodigett ehr eynen Slach darvor to gevende, lavede ße emhe Hartelett. Und is darnha thom Kyll⁶⁷ geslagen tho Dode¹.

Gelharsche bekende wyder, dath Sunde Marquartzen, Carstina Lowsen und Caterina Tilsenn tho Gundeßbui⁶⁸ de Melck 9 Jar wechgegeven, und noch hebben ße dren andern erher Naberschen Botter und Melck genamen. Sede ße noch, dath Anna Gregers erer Moder Broder Dochter tho Husum und Sunde Jessen hadde dartho gehulpen, dath Tomas Vos syn Ungelucke gekregen. 17

Lestlich bekende Geelharsche, alse in Abelken erher Bekantenusse hir befor angetagen im 27. Artikel erer Bekanntenusse, dat Caterina Eggersche unde ße Heyneken Putters tho Sleßwigk thogericht und dath Metke Frame sampth erer Selscuppe dar ock wol van bewusht. Alles wes vorangetekenth, hefft duth arme Wiff tho Roste ungenodigett, frygwillich gesecht, hefft ock den Dodt daruppe genamen, dath alles, wes ße gesecht, alßo gescheen, hadde ock vor erhe Parson tho alleme nicht meer vorbraken, ßunder dath ße viffmall Amen hadde gespraken. 19 fol. CCIII

Na sulcher Bekantenisse, unde de Abelken und mer anderen erher Geselscuppe gedahn und gehorde, is Abelke alhir wedder inth Gerichte gebracht und ingeslaten. Aver Henneke Rumor tho Roste hefft de Gelharschenn, de Kosterschenn tho Cappell sulffvoffte nha geholdeme Dynge by Cappell nha gefeldther Sententz und Ordell des 17. Dages Julii lathen barnen. Aver de Koster tho Cappell is myth mher andern Kunstfhruwen vorlopen, wente ße kunden den Smoeck, Stangk und Roeck des Fueres nicht vordragen, doch syn dersulven etliche darnha, wo de andern vorbenompten vorhen, volgender Tyth, dar ße ock begrepen, ummegekamen. Lenta vindicta deorum⁶⁹.

Noch van Metke Framen und Abelken Stenbruggers 51

fol. CCV

Nachdeme Abelke, Caterina Eggerdes' olde Magett, van Röste wedderumb by Metke Framen, wylkere follanges geseten, in de Bodelye gebracht, unde darnha dusses 51. Jares Mandages nha Marie Magdalene⁷⁰ in Bysynth der achtsamen und ersamen Jurgen Maes van Kosle wegen des Stadtfogedes und Marx Brase, Kemener, Junge Jurgenn, Hans Olefsen, Peter Jensenn, Hinrick Szwarte, Peter Klonhamers, Benedictus Sarowenn, Gerth Wardingkhusenn und Asmus Robarch worth Abelke pinlich gefragett. Unde ße bekende in unde nha erhen Pynen, alse ße ock velemals vorhen ungenodigett und ungedrungen gedan, bleff ock stetzhen by eyneme Worde unde ßede, dath Metke Framen in erheme Huse durch Mythandelunge Caterina Eggerdes eynen Puth myth allerleye Krude und Pulver thogericht, unde ße hadde densulven, umb Nicolaus Luchten, des Tolners⁷¹, Quick hentogevende, in aller Duwell Namen in dath Vur geworpen, dar hadden Caterina Toffelmakers und Abelke tho geanthwordett: »Amen in aller Duwell Namen!« Behode uns de leve Godth. 1551

Unde wowoll Metke langkwylich geseten, ie und alwege sulche Toverye harth fasth benennt, hefft ock lenger alse eyn Maneth Tides in der Dregerye geseten in eyner Foethelde, dath ße alle erhes Dondes daruth aver de Straten in den negesten Hoff ahn des Radtkellers Have gan⁷² muchte, schach ehr ok etliche Weken keyne Vorhinderynge darahn, badt sulvesth gantz instendig, leth offentlich vame Predickstole bidden, dath Godt, de hemmelsche Vader, erhe Unschullt in dusser Sake ahnseen und ße ehr redden; ock hadde ße wol Tydt, Mate und Macht gehat, syck uth der Gefengkenusse tho enthwendende. Aver vortruwede syck mynslicher Geßwackheytt tho vele, wente alse de Frone desulven eynmall edder dre, doch nicht tho eyner Tyth, pynlich myth Ernste uppe der Leddern myth den dartho angerichteden Instrumenten⁷³ angreppe, hefft se uppetoholdende sulcher Erhorynge, Teken van syck gegeven und in orhen Nodtlichen, ock alse ße van der Ledderen gekamen, bekandt und syck erstmals beklagett, dath Nicolaus Luchten Volck ehr unvorschuldes Qwick affgeschuttett hadden, ock dath darenthbaven des Nicolaus Luchten, Tolners⁷⁴, syn Quick ehr eynen Acker myth Korne vordorven unde dath lestlich am vorgangen Somer, alse he den Buwluden eyne Tunne Bers⁷⁵ und eynen Schinken Speckes tho voren gaff, hadde ße myth emhe upstuthsth geworden umbe eyn Verendell Landes, dath he ehr erhes Bedungkendes weyniger alse myth Rechte vorentheltt, scholde he

fol. CCVᵛ

ehr myth untidigen Reden in Anthworth hebben bejegenth. Unde sulcher vorberorten Orsake hadde se syck myth Caterina Eggerdes in Radt unde Handelynghe gegeven unde under andern eren Anslach beslaten, dermaten dath Caterina Eggerdes eynen Puth myth Krude und allerleye boße Pulver, Gebente und Dodenhar togericht, in Metke Framen Hus gebracht und ehr gedan. Unde alse ße van der Eggerdeschen gelerett was, hefft ße den Puth in aller Duwel Namen inth Fuer geworpen unde ßo vele synes Quekes darmede hengegeven, alse in erheme Korne gewesth und dath thopeddett hadden. Dartho hadden Caterina Eggerdes und ehr Magett Abelke »Amen in aller Duwell Namen« geanthwordeth. Und were de Puth nicht thobraken, szo were de Tolner umb all syn Qwyck gekamen. Unde ßede, dath ße alle ehr Levedage van nenen bosen Stucken geweten, ock nhuiwarde gedaen, were ock woll vorbleven, wen ße syck van der bosen Radtgeverscken entholden. Darumb is wol acht tho hebbende van Noden, sick flitich und wol vor bose Geselscuppe vortosende und jegen weme he syck synes Ungeluckes beklage unde wath Lude he syck mede beradtslage, wente de Duwel ist listich, reth und leth nicht raden tho gude, ßunder drifft durch syne Gelithmate synes Gefallens, dath he sulven nicht kan towege bringen, alse gescreven steith: non audet Pluto Stigius tentare, quod audet effrenus monachus plenaque fraude iniit^e . . .[76]

28. Dach Julii Dynxdages na Jacobi Apostoli[77] hefft Nicolaus Lucht, vicarius imme Dome und Tolner tho Gottorppe[78], dusser gedanen Bekantenusse nha Recht aver de armen Sunderinnen begerth. Und dewyle ße by erher Bekantenusse myth hogem Suchtende gebleven, hefft de borliche Averichheit ße nicht inth Harte sen konen, sunder ße nha erer muntlichen Bekantenusse thor Fure vorordeltt. Alse nhu de Frone[79] Abellke myth der Leddern uppegericht, hefft se gespraken: »A, Here Godt, wo weynich Schultt hebbe ick tho dussem Dode.« Metke Framen aver, alse de Bodell myth der Leddern aver Ende ghehaven und inth Fur storten wolde, heffth ße gheropen, dath ße nene Schultt hadde. Alse aver der Ankleger[80] Nicolaus Lucht mede by deme Vure stunde, hefft de Lector der Domkerken tho Sleßwigk[81], de dar myth mher Gelerten uth deme Capittell[82] jegenwordich, tho deme Luchte gespraken: »Nicolae, iß dath ßo, dath de armen Wyfer, de den Dodt und dat Fhuer vor erhen Ogen seen, nhu seggen und syck sulcher Dinge unschuldich weten, wolde ick umbe aller Welt Gudt nycht in juwe Stede stan, und yssett nicht war unde ße unschuldich, wylt Godt wunderbarlich straffen.« Unde is kortzs ok ßo gesporett: erstlich dat in syner Husfruwen Elisabeten, der korth darnha dath eyne Oge uthgingk und in groten Qualen gestorven und he darnha in Armode syn leventh geendigt und grote Uthsculde, de nummer tho betalende, dewile sin gantze inventerde Nhalat nicht muchte tholangen, und doch vorhen ein rike wolbeholden Mann.

Nota bene
icolaus Lucht

fol. CCXII

9.3 Der III. Prozeß 1557

Van etlichen Toversken, alse van Elli Petersen, Anneke Muttzenn und Anneke Ludtkenn

Anno Domini 1557 Mandages nha visitationis Marie[83] leeth Bartram Rathlow, erffgeseten thor Lyndthow[84], uppe syneme Gude by Borenn[85] Karke teyn Toveksen barnen, de myth mennichfoldigen wunderbarlichen, ungehorten Practiken umbegegan und erhe Leventh vorwarkett, wowoll dath doch etliche erher, alse men ßede, sulcher Mißhandelunge unschuldich gewesth. Under den teyn Toversken weren twe, desulven hadden gegudett uppe etliche de hirbynnen weren, alse uppe Elli Petersen, Anneke Ludtken und eyn arm, naketh, myssynnich, densk Wyveken uth Angelen, Anneke Muttzen genomett, wylkere samptlich uth schrifftliche Beforderynghe gedachten Bartram Rathlowen alhir ingesettett und in pinliche Erhorynge fasth harth de thogemetene Sake beneneden, ock biddentlich begerende weren, dath ße, tho Borenn syck tho voranthwordende, muchten hengebracht werden, ehr de andern vorbranth, worin de ersam Radt gerne erwilligett, und geseen, de armen Mynschen syck alßo anhe wider Vorhoer muchten entschuldigen und enthleddiget werden. Syn uth Beforderinge des Rades Wagen thogeferdigett und in der Nacht nha Borenn gefortt, dar denne Peter Eggerdes, Stathfagett, myth 17 Borgern mytt hen vorordenth. Und alse ße nhu tho Boren qwemen und de andern vorordeltt

unde by deme Fure, dath ehn berett, uppe Wagen helden, syn Elli[n] Petersen, Anna Lutken und
Anneke Muttzenn darhen gestellett, hebben syck jegen Margareta Lungken und Margareta
Karstensenn entschuldigen wyllen, aver de beyden hebben enhe in Bysynth des ehrbarn Hinrick Rantzowen, Ampthmans tho Gottorppe[86], dryer Pastorn uth Angeln und Swantze[87], Peter
Eggerdes, Stadtfageds, unde der mytsynde Borgern, alse Bartram Schryuer, Hans Olefsen,
Hans Tampsen, Peter Holmer, Hinrick Szwarte, Peter Klonhamer, Jeronimus Smyth, Tewes
Budelmaker, Vith Kock, Jurgen Slachters, Symon Budelmaker, Hans Rethagen, H. Bunthmakers, Hans Vos, Hinrick und Otto Dreyers und mher andern Bunden, Lansten und Hußluden
vor deme gloyedem, barneden, flammeden, erschreckliches Fure by Bewarunge unde Erholdynge erher Selen Salicheit uppe erhe leste Hennefarth bekanth unde gesecht, dath Elli Petersenn, Anneke Muttzen unde Anneke Ludtken ßo vele wusten, ock ßo schuldich in den Saken fol. CCXII[V]
weren alse erer eyner, hadden ok alle dre myth enhe und den andern Vorbrenden in deme
Nachtdantze vor deme Have thor Lyndowenn[88], ock in deme Handel, alße Bartram Radthlow
beschedigett was, mede gewesth. Alse Elli Petersenn myth eren Medebenomeden syck wider
entschuldigen wolden, is de Lunkesche unde de andern inth Fuer geworpen, Loen vor erhen
Verdensth tho enthpangende. Alse aver de andern alhir wedderbrocht und ingesettett, hefft
men ße nicht uppe der Vorbrenden Thosage und Bekantenusse wyllen rechtferdigen, wente
keyns vorordelden[o] Mynschen Tuchenusse kan nha gefelleder Sententz anhe egene und Sulvesthbekantenusse thogelaten werden, hefft man ße fruntlich vormanett tho bekennende, ock
vorbaden by Vorlusth der Salicheit nicht to seggende, wes se nicht gedan hadden, doch wolde
men de Warheit van enhe weten.

Darnha dewyle Tomas Kalunth[89], Kemenher, wegen Koniglicher Majestät unde der Fursten, unser gnedigsten und gnedigen Hern, beneffensth andern in de Marke[90] wente thom Barline vorschickett, is Marx Brase, Rathman[91], in syne Stede vorordenth, unde desulve hefft beneffensth deme Stathfage, Peter Eggerdes, de armen Wyver in Bysynth des hoichgelerten Doctorn Joannis Carnarii[92], Georgen Blangken, Reymer van Halle, Hans Tampsen, Gerth Wardingkhusen, Andreas Sulffgraw, Jurgen Symmens unde mher andern pinlich und scharff laten
fragen Donnerdages nha Kyliani[93], ock etliche Male darnha, und bekanden.

Anneke Muttzen Bekantenusse

Anneke Muttzen bekende stetzhen frywillich, ungepynigett, ock in deme Vorhore und
darnha, dath se nicht trollen kunde, ßunder dath se grotes Armodes halven vaken myth kleyner Deverye in Angelen uth Notrufft umbegegaen.

Jodoch bekende ße, dath Anneke Ludtke vor de Nyen Porten[94] ahn dath Perdemarkett[95]
eynmall vor Goryes Hothfilters Doer was tho ehr gekamen und hadde gesecht: »Muttzken, hor
her[p], du schalt tho Bartram Rathlowen thor Lyndthowen kamen, he hefft dy wath to seggende.« Und wowol se nargens van gewusth, was strax aldar tho ehn gekamen Elli Petersen unde fol. CCXIII
Anneke Lutken, unde se hadden nha gemakedeme Anslage Kosth, allße droge Aell, Heryngk
und Brodt van Goryes Hoetfilter gekofft, hadden Muttzken myth syck genamen, unde alse nhu
uppe den Wech gekamen, hadde Anneke Ludken eynen swarten Hundt, de uppeme Wege
myth gewesth, uppegegrepen und under den Hoyken wente ahn den Hoff Lyndthow[96] gedragen unde ße hadde enhe tho havewardes hen ingeworpen aver eynen Thun, darmede eynen
scheckeden Gorren hentogevende.

Noch bekennde Anneke Muttzschen pinlich, dath ße mytt Elli Petersen und Anneke Ludtkenn[q] in deme Nachtdantze vor der Lyndthwenn[96] gewest, myt den teyn vorbrenden Thoverschen gewesth, und dusser aller Godt hete[r] Lucifer.

Elli Petersen Bekantenusse

Myth dusser Ellien hefft idt syck tomale selsen thogedragen, wente wen men ße pynnlich
fragen und angripen wolde, is de Duwel in se gewesth und beseten liffafftich unde ße bedwungen, nichts nicht tho seggende, hefft menygerleye bestlichen Ludt und Geschrey gegeven, dat

men ße hefft moten affnemen unde was unmogelich, ehr ichtßwes afftofragende, wylck Duwels Gespenn und greseliches Anblicken dessulven Wives wol eyn Teken edder inditium erher Schultt kan gewest syn; doch is Gade alles bewusht, wente he eyn Bekenner aller Harten.

fol. CCXIII^V   Doch bekende ße dessulven Avendes unde darnha, dath se eynmall myth andern Kunsthfruwen thom Nhachtdantze Meygdages Nhacht uppe der Kropper Heyde gewesth.

Nach bekennde Elli Petersenn, dath Anneke Ludtken nicht lange in dere Lere gewesth was. Sze sede ock, dath se unde Anneke Muttzkenn dar mythgewesth, alse Anneke Lutken den swarten Hundt uppegegrepen, wylkere de Duwell was, dar ße Bartram Radtlowen Gorren mede hengeven wolden.

Dusser gedachten Elli Petersen Ehemann, Peter Jensenn genanth, sede unde bekende ungefragett frigwillig vor Peter Eggerdes und Christoffer Botker alßo: »Ich weth nicht wes Meynunge, Anneke Ludtken kumpth offt und vaken, fro und spade tho myneme Wywe; wes nhu der beyden Anslege und Handelinge is, kan ick nicht weten, wente ick modt enhe uth deme Huse enthwiken^s, na Gottorp lopen, in der Tollenboden edder im Stalle des Nachts liggen.«

Anneke Lutkenn Bekentenusse

Ersthmals bekennde Anna Lutken, dath ße den swarten Hundt, de de Duwell was, uppe dusse Sydt der Lynthowenn[96] uppegegrepen unde under den Hoyken wente ahn de Lyndthowenn[96] gedragen hadde.

otatu dignum   Noch sede se, dath ße nicht lange in der Lere gewesth, ock nicht mher wuste, alse van Elli Petersen gelerth, badt ock hirbeneffensth gantz instendich umb Gades Willen, dath men ße nicht pinlich und scharppe fragen unde erhe Lede nicht thobreken muchte; ße hadde dath Vhur unde den Dhodt ahn ehrer Moder doch woll vordenth und alse eyn ungehorsamer in Ehebruck ehr Leventh vorwarkett und schentlichen togebracht, wylkes waer, aver wes ße der Thoverye halven vorwarkett edder nicht, is Gade bewusht.

fol. CCXIIII   ### Eyne fine Puttze Anneke Ludtken^t

Alße Peter Eggerdes, de Stadtfagt, uppe eynmaell dusse Anneke Lutken korthwylich in Schartz fragede, wo doch de Kunstzfruwen in ßo korter Ile aver eyne Myle, dre edder mher thosamen kunden kamen, ßede ße, alse de syck erhes Levendes alwege vortrostede: »Leve Peter, hebbe gy dat nicht gehorett, men secht, dar kumpth eyn Szegenbock, dar setten se sick uppe, de schall se balde bringen, dar ße wesen scholen. Ick aversth weth van den Dingen nichts.« Dat weth Godt thom besten.

Dusse Peter Eggerdes iß eyn awisyger, korthwyliger, wies Mann gewest, geyth uppe eyne Tidth darnha tho Elli Petersenn in de Bodelye edder Hechte[97], unde alse he se fragede, wo eß alßo thom Thoverdantze kamen und syck ßo wydt unde lange uth deme Hus vordhon kunden, dath erhe Mans, Kynder edder sunsth Gesinde se nicht mystededen, daruppe ße thom ersten alßo anthworde, dath ße in erher Parson dar nicht were parsonlich; thom andern dath erhe Szele dar in Wedder und Wynt in Ile hennekemen, bleven dar, solange ere Ahnslach were gescheen unde alsedenne qweme ße darnha wedder tho deme Licham, unde ße bleven doch allewege in und uppe erhen Bedden im Slape liggen, dat noch erhe Mans edder jemandes ße uth deme Bedde, Huse edder wor ße alle weren, mistede. An verum dubitatur^u[98].

Wowol dusse armen Sunderinnen erher egene Bekantenusse nha ehr Leventh vorwarkett, ock etliche Mall ere Bekantenisse weddergeropen unde lestlich doch by erer Bekantenusse gebleven, unde dewile Bartram Ratlow, de Anklager, syne Sake nicht vorfolgett, hefft men ße in de sosten Weken laten sytten und gerne geseen hadde, datt eyn Radt erher muchte werden entledigett durch Bode. Aver dewyle etliche Blothgirige tho harth nha ereme Levende stunden und idt syck ock anders nicht geborhen muchte, syn se Mandages nha Laurentii[99] vam Levende thom Dode durch Befoderynge erher Wedderparten vorordelt. Unde dewyle ith des Dages regenafftich Wedder was, syn se den Dach ingesettett und volgendes Dages, wylkere was de Dach sancti Laurentii Martirs[100] uthgeforett und vorbranth.

Nota

Eyn Richter kan myth guder cristlichen Conscientien aparen Defstall, Morth, Dodtslach, Ebruck^v unde wes der uterlichen Vorwarkynge mher syn, myt Galgen, Rade, Swerde etc. straffen, aver swerlich richtich forthfaren myth vordechten unde beklageden Toversken, wente van den kan men nicht hebben ßunder myth scharpen, unermetlichen, harden Fragen. Unde wes alßo bekant, dath warth vaken weddergeropen und benenett. Orsake: Wen men anmarkett unde recht behartigett, ßo syn de Wiveßlude thom meren Dele und gemenlich geswacker, weecklicher unde klennichligher Nature, de nicht vele Plagens, Reckens unde Treckens in eren Glederen, wy de Manspersonen men konen dulden, seggen bewilen mher, alse se weten unde alse se erhr Levedage tho donde gedacht, seggen ock watt men horen wyll, uppe dat se der Pine entleddigett. Notatu dignum: Etiam innocentes cogit mentiri dolor. Hoc est: in tormentis sepe ciuntur innocentes adacti cruciatu[101]. Darumb scholen de Richters den Inseent hebben, sulche Parsonen deme Kleger tho Gefallen aver Maten nicht mith dem scharpesten den Beklachten tho averiligen tho laten, unde is ßeer varlich, myth den Luden tho handelende. Wo, watth Maten und welcher Gestalett und myth wath Parsonen men myth scharpen unde pynlichen Saken vortfaren und gebruken schall, liß in den keyserlichen[102] und sasseschen[103] Rechten, vyndesth dar ock ichteßwes van in processo iuris[104]. Und is thom hogesten vannoden, datt eyn Richter syck in den scharpen Fragen sick woll unde wyslich vorsee, Borgen van deme Kleger neme, ehr he den Beklachten myth scharpen Fragen lett angripen, der Orsaken, offte desulve in synen Pynen nicht bekende, unschuldich were, Beene, Geleder edder Armen thobraken edder in unde van de Penen storve, dat deme Beklachten denne vor synen Schaden, Hon und Spott edder synen Frunden vor synen Dodt genoch schee, ßunsth wurden sulche Gefelle deme Richter heymkamen, wy de Doctoren unde Rechte gemeynlich darvan halden, reden und schreyven, ock dat de Overicheit wete, van wemen in deme Falle de geborlichen Broke tho befordern sy. Denne sunder Broke edder Lifstraffe konen de Dinge nicht affgaen, dath sy in Gnaden edder Ungnaden nha Wodane unde Gelegenheit der Saken. Scholde ock wol werden geholden, aver des Klegers Hals tho fallen und tho kamen, wes he deme unschuldygen Beklachten mith nichte und ahne Warheit tholecht modthwillich, bedacht edder umbedacht. Verba Domini: Qua mensura etc. Item: Quod tibi non vis fieri, alteri non feceris. Wo dar entgegen: Redundabit in caput tuum etc. Vorstande is gudt Praedekent. Jeremie 22: Sanguinem innocentem ne effundatis. Quintilianus declamatione 10: Multum me vel vos fallit opinio, judices, sed ullam causam ita evidenter deferri in forum posse putatis cui nulla mendacii velamina contingant[105].

Nota

fol. CCXIIII^v

10 Anhang: Tabellen, Karten, Verzeichnisse

10.1 Tabellen

	Zaunweib/ nachtfahrendes Wesen	Teufel	Töpfe/andere Gefäße	Verschiedene Instrumente	Worte	Allgemeines	Insgesamt
Este ANDERSZEN	1			1		5	7
ANNEN, Lene JURGENS Tochter			2			2	4
Metke CLAWESSEN						2	2
Metke FUSCHEN			2	1		3	6
Lene JURGENS			2			6	8
Carstine MARTENSEN						2	2
Kay MOLLERKUN				1		4	5
Insgesamt	1		6	3		24	34

Tabelle 1
I. Prozeß 1548
Statistik der Zauberinstrumente bzw. der Träger des Verzauberungswillens

	Zaunweib/ nachtfahrendes Wesen	Teufel	Töpfe/andere Gefäße	Verschiedene Instrumente	Worte	Allgemeines	Insgesamt
Margareta KARSTENSENN		1				2	3
Margareta LUNGKEN		1				2	3
Anneke LUTKENN		3				2	5
Anneke MUTTZEN		2				2	4
Elli PETERSEN		5				2	7
8 Toversken		1				2	3
Insgesamt		13				12	25

Tabelle 3
III. Prozeß 1557
Statistik der Verzauberungsinstrumente bzw. der Träger des Verzauberungswillens

	Zaunweib/ nachtfahrendes Wesen	Teufel	Töpfe/andere Gefäße	Verschiedene Instrumente	Worte	Allgemeines	Insgesamt
Boteltt ALSENN				1		1	2
Margareta ANDERSEN						1	1
Margareta ANDERSEN, A. Glasers Frau			2			1	3
Caterin BOTELDES, A. Glasers Frau						1	1
Hille CRISTENS				1		2	3
Caterina DENEN						1	1
Caterina EGGERDES	6	3	2	7	5	6	29
Caterina FLUISSON				1		2	3
Metke FRAMEN				3		1	4
FRAU von Las LOWSEN				1		2	3
GEELHARSCHE			1	4		1	6
Wolber GLASEMAKERS				1			1
Sunde JESSEN						1	1
KLONHAMERSCHE zu Barkelsby						1	1
KLONHAMERSCHE zu Kappeln			2			1	3
KOSTERSCHE zu Kappeln				1			1
Carstina LOWSEN						2	2
MAGD von Wybeke PAPEN			1			2	3
Sunde MARQUARTZEN						2	2
MUTTER von Margareta ANDERSEN			2			1	3
MUTTER von Caterin BOTELDES						1	1
Anneke REFF				1			1
Marina ROTTES			1				1
Wybeke STAMPEN			2				2
Abelke STEENBRUGGER			5	3		2	10
Caterina TILSENN						2	2
TOCHTER von Anna GREGERS erer Moder Broder						1	1
TOCHTER von Marina TAMIS					1		1
Anna TONNIESSEN					1	1	2
Olde WYBKE						2	2
7 KUNSTHFRUWEN						1	1
9 KUNSTHFRUWEN						1	1
13 KUNSTHFRUWEN			2			1	3
Insgesamt	6	3	25	19	7	41	101

Tabelle 2
II. Prozeß 1551
Statistik der Zauberinstrumente bzw. der Träger des Verzauberungswillens

	Tod (Vieh/Mensch) Unglück, Verarmung	Krankheit	Verwirrung des Gefühllebens	Verbrennen von Häusern	Wegnahme von Milch und Korn	Allgemeine böse Stücke	Insgesamt
Este ANDERSZEN	5			1		1	7
ANNEN, Lene	3					1	4
Metke CLAWESSEN	1					1	2
Metke FUSCHEN	5					1	6
Lene JURGENS	7			1			8
Carstine MARTENSZEN	1					1	2
Kay MOLLERKUN	4					1	5
Insgesamt	26			2		6	34

Tabelle 4
I. Prozeß 1548
Statistik der Schäden

	Tod (Vieh/Mensch) Unglück, Verarmung	Krankheit	Verwirrung des Gefühllebens	Verbrennen von Häusern	Wegnahme von Milch und Korn	Allgemeine böse Stücke	Insgesamt
Margareta KARSTENSENN	1					2	3
Margareta LUNGKEN	1					2	3
Anneke LUTKENN	3					2	5
Anneke MUTTZEN	2					2	4
Elli PETERSEN	2	1				4	7
8 Toversken	1					2	3
Insgesamt	10	1				14	25

Tabelle 6
III. Prozeß 1557
Statistik der Schäden

Tabelle 5
II. Prozeß 1551
Statistik der Schäden

	Tod (Vieh/Mensch) Unglück, Verarmung	Krankheit	Verwirrung des Gefühllebens	Verbrennen von Häusern	Wegnahme von Milch und Korn	Allgemeine böse Stücke	Insgesamt
Boteltt ALSENN		1	1				2
Margareta ANDERSEN						1	1
Margareta ANDERSEN, A. Glasers Frau	1				1	1	3
Caterin BOTELDES, A. Glasers Frau						1	1
Hille CRISTENS		2			1		3
Caterina DENEN						1	1
Caterina EGGERDES	15	3	1			10	29
Caterina FLUISSON		2			1		3
Metke FRAMEN	2				1	1	4
FRAU von Las LOWSEN	1				1	1	3
GEELHARSCHE	4	1	1				6
Wolber GLASEMAKERS	1						1
Sunde JESSEN	1						1
KLONHAMERSCHE zu Barkelsby						1	1
KLONHAMERSCHE zu Kappeln	1				1	1	3
KOSTERSCHE zu Kappeln	1						1
Carstina LOWSEN					2		2
MAGD von Wybeke PAPEN		2			1		3
Sunde MARQUARTZEN					2		2
MUTTER von Margareta ANDERSEN	1				1	1	3
MUTTER von Caterin BOTELDES						1	1
Anneke REFF	1						1
Marina ROTTES					1		1
Wybeke STAMPEN	2						2
Abelke STEENBRUGGER	6		1		1	2	10
Caterina TILSENN					2		2
TOCHTER von Anna GREGERS erer Moder Broder	1						1
TOCHTER von Marina TAMIS	1						1
Anna TONNIESSEN	1					1	2
Olde WYBKE	1	1					2
7 KUNSTHFRUWEN	1						1
9 KUNSTHFRUWEN						1	1
13 KUNSTHFRUWEN	1				1	1	3
Insgesamt	43	12	4		17	25	101

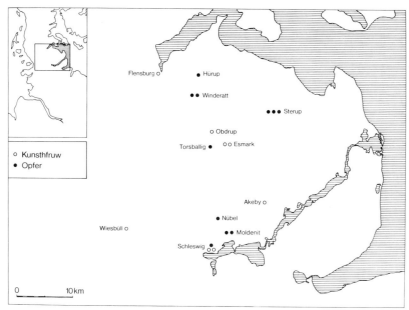

Karte 1: Sitz und Anzahl der Kunsthfruwen (und eines Kunsteners in Flensburg) und ihrer Opfer im I. Prozeß 1548.

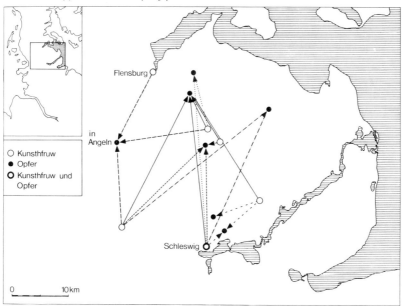

Karte 2: Die Anschläge der Kunsthfruwen (und des Kunsteners in Flensburg) im I. Prozeß. Die Pfeile zeigen vom Sitz der Kunsthfruwen (und des Kunsteners) auf die Orte der Opfer. Pfeile gleicher Signatur weisen das Herkommen mehrerer am Anschlag beteiligter Kunsthfruwen (und des Kunsteners) aus.

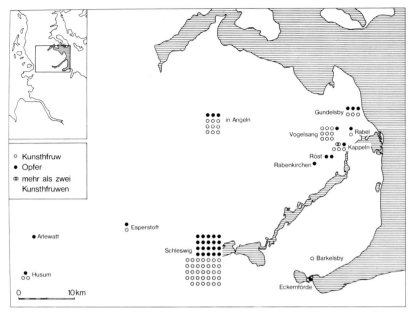

Karte 3: Sitz und Anzahl der Kunsthfruwen und ihrer Opfer im II. Prozeß 1551.

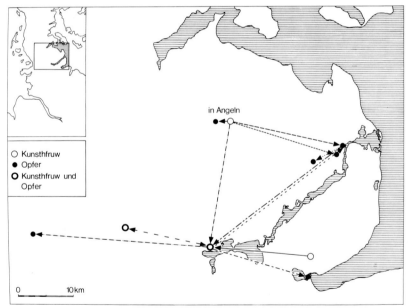

Karte 4: Die Anschläge der Kunsthfruwen im II. Prozeß 1551
Die Pfeile zeigen vom Sitz der Kunsthfruwen auf die Orte der Opfer. Pfeile gleicher Signatur weisen das Herkommen mehrerer am Anschlag beteiligter Kunsthfruwen aus.

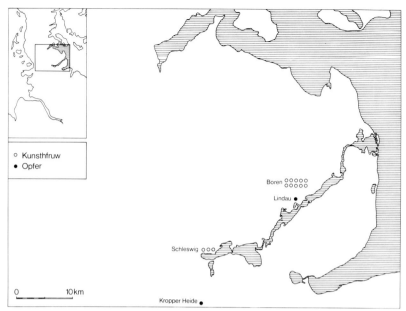

Karte 5: Sitz und Anzahl der Kunsthfruwen und ihrer Opfer im III. Prozeß 1557
Auf der Kropper Heide wurde während des Hexentanzes allgemein »hingegeben«, zauberisch geschadet; ein Opfer ist uns namentlich nicht bezeichnet.

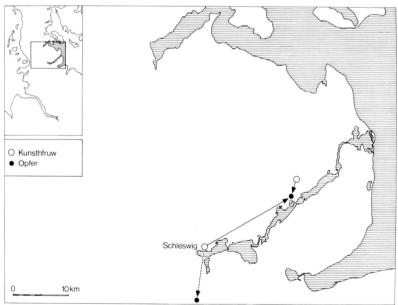

Karte 6: Die Anschläge der Kunsthfruwen im III. Prozeß 1557
Die Pfeile zeigen vom Sitz der Kunsthfruwen auf die Orte der Opfer. Pfeile gleicher Signatur weisen das Herkommen mehrerer am Anschlag beteiligter Kunsthfruwen aus.

10.3 Verzeichnisse der vorkommenden Personen

Der I. Prozeß 1548

Lfd. Nr.	Kunsthfruw, Kunstener + hingerichtet	wohnhaft in	Komplizin von
1	Anderßen, Este	Obdrup	2, 4, 5, 6, 7, 8
2	+ Anne, Lenen Jurgens Tochter	Buten vor der Stadt Schleswig	1, 5, 6, 8
3	+ Brade, Johan	Flensburg	1, 8
4	Clawessen, Metke	Esmark	1, 5, 6, 7, 8,
5	+ Fuschen, Metke	Akeby	1, 2, 4, 6, 7, 8
6	+ Jurgens, Lene	Buten vor der Stadt Schleswig	1, 2, 4, 5, 7, 8
7	Martenßen, Carstine	Esmark	1, 4, 5, 6, 8
8	Mollerkun, Kay	Wiesbüll	1, 2, 4, 5, 6, 7
	Geschädigte, Geschädigter	wohnhaft in	wurden geschädigt von
9	Andersenn, Sunde	Sterup	6, 8
10	Clawessen, Anne	Sterup	6, 8
11	Erichsenn, Clawes	Sterup	6, 8
12	Ericksenn, Tammes	Winderatt	1, 4, 5, 6, 7, 8
13	Gotke, Matthias (Matz)	Moldenit	5, 6, 2
14	Jebsenn, Hans	Winderatt	1, 5, 6
15	Moldenett, Hans	Moldenit	5, 6, 2
16	Petersen, Hanße	Torsballig	1, 2, 8
17	Selke, Clawes	Schleswig	6
18	Thomas	Nübel	5
	Ankläger		klagten gegen
	13		2, 6
	15		2, 6
	Folterzeugen	wohnhaft in	von
19	Eggerdes, Peter	Schleswig	6
20	Grotenn, Michell	Schleswig	6
21	Hasse, Clawes	Schleswig	6
22	Klonhammer, Peter	Schleswig	6
23	Meyneken, Jacob	Schleswig	6
24	Riper, Hans	Schleswig	6
Lfd. Nr.	sonstige Personen	wohnhaft in	
25	Fron von Schleswig	Schleswig	
26	Knuttzenn, Jeppe	Brekling	
27	Spanken, Cristine	Schleswig	
28	Stamptenn, Peter	Schleswig	
29	Stamptenn, Wybke	Schleswig	
30	3 Hußlude	Sterup	
31			
33			

Der II. Prozeß 1551 ( ) Identität?

Lfd. Nr.	Kunsthfruw, Kunstener + hingerichtet	wohnhaft in	Komplizin von
1	Alsenn, Botcltt	Esperstoft	8
(2)	Andersen, Margareta	Schleswig	7, 8
(3)	Andersen, Margareta, Ambrosius Glasers Frau	Schleswig	10, 16, 21, 26, 51–63
4	Bademone, Sissell	Schleswig	8
(5)	Boteldes, Caterin, Ambrosius Glasers Frau	Schleswig	22, 42–50
6	Cristens, Hille	Angeln?	9, 19
7	Denen, Caterina	Schleswig	2, 8
8	+ Eggerdes, Caterina	Schleswig	1, 2, 4, 7, 10, 12, 13, 15, 25, 26
9	Fluissonn, Caterina	Angeln?	6, 19
10	+ Framen, Metke	Schleswig	3, 8, 15, 21, 26, 51–63
11	Frau von Las Lowsen	Vogelsang	30, 35–41
12	+ Geelharsche	Angeln?	8, 13, 25, 26
13	Glasemakers, Wolber, Hanses Wiff	Schleswig	8, 12, 25
14	Jessen, Sunde	Husum?	28
15	Klonhamersche	Barkelsby	8
16	Klonhamersche	Kappeln	2, 10, 21, 26, 51–63
17	+ Kostersche	Kappeln	23
18	Lowsen, Carstina	Gundelsby	20, 27
19	Magd von Wybeke Papen	Angeln?	6, 9
20	Marquartzen, Sunde	Gundelsby	18, 27
(21)	Mutter von Margareta Andersen, Ambrosius Glasers Frau	Schleswig	2, 10, 16, 26, 51–63
(22)	Mutter von Caterin Boteldes, Ambrosius Glasers Frau	Schleswig	5, 42–50
23	Reff, Anneke	Kappeln	17
24	Rottes, Marina	Angeln	
25	Stampen, Wybeke	Schleswig	8, 12, 13
26	+ Stenbrugger, Abelke	Schleswig	3, 10, 12, 16, 21, 51–63
27	Tilsenn, Caterina	Gundelsby	18, 20
28	Tochter von Anna Gregers erer Moder Broder	Husum	14
29	Tochter von Marina Tamis	Rabel	
30	Tonniessen, Anna	Vogelsang	11, 35–41
31	Wybke, Olde	Angeln?	
(32)	+ 3 Kunsthfruwen	Angeln	12, 17
(33)			
(34)			
35	7 Kunsthfruwen	Vogelsang	11, 30
36			

Fortsetzung II. Prozeß

Lfd. Nr.	Kunsthfruw, Kunstener + hingerichtet	wohnhaft in	Komplizin von
37			
38			
39			
40			
41			
42	9 Kunsthfruwen	Schleswig	5, 22
43			
44			
45			
46			
47			
48			
49			
50			
51	13 Kunsthfruwen	Schleswig	3, 10, 16, 26
52			
53			
54			
55			
56			
57			
58			
59			
60			
61			
62			
63			

	später kamen um	wohnhaft in	Komplize von
64	+ Koster	Kappeln	65
65	+ myth mher anderen Kunsthfruwen	Kappeln?, Angeln?	64

	Geschädigte, Geschädigter	wohnhaft in	wurden geschädigt von
66	Bruns, Hinrick	Kappeln	12, 13
67	Bunthmaker, Hans	Schleswig	8, 26
68	Dreyer, Hinrick	Schleswig	8
69	Esbersenn, Sunde	Angeln?	24?
70	Frau von Henneke von Rumor	Röst	6, 9, 19
71	Glasemaker, Hans	Schleswig	8, 26
72	Juversen, Hans	Schleswig	8, 12, 26
73	Knecht (im Zusammenhang mit 26)	Schleswig?	12, 26
74	Kostersche	Rabenkirchen	17, 23
75	Lucht, Nikolaus	Schleswig/Gottorf	8, 10, 26
76	Magd (Geliebte von 96)	Esperstoft?	1, 8

Fortsetzung II. Prozeß

	Geschädigte, Geschädigter	wohnhaft in	wurden geschädigt von
77	Mann (im Zusammenhang mit 73)	Schleswig	26
78	Mann (dem ein „Olyputt" gesetzt wurde)	Schleswig?	51–63, 26, 3, 21, 10, 16
79	Mann (Vater von 95)	Angeln	31
80	Mas, Junge Jurgen	Schleswig	8
81	Nachbarin (von 11)	Vogelsang	11
82	Olefsen, Hans	Schleswig	8, 26
83	Olefsen, Oleff	Schleswig	8
84	Pansermaker	Schleswig	8, 1
85	Pansermakersche, Anneke	Schleswig	8
86	Platensleger, Hinrick	Schleswig	8, 26
87	Putters, Heyne(ke)	Schleswig	8, 12
88	Radtlow, Otto	Arlewatt	8, 26
89	Reders, Clawes	Schleswig	unbekannt
90	Rumor, Henneke	Röst	6, 9, 19
91	Rusche, Roleff	Schleswig	8, 12
92	Selken, Clawes	Schleswig	8, 12, 26
93	Smyt, Christoffer	Eckernförde	8
94	Snyder, Michell	Rabel?	29
95	Tochter (von 79)	Angeln?	23
96	Toffelmaker, Hans	Schleswig	1, 8
97	Vos, Tomas	Husum?	14, 29
98	3 Nachbarinnen	Gundelsby	18, 20, 28
99			
100			
101	Stadt Schleswig		3, 10, 16, 21, 26, 51–63
	Anklägerin, Ankläger	wohnhaft in	klagten gegen
	72		8
	75		10, 26
	85		8
	86		8
102	86 myth etlicher syner Gesellen	Schleswig	8
	90		12, 17, 32, 33, 34
	93		8
	Zeugen des Vorfalls im Ratskeller	wohnhaft in	
103	Becker, Hinrich	Schleswig	
104	Benthfeltt, Hans	Schleswig	
105	Budelmaker, Tewes	Schleswig	
	71		
106	Grote(n), Michell	Schleswig	
107	Krukow, Valentin	Schleswig/Gottorf	
	82		
	83		
108	u. a. m.	Schleswig	

Fortsetzung II. Prozeß

Lfd. Nr.	Tatzeugen (es erlebten)	wohnhaft in	Untaten von
109	Andersenn, Tomas	Schleswig	8
	105		8
110	Jensen, Hans	Schleswig	8
111	Jensenn, Tyle	Schleswig	8
	72		8
	80		8
	82		8
	83		8
	85		8
	86		8
	93		8
112	Tulter, Christoffer	Schleswig	8

	es bezeugten vor Gericht	wohnhaft in	gegen
	104		
113	Braden, Clawes	Schleswig	8
114	Brasen, Max	Schleswig	8
	105		
115	Bussenßmyt, Ambrosius	Schleswig	8
116	Eggerdes, Peter	Schleswig	8
117	Gotke, Hans	Schleswig	8
118	Juversen, Jurgen	Schleswig	8
	82		
119	Mollerknecht	Schleswig	8
120	Olefsen, Sunde	Schleswig	8
	86		
121	Putter, Clawes	Schleswig	8

	Zeugen der Folterungen	wohnhaft in	von
122	Blote, Gerth	Schleswig	26
	114		8, 26
	117		26
	106		8
123	Iwersen, Jurgen	Schleswig	26
124	Jensenn, Peter	Schleswig	8, 10, 26
125	Jurgen, Junge	Schleswig	10, 26
126	Klonhamers, Peter	Schleswig	10, 26
127	Kosle, Jurgen	Schleswig	8
128	Lange, Hinrick	Schleswig	8, 26
	(80)		8
129	Ma(e)s, Jurgen van Kosleen		10, 26
			8, 10, 26
	82		
130	Reidthlanth	Schleswig	8
131	Reyneke, Hans	Schleswig	26
132	Robarch, Asmus	Schleswig	10, 26

Fortsetzung II. Prozeß

Zeugen der Folterungen

133	Sarowenn, Benedictus	Schleswig	10, 26
134	Sulffgraw, Andreas	Schleswig	8, 26
135	Szwarte, Hinrick	Schleswig	10, 26
136	Tampsen, Hans	Schleswig	8
137	Vos, Hans	Schleswig	8, 26
138	Wardingkhusen, Gerth	Schleswig	10, 26
139	u. a. m.	Schleswig	8
	sonstige Personen	wohnhaft in	
140	Edelmann	Dänemark	
141	Frau von Hans Bunthmaker	Schleswig	
142	Fron	Schleswig	
143	Clawes, Annen, Frau von 144	Schleswig	
144	Hassen, Clawes, Schwager von 8	Schleswig	
145	Juversen, Jurgen		
146	Lector der Domkirchen	Schleswig	
147	Lucht, Elisabet	Schleswig	
148	Meggerse, Otto	Schleswig	
149	Wirt von Christoffer Smyt	Schleswig	
150	Mher Gelerten uth deme Capittell	Schleswig	

Der III. Prozeß 1557

Lfd. Nr.	Kunsthfruw + hingerichtet	wohnhaft in	Komplizin von
1	+ Karstensenn, Margareta	Boren Kirchen	2, 3, 4, 5, 6–13
2	+ Lungken, Margareta	Boren Kirchen	1, 3, 4, 5, 6–13
3	+ Lutkenn, Anneke	Schleswig	1, 2, 4, 5, 6–13
4	+ Muttzen, Anneke	Schleswig	1, 2, 3, 5, 6–13
5	+ Petersen, Elli	Schleswig	1, 2, 3, 4, 6–13, 14
6	+ 8 Toversken		1, 2, 3, 4, 5
7			
8			
9			
10			
11			
12			
13			
14	mit anderen Kunsthfruwen (im Zusammenhang mit 5)	?	5

Fortsetzung III. Prozeß

Lfd. Nr.	Geschädigter	wohnhaft in	wurde geschädigt von
15	Rathlow, Bartram	Lindau	1–13

	Ankläger	wohnhaft in	
	15		

Lfd. Nr.	Zeugen bei der Gegenüberstellung zu Boren Kirchen	wohnhaft in	von
16	Budelmaker, Symon	Schleswig	1–13
17	Budelmaker, Tewes	Schleswig	für alle
18	Bunthmakers, H.	Schleswig	Zeugen (16–37)
19	Dreyers, Hinrick	Schleswig	
20	Dreyers, Otto	Schleswig	
21	Eggerdes, Peter	Schleswig	
22	Holmer, Peter	Schleswig	
23	Klonhamer, Peter	Schleswig	
24	Kock, Vith	Schleswig	
25	Olefsen, Hans	Schleswig	
26	Rantzowen, Hinrick	Gottorf	
27	Rethagen, Hans	Schleswig	
28	Schryuer, Bartram	Schleswig	
29	Slachters, Jurgen	Schleswig	
30	Smyth, Jeronimus	Schleswig	
31	Szwarte, Hinrick	Schleswig	
32	Tampsen, Hans	Schleswig	
33	Vos, Hans	Schleswig	
34	3 Pastoren	Angeln und Schwansen	
35			
36			
37	und mher andern Bunden, Lansten und Hußluden		

	Zeugen der Folterungen in Schleswig	wohnhaft in	von
38	Blangken, Georgen	Schleswig	3, 4, 5
39	Brase, Marx	Schleswig	3, 4, 5
40	Carnarius, Joannes Dr. 21	Schleswig	3, 4, 5
41	Halle, Reymer van	Schleswig	3, 4, 5
42	Sulffgraw, Andreas	Schleswig	3, 4, 5
43	Symmens, Jurgen	Schleswig	3, 4, 5
44	Tampsen, Hans	Schleswig	3, 4, 5
45	Wardingkhusen, Gerth	Schleswig	3, 4, 5
46	und mher andern	Schleswig	3, 4, 5

Fortsetzung III. Prozeß

Lfd. Nr.	sonstige Personen	wohnhaft in
47	Botker, Christoffer	Schleswig
48	Hothfilter, Goryes	Schleswig
49	Jensenn, Peter (Ehemann von 5)	Schleswig
50	Kalunth, Tomas	Schleswig
51	Mutter von Anneke Lutkenn	
52	Etliche Blothgirige	Schleswig
53	Wedderparten	Schleswig

10.4 Anlage: *Schleswiger Zeugen der Folterungen bzw. der Gegenüberstellung der Beschuldigten zu Boren Kirche.*

I. Prozeß (S. 86)	II. Prozeß (S. 96)	II. Prozeß (S. 89)
	Caterina betr.	Abelke betr.
Kämmerer: Groten Michell Stadtvogt: Eggerdes, Peter	Kämmerer: Brasen, Marx Stadtvogt:	Kämmerer: Brasen, Marx Stadtvogt: Mas, Jurgen van Kosleen*
Bürger: Hasse, Clawes Bürger: Klonhamer, Peter Bürger: Meyneken, Jacob Bürger: Riper, Hans	Bürger: Grote, Michel Bürger: Jensen, Peter Bürger: Kosle, Jurgen Bürger: Lange, Hinrick Bürger: Maes, Junge Jurgen Bürger: Olefsen, Hans Bürger: Reidthlanth Bürger: Sulffgraw Bürger: Tampsen, Hans Bürger: Vos, Hans	Bürger: Blote, Gerth Bürger: Gotke, Hans Bürger: Iwersen, Jurgen Bürger: Lange, Hinrick Bürger: Olefsen, Hans Bürger: Reyneke, Hans Bürger: Sulffgraw Bürger: Vos, Hans * siehe S. 90
II. Prozeß (S. 90)	III. Prozeß (S. 92)	III. Prozeß (S. 92)
Metke u. Abelke betr.	Die Schleswigerinnen betr.	Zu Boren Kirchen
Kämmerer: Brase, Max Stadtvogt: Maes, Jurgen van Kosle	Kämmerer: Brase, Marx* Stadtvogt: Eggerdes, Peter	Stadtvogt: Eggerdes, Peter
Bürger: Jensenn, Peter Bürger: Jurgenn, Junge Bürger: Klonhamers, Peter Bürger: Olefsen, Hans Bürger: Robarch, Asmus Bürger: Sarowenn, Benedictus Bürger: Szwarte, Hinrick Bürger: Wardingkhusenn, Gerth	Bürger: Blangken, Georgen Bürger: Dr. Carnarius, Joannes Bürger: Halle, Reymer van Bürger: Sulffgraw, Andreas Bürger: Symmens, Jurgen Bürger: Tampsen, Hans Bürger: Wardingkhusen, Gerth Bürger: u. a. m. * Rathmann für den auf diplomatischen Reisen befindlichen Kämmerer Tomas Kalunth	Bürger: Budelmaker, Symon Bürger: Budelmaker, Tewes Bürger: Bunthmakers, H. Bürger: Dreyers, Hinrick Bürger: Dreyers, Otto Bürger: Holmer, Peter Bürger: Klonhamer, Peter Bürger: Kock, Vith Bürger: Olefsen, Hans Bürger: Rethagen, Hans Bürger: Schryuer, Bartram Bürger: Slachters, Jurgen Bürger: Smyth, Jeronimus Bürger: Szwarte, Hinrick Bürger: Tampsen, Hans Bürger: Vos, Hans

Der Personenkreis, der Zeuge wurde, schwankte zahlenmäßig. Der Kämmerer und der Stadtvogt scheinen immer das Stadtgericht bzw. den Rat vertreten zu haben.

11 Anmerkungen, Fußnoten, Wortglossar

11.1 Anmerkungen zu Kapitel 1

1. W. Nigg, Das Buch der Ketzer, Zürich 1949, S. 317f., zitiert nach K. Deschner, Abermals krähte der Hahn. Eine Demaskierung des Christentums von den Evangelisten bis zu den Faschisten (rororo-Sachbuch 6788), Reinbek bei Hamburg 1972, S. 485.
Ich widme diesen Artikel meinen – einstigen und jetzigen – Freunden und meinen Kollegen, die mir mit Rat und Tat bei der Herausgabe und Interpretation der Texte zur Seite gestanden haben.
2. Schleswig 1928, S. 165.
3. Nach einer Übersicht, die von Ulrich Petersen (^{2}1735) stammen soll; sie liegt im Braunen Buch.
3a. Lorenzen-Schmidt, Die Sozial- und Wirtschaftsstruktur schleswigscher und holsteinischer Landesstädte zwischen 1500 und 1550, Phil. Diss. Hamburg 1979, S. 169, zieht dies in Zweifel, weil es »aus dem dürftigen Quellenmaterial nicht sicher zu sagen« ist.
4. A. Sach, Geschichte der Stadt Schleswig nach urkundlichen Quellen, Schleswig, 2. Aufl. 1875, S. 120.
5. Diese und andere Angaben zu Boyes Leben stellte mir mein Kollege Johann Witt zur Verfügung.
6. Siehe unten fol. CCIII.
7. Siehe unten fol. CCXIIII^v.
8. Wie oben Anm. 2.
9. R. Heberling, Zauberei und Hexenprozesse in Schleswig-Holstein-Lauenburg. Auf Grund des Aktenmaterials im Kgl. Staatsarchiv Schleswig, Zeitschrift der Gesellschaft für Schleswig-Holsteinische Geschichte 45, 1915, S. 116–247. Heberlings Vorgänger ist Chr. Jessen, Zur Geschichte der Hexenprozesse in Schleswig-Holstein, Jahrbücher für die Landeskunde der Herzogthümer Schleswig, Holstein und Lauenburg 2, 1859, S. 200–231, insbesondere S. 215f. und S. 218.
10. R. Heberling S. 200 nennt hier als Quelle: J. v. Schröder, Nachrichten, die Stadt Schleswig betreffend, Staatsbürgerliches Magazin 7, 1827, S. 744.
11. Heberling S. 200 nach J. v. Schröder – wie oben in Anm. 10 – S. 747.
12. Heberling S. 190 nach J. v. Schröder S. 748.
13. R. Heberling S. 198ff.
13a. Treichel, Hexen und Zauberer in Schleswig-Holstein, Zeitschrift für Niederdeutsche Familienkunde 43, 1968, S. 68. Wie ist dieser frühe Beleg im Lichte von Cohns und Kieckhefers Forschungen – s.u.S. 118 – zu bewerten, die die bisher gültige, auf Hansens Untersuchungen basierende Chronologie der Hexenprozesse nachhaltig infrage gestellt haben? Henningsen, Hver by sin heks, Skalk, 3, 1979, schreibt unter ihrem Eindruck auf S. 23 f.. »Det gælder ikke mindst den engelske historiker Norman Cohn's påvisning af, at hekseforfølgelsen i Europa forst begynder ca. 1450 og ikke i 1220 - tallet, som hidtil antaget på grundlag af en underretning om heksen Angele de la Barthe, der skulle være brændt af inkvisitionen i Toulouse 1275 for omgang med djævelen og at have spist børn, Cohn viser, at denne og andre fundamentale kilder er falskerier fra omkring 1800, og hermed forrykkes kronologien et par århundreder. . . . På denne baggrund bliver det forståeligt, at der ikke er bevaret danske hekseprocesse fra før reformationen.« Stimmt diese Schlußfolgerung, wenn das vorhingenannte frühe Datum, das andere genannte frühe ergänzt, zutreffend ist?
13b. Treichel, Weitere Hexen und Zauberer in Schleswig-Holstein, Zeitschrift für Niederdeutsche Familienkunde 53, 1978, S. 142f.
14. R. Heberling S. 149 und unten Anm. zur Quelle 103.

15. R. Heberling S. 153.
16. Staatsbürgerliches Magazin 7, 1827, S. 744-748. Ansonsten siehe: A. Sach, Geschichte der Stadt Schleswig nach urkundlichen Quellen, S. 242 ff., und J. v. Schröder, Geschichte und Beschreibung der Stadt Schleswig, Schleswig 1827, S. 335 ff.
17. Siehe unten fol. CCV^v.
18. Siehe unten fol. CCII, CCIII, CCV u. CCV^v.
19. Siehe unten fol. CCV.
20. Siehe unten fol. CVCV^v.
21. Siehe unten fol. CCXIII, CCXII^v, CCXIII^v, CCXIIII.
22. Siehe unten fol. CCXIIII.
23. K. Baschwitz, Hexen und Hexenprozesse. Die Geschichte eines Massenwahns (dtv-Taschenbuch 365), München 1966, S. 41.
24. J. Hansen, Zauberwahn, Inquisition und Hexenprozeß im Mittelalter und die Entstehung der großen Hexenverfolgung, München 1900, S. 7 Anm. 3, sowie J. Franck, Geschichte des Wortes Hexe, in: J. Hansen, Quellen und Untersuchungen zur Geschichte des Hexenwahns und der Hexenverfolgung im Mittelalter, Bonn 1901, S. 614-670.
25. J. Hansen, Zauberwahn S. 7.
26. J. Hansen, Zauberwahn S. 7 f.
27. K. Baschwitz, Hexen und Hexenprozesse, S. 40.
28. J. Hansen, Zauberwahn S. 8.
29. H. Biedermann, Handlexikon der magischen Künste von der Spätantike bis zum 19. Jahrhundert, Graz 1968, S. 157.
30. Handwörterbuch des deutschen Aberglaubens 3. Bd., Leipzig 1930, Sp. 1847.
31. J. Hansen, Zauberwahn, S. 32.
32. H. Biedermann, Handlexikon der magischen Künste, S. 162 f.
33. Ebenda, S. 160.
34. W. Leibbrand u. A. Leibbrand-Wettley, Vorläufige Revision des historischen Hexenbegriffes, Wahrheit u. Verkündigung. Festschrift M. Schmaus, 1. Bd., Paderborn 1976, S. 836.
35. Ebenda.
36. J. Hansen, Zauberwahn, S. 9.
37. H. Biedermann, Handlexikon der magischen Künste, S. 158.
38. K. Baschwitz, Hexen und Hexenprozesse, S. 40.
38a. Midelfort, Witch Hunting in Southwestern Germany 1562-1684. The Social and Intellectual Foundations, Stanford, California 1972, S. 7: »One cannot assume, as the great scholar Joseph Hansen did, that witchcraft theory ceased to evolve after 1540, and that the trials undertaken after that year were simply automatic responses to set beliefs.«
39. R. Heberling, S. 153.
39a. Kieckhefer, European Witch Trials. Their Fundation in Popular and Learned Culture, 1300-1500, London and Henley 1976, S. 22: »Why did diabolism enter into witch trials during this period? The component elements of diabolism – veneration of Satan, nefarious assemblies, flight through the air, formation of a pact, and so forth – had been kown for centuries. They had arisen in trials of heretics as early as the eleventh century.«
40. Leibbrand – wie oben Anm. 34 – S. 825.
41. A. Borst, Mittelalterliche Sekten und Massenwahn, Massenwahn in Geschichte und Gegenwart. Ein Tagungsbericht, Stuttgart 1965, S. 177, und W. Leibbrand – wie oben Anm. 34 – S. 823.
42. A. Borst, Mittelalterliche Sekten und Massenwahn, S. 180.
43. Quellenangabe bei W. Leibbrand – wie oben Anm. 34 – S. 825, Anm. 16.
44. Ebenda, S. 826.
45. Artikel »Albigenser«, Die Religion in Geschichte und Gegenwart, 1. Bd., Tübingen 1909, Sp. 320.

46. Artikel »Katharer«, Die Religion in Geschichte und Gegenwart, 3. Bd., Tübingen 1912, Sp. 1000.
47. Ebenda.
48. Artikel »Inquisition« von A. Erler, Handwörterbuch zur deutschen Rechtsgeschichte (abgekürzt HRG), 10. Lieferung, Berlin 1973, Sp. 370.
49. K. Fuchs, H. Raab, dtv-Wörterbuch zur Geschichte, 1. Bd., München 1972, S. 382.
50. Wie oben Anm. 48.
51. Artikel »Folter« von R. Lieberwirth, HRG 1. Bd., Berlin 1971, Sp. 1149–1152. Siehe unten die Anm. zu den Quellen 73.
52. K. Baschwitz, Der Massenwahn, 1923, S. 41.
53. Ebenda, S. 42.
54. Siehe unten die angegebene Literatur in der Anm. zu den Quellen 82.
55. Siehe unten die Anm. zu den Quellen 80.
55a. Midelfort, Witchcraft and Religion in Sixteenth – Century Germany: The Formation and the Consequences of an Orthodoxy, Archiv für Reformationsgeschichte 62, 1971, S. 266–278.
56. M. Hammes, Hexenwahn und Hexenprozesse (Fischer Taschenbuch 1818), Frankfurt/Main 1977, S. 154 ff.
57. W. Ziegler, Möglichkeiten der Kritik am Hexen- und Zauberwesen im ausgehenden Mittelalter. Zeitgenössische Stimmen und ihre soziale Zugehörigkeit (Kollektive Einstellungen und sozialer Wandel im Mittelalter 2), Köln, Wien 1973, S. 6.
58. Ebenda.
59. Zauberwahn, S. 34.
60. L. Weiser-Aall, Hexe, Handwörterbuch des deutschen Aberglaubens, 3. Bd., Berlin und Leipzig 1930, Sp. 1844.
61. W. Ziegler – wie oben Anm. 57 – S. 6.
62. L. Weiser-All, Hexe, Sp. 1840.
63. J. Hansen, Quellen, S. 445.
64. H. R. Trevor-Roper, The European Witch-Craze of the 16th und 17th Centuries, o. O. (1969), S. 71.
65. J. Hansen, Quellen, S. 445.
66. Ebenda, S. 415.
67. Ebenda, S. 416 f.
67a. Histoire de l'Inquisition en France, Paris 1829.
67b. Cohn, Europe's Inner demons, London 1975. Jens Chr. V. Johansen stellte mir in seiner Besprechung meines I. Teiles meiner »›Toverschen‹ und ›Kunsthfruwen‹«, fortid og nutid Bind XXVIII, 1979, S. 168, Cohns Forschungen eindringlich vor Augen, hierfür danke ich.
67c. Wie oben in Anm. 39a.
67d. Nach Kieckhefer, wie oben in Anm. 39a, S. 157, soll Hansen Lamothe-Langon oft ohne Quellenangaben zitieren.
67e. Ich meine hiermit vor allem den Sammelband von Becker, Bovenschen, Brackert u. a., Aus der Zeit der Verzweiflung. Zur Genese und Aktualität des Hexenbildes, edition suhrkamp 840, Frankfurt 1977, S. 313 ff.: Daten und Materialien zur Hexenverfolgung zusammengestellt von Helmut Brackert, insbes. S. 319.
In einem weiteren Sammelband, der vornehmlich Abdrucke aus bedeutenden europäischen Werken zur Geschichte der Hexenverfolgung enthält, findet man keine Auszüge aus Cohns oder Kieckhefers Büchern, Honegger, Hrsg., Die Hexen der Neuzeit. Studien zur Sozialgeschichte eines kulturellen Deutungsmusters, edition suhrkamp 743, Frankfurt 1978.

67f. Kieckhefer, wie oben in Anm. 39a, S. 18.
67g. Vgl. oben Anm. 39a.
67h. Ebenda.
68. H. R. Trevor-Roper, The European Witch-Craze, S. 26.
69. Ebenda, S. 26f.
70. Ebenda, S. 27.
71. J. Hansen, Quellen, S. 24ff.
72. K. Baschwitz, Hexen und Hexenprozesse, S. 76.
73. Referiert nach K. Baschwitz, Hexen und Hexenprozesse, S. 75f.
74. J. Hansen, Quellen, S. 24f.
75. H. Biedermann, Handlexikon der magischen Künste, S. 232; J. Hansen, Quellen, S. 386.
76. H. Biedermann, Handlexikon der magischen Künste, S. 232; K. Fuchs, H. Raab, dtv-Wörterbuch zur Geschichte, 1. Bd., S. 350.
77. H. Biedermann, Handbuch der magischen Künste, S. 233.
78. Ebenda, S. 233 und G. Roskoff, Geschichte des Teufels, 2 Bde., Aalen 1967 (= Reprint der Ausgabe Leipzig 1869), hier 2. Bd., S. 227.
79. G. Roskoff, Geschichte des Teufels, 2. Bd., S. 244.
80. H. Biedermann, Handlexikon der magischen Künste, S. 233.
81. G. Roskoff, Geschichte des Teufels, 2. Bd., S. 263.
82. Ebenda, S. 226.
83. J. Hansen, Zauberwahn, S. 490.
84. J. Hansen, Quellen, S. 416.
85. Ebenda, S. 418.
86. Ebenda, S. 418.
87. E. Merkel, Der Teufel in hessischen Hexenprozessen, Gießen, Diss. phil. 1939, S. 13f.
88. W. Leibbrand – wie oben Anm. 34 – S. 819f.
89. J. Hansen, Quellen, S. 417.
90. W. Leibbrand – wie oben Anm. 34 – S. 834.
91. Ebenda, S. 819.
92. Ebenda.
93. J. Hansen, Quellen, S. 420.
94. W. Leibbrand – wie oben Anm. 34 – S. 822.
95. J. Hansen, Quellen, S. 416f.
96. Ebenda.

11.2 Anmerkungen zu Kapitel 2–8

1. Sonderforschungsbereich 17. Skandinavien- und Ostseeraumforschung. Kiel Christian-Albrechts-Universität, Finanzierungsantrag 1979–1980–1981, Kiel 1978, S. 289f. Ich möchte an dieser Stelle nochmals Dank entrichten für die von Freunden und Kollegen empfangene Hilfe und Anregung bei der Abfassung meiner Beiträge über die Schleswiger Hexenprozesse im 16. Jahrhundert; er gilt insbesondere Herrn Prof. Dr. Kurt Hector und Herrn Dr. Klaus-Joachim Lorenzen-Schmidt M. A., der mich auf die Prozeßakten hinwies.
2. Die Verfasserin hat darüber auf dem »Seventh International Economic History Congress« zu Edinburgh im August 1978 referiert. Dem Sonderforschungsbereich 17 der Kieler Universität gebührt hier ihr Dank, daß er ihr diese Reise ermöglichte.
3. Die Seitenangaben hier wie oben in der Überschrift verweisen, wie es auch zukünftig der Fall sein wird, auf die Quellenedition in Kapitel 9. Personennamen sind in ihrer Schreibweise nicht normalisiert, sie folgen in der Regel der Orthographie der jeweils zitierten Stelle.

4. Vgl. Soldan-Heppe, 3. Aufl., I, S. 347, der über einen ähnlichen Fall berichtet.
5. Heberling 1915, S. 129.
6. Schwarzwälder 1958, S. 17.
7. Anm. zu den Quellen 4.
8. Petersen IV, S. 549 (= Landesarchiv Schleswig-Holstein, Abt. 400 I., Nr. 512 IV): »Unter den Herren des Raths ist allezeit ein Rathscämmerer, welcher als Richter erster Instance die geringeren Sachen in seinem Hause unter den Partheyen schlichtet und entscheidet.«
9. Freudenthal 1931, S. 61. Ders. 1936/37, Sp. 1550–1560.
10. Wahrig 1973, Sp. 3623; Merkel 1939, S. 27ff.
11. Schwarzwälder 1958, S. 23.
12. Ders. 1959, S. 159.
13. Ebenda.
14. Ebenda.
15. Merkel 1939, S. 19; Schwarzwälder 1958, S. 23.
16. Leibbrand u. Leibbrand-Wettley 1967, S. 841. Oder ob sie in Norddeutschland erst in späterer Zeit häufiger auftritt, Schwarzwälder 1958, S. 24; auch ist nicht zu entscheiden, ob »die Mischung von Mensch und Tier«, etwa der Teufel mit dem Pferdefuß, Merkel 1939, S. 21, die dem mediterranen Süden ganz vertraut ist, dem Norden insgesamt fremd war, ders. 1939, S. 20. Schwarzwälder 1958, S. 24, konnte nur gelegentlich etwas über Mißbildungen des Teufels feststellen, es überwiegt in schriftlichen Schilderungen der schmucke Mann.
17. Weiser-Aall 1930/31, Sp. 1878.
18. König o. J., S. 410; Donovan o. J., S. 73.
19. Biedermann 1968, S. 138.
20. Ders. S. 169f.
21. Merkel 1939, S. 20; Herold 1938/1941, Sp. 912–931.
22. Biedermann 1968, S. 232.
23. Es konnte auch während einer Teufelsbuhlschaft in der »Form des heimlichen Umganges mit einem Manne«, Schwarzwälder 1958, S. 27, geschehen.
24. Praetorius 1968.
25. Schwarzwälder 1958, S. 31.
26. Ders. S. 32.
27. Ders. S. 31f.
28. Vgl. Baschwitz 1966, S. 43.
29. Froehner 1925, S. 2.
30. Weiser-Aall 1930/31, Sp. 1845; vgl. Hansen 1901, S. 411.
31. Vgl. Weiser-Aall 1930/31, Sp. 1846.
32. Hansen 1901, S. 417.
33. Soldan-Heppe, 3. Aufl., I, S. 304.
34. Vgl. u. a. Baschwitz 1966, S. 43.
35. Erich u. Beitl 1974, S. 186; Weiser-Aall 1930/31, Sp. 1847.
36. Soldan-Heppe, 3. Aufl., I, S. 54.
37. Dies. S. 51.
38. Dies. S. 53.
39. Mayer 1936.
40. Soldan-Heppe, 3. Aufl., I, S. 37.
41. Erich u. Beitl. 1974, S. 135.
42. Dies. S. 354.
43. Donovan o. J., S. 83.
44. v. Petersdorff 1957, II, S. 254.

45. Zit. nach Honegger 1978, S. 65; vgl. Weiser-Aall 1930/31, Sp. 1830f.; Donovan o. J., S. 83; Baschwitz 1966, S. 43.
46. Weiser-Aall 1930/31, Sp. 1831; Schwarzwälder 1959, S. 163.
47. Mayer 1936, S. 10.
48. Weiser-Aall 1930/31, Sp. 1853.
49. Genannt nach dem Stifter Waldes, um 1140–1217, einem Kaufmann aus Lyon, Geschichte in Gestalten 1963, IV, S. 240: »Er predigte Buße und sammelte eine Gemeinschaft von Männern und Frauen um sich, die nach dem Vorbild der Jünger Jesu zu zweit predigend über Land zogen.«
50. Baschwitz 1966, S. 69.
51. Weiser-Aall 1930/31, Sp. 1849.
52. Ebenda.
53. Ebenda, Sp. 1885.
54. Ebenda, Sp. 1851; vgl. Baschwitz 1966, S. 96; Donovan o. J., S. 69.
55. Heberling 1915, S. 158.
56. Zur Zusammensetzung der Salbe s. u. Anm. 86.
57. Soldan-Heppe, 3. Aufl., I, S. 37.
58. Heberling 1915, S. 155.
59. Biedermann 1968, S. 241.
60. Weiser-Aall 1930/31, Sp. 1849, Sp. 1838: Franck in: Hansen 1901, S. 614–70.
61. Duden, Etymologie 1963, S. 264.
62. Weiser-Aall 1930/31, Sp. 1838.
63. Duden, Etymologie 1963, S. 264; Weiser-Aall 1930/31, Sp. 1938; ders. 1938/1941, Sp. 994f.
64. Eckstein 1934/35, Sp. 846.
65. Ders. Sp. 840.
66. Ders. Sp. 843.
67. Ders. Sp. 842.
68. Ders. Sp. 844.
69. Soldan-Heppe, 3. Aufl., I, S. 299.
70. Ebenda.
71. Froehner 1925, S. 5.
72. Soldan-Heppe, 3. Aufl., I, S. 299f.
73. Biedermann 1968, S. 543.
74. Ders. S. 314.
75. Vgl. Schwarzwälder 1959, S. 164.
76. Hampp 1961, S. 13.
77. Schwarzwälder 1959, S. 162f.
78. Beth 1936/37, Sp. 619ff.
79. Biedermann 1968, S. 475f.
80. Ders. S. 161f.
81. Schwarzwälder 1959, S. 159.
82. Das Zitat im Zitate stammt von Spranger, Magie, zit. nach Hampp 1961, S. 11.
82a. Erich und Beitl 1974, S. 256.
83. Biedermann 1968, S. 312f.
84. Schwarzwälder 1958, S. 9.
85. Weiser-Aall 1930/31, Sp. 1848.
86. Ebenda Sp. 1884; Donovan o. J. S. 57: »Häufig werden die Hexen angeklagt, Blut und Teile des menschlichen Körpers – vor allem von Babykörpern – zu verwenden, und manche mögen das auch getan haben.«
87. Erich u. Beitl 1974, S. 682.

88. Biedermann 1968, S. 543, S. 430.
89. Erich u. Beitl 1974, S. 682.
90. Müller-Bergström 1934/35, Sp. 1550–1552.
91. Merkel 1939, S. 51.
92. Müller-Bergström 1934/35, Sp. 1547–1550.
93. Erich u. Beitl 1974, S. 612.
94. Weiser-Aall 1938/1941, Sp. 991.
95. Erich u. Beitl 1974, S. 839.
96. Ebenda.
97. Mayer 1936.
98. Soldan-Heppe, 3. Aufl., I, S. 288.
99. Schwarzwälder 1958, S. 7.
100. Ebenda.
101. Mayer 1936, S. 51.
102. Ders. S. 31f.; vgl. Soldan-Heppe, 3. Aufl., I, S. 310 machen auf die Schwellensühnung der Römerinnen aufmerksam.
103. Schwarzwälder 1959, S. 208f.
104. Froehner 1925, S. 24.
105. Freudenthal 1931, S. 92.
106. Im Stadtarchiv zu Flensburg konnte man über ihn leider nichts ermitteln.
107. Schwarzwälder 1958, S. 36.
108. Erich u. Beitl 1974, S. 85; Hoffmann-Krayer 1927, Sp. 1226–1252.
109. Erich u. Beitl 1974, S. 926.
110. Schwarzwälder 1958, S. 36.
111. Ders. S. 12.
112. Pfister 1927, S. 1284.
113. Mengis 1934/1935, Sp. 916–937.
114. Erich u. Beitl 1974, S. 12.
115. Pfister 1927, S. 1284.
116. Ders. S. 1294.
117. Ders. S. 1295.
118. Ders. S. 1294.
119. Ovid in den Heroidenbriefen 6, 91–92, zit. nach Biedermann 1968, S. 94.
120. Wegen der Stedinger vgl. Schwarzwälder 1958, S. 13.
121. Weiser-Aall 1930/31, Sp. 1855.
122. Schwarzwälder 1958, S. 12.
123. Entfällt.
124. Erich u. Beitl 1974, S. 270.
125. Dies. S. 217 u. 312.
126. Dies. S. 312.
127. Froehner 1925, S. 8.
128. Biedermann 1968, S. 260f.
129. Aly 1929/30, Sp. 1114–1120.
130. Merkel 1939, S. 51; Mayer 1936, S. 34, stellt den Gesundheitszauber mit einem Faden als Ausfluß des Baumkultes dar.
131. Insbesondere den Gänsefedern wurden zauberische Wirkungen nachgesagt, Haberland 1932/1933, Sp. 214–215.
132. Olbrich 1936/37, Sp. 380.
133. Zit. nach Biedermann 1968, S. 548.
134. Erich u. Beitl 1974, S. 613.
135. Dies. S. 81f.

136. Seligmann 1910.
137. Zwetsloot 1954, S. 165: »Im justinianischen Recht findet sich über die Folter ein Text, der, obwohl er unter die Bestimmungen über Foltergebrauch aufgenommen ist, die ganze Fragwürdigkeit, ja die vollständige Unzuverlässigkeit der quaestio torturalis (= der peinlichen Frage) aufdeckt. (Es handelt sich um Digesten 48, 18, 1, 23). . . . Die Folter ist ein unzuverlässiges und gefährliches Mittel, und die Wahrheit wird dadurch oft irregeführt. Denn viele lügen vor Schmerz, andere lügen, weil sie die Schmerzen gering achten.«
138. Ders. S. 204.
139. Ders. S. 207.
140. Ders. S. 207.
140a. Ders. S. 206.
141. S. u. S. 141.
141a. E. Kroman u. P. Jørgensen 1951. Die Anwendung der Tortur wurde im Rezeß von Kolding von 1588 verboten; nördlich der Königsau wurde dies für über 100 Jahre respektiert, Thygesen 1968, S. 31.
142. Stemann 1866, II, 160.
143. Radbruch 1960, Art. 109 der Peinlichen Gerichtsordnung Kaiser Karls IV.
144. Radbruch u. Gwinner 1951, S. 158: »Die Hexerei hatte schon bisher die Mittelstellung zwischen Unglauben und Vergiftung (so der Sachsenspiegel Buch 2 Art. 13,7), teils als Verrat an Gott, teils als Schädigung der Mitmenschen eingenommen.«
145. Schwarzwälder 1959, S. 182 ff.
146. Soldan-Heppe, 3. Aufl., I, 299.
147. Zwetsloot 1954, S. 204.
148. Schlosser 1978, Sp. 379; Schmidt 1965; ders. 1940.
149. Schlosser 1978, Sp. 381.
150. Erler 1978, Sp. 370.
151. Kaufmann 1978, Sp. 375.
152. Buchda 1971, Sp. 173; Zwetsloot 1954, S. 168; Schmidt 1965, S. 82.
153. Zwetsloot 1954, S. 168; Schmidt 1965, S. 82.
154. Siehe die Anlage 10.4.
155. Schlosser 1978, Sp. 380.
156. Nach Zwetsloot 1954, S. 213 ff.
157. Müßte es nicht Indizlast heißen? Vgl. Zwetsloot 1954, S. 211: »Beweise waren: das Geständnis; die depositio (Aussage) zweier ›Klassischer Zeugen‹; die Urkunde.«
158. Schlosser 1978, Sp. 378.
159. Merzbacher 1978, Sp. 147.
160. Erler 1978, Sp. 370–376.
161. Schwarzwälder 1959, S. 165, 178 ff.
162. Falck 1838 III, 2, S. 766.
163. v. See 1960, S. 154.
164. Ebenda.
165. Lutz 1968, S. 5 f.: Der Rat erweiterte seine richterlichen Befugnisse vor allem im 14. Jahrhundert, »und zwar auf Kosten des ›bything‹ oder ›Dinggerichts.‹«
166. Petersen IV, S. 549 = Landesarchiv Schleswig-Holstein Abt. 400 I., Nr. 512. IV. Lorenzen-Schmidt, wie in Anm. 5 zu den Quellen, nimmt 10 Ratsmitglieder als die Regel an.
167. Lutz 1968, S. 6.
168. Ebenda. Beachte hierzu auch Lorenzen-Schmidt, wie u. in Anm. 50 zu den Quellen.
169. Lutz 1968, S. 7.
170. Ders. S. 5.
171. Ders. S. 163.

172. Veltheim 1824, S. 206; Feddersen 1938, S. 548.
173. Nach einer Auskunft von Herrn Dr. Kl.-J. Lorenzen-Schmidt.
174. Landesarchiv Schleswig-Holstein Abt. 168 Gottorfer Amtsrechnung von 1557. – »Das Stadtrecht nennt die Feldmark der Stadt das ›wikbelde‹, als das Weichbild der Stadt – jenen Bereich in dem das Stadtrecht Geltung hatte.« Lorenzen-Schmidt, Die Sozial- und Wirtschaftsstruktur schleswigscher und holsteinischer Landesstädte zwischen 1500 und 1550, S. 119.
175. Veltheim 1824, S. 207.
176. Ders. S. 210.
177. Soldan-Heppe, 3. Aufl., I, S. 349, erklärt den Zug, die Expansion oder Elevation.
177a. Lorenzen-Schmidt, wie oben in Anm. 174, vgl. die Quelle S. 93, ist dies entgangen: »Zwischen 1544 und 1551 fungierte als Fron Meister Jurgen, der sein Handwerk nach Auffassung der Zeitgenossen wohl trefflich verstanden hat, auch wenn ihm 1551 bei einem persönlichen Verhör die der Hexerei angeklagte Catharina Toffelmakers unter der Hand wegstarb.«
178. Wie Anm. 177.
179. Zwetsloot 1954, S. 176: ». . . aber nach dem dritten Widerruf sei der Angeklagte frei zu lassen. – Beim Hexenprozeß wiederholte man leicht fünf bis . . . zwanzig Male.«
180. Vgl. S. 14
181. Soldan-Heppe, 3. Aufl., I, S. 340.
182. Dies. S. 399.
183. Dies. S. 340.
184. Radbruch u. Gwinner 1951, S. 159.
185. Ebenda.
186. Soldan-Heppe, 3. Aufl., I, S. 354. Niemals erfahren wir detailliert das Nachstehende.
187. Zwetsloot 1954, S. 175: »Bekannte er (=. Angeklagte) aber seine Schuld, so mußte man sofort die Tortur abbrechen und der Angeklagte mußte – denn er konnte in den Schmerzen gelogen haben – nachher frei von der Folter sein Geständnis wiederholen oder bestätigen. Praktisch war so ein Geständnis ebensowenig frei wie das vorangegangene, auf der Folter erpreßte.«
188. Vgl. oben Anm. 179.
188a. Lorenzen-Schmidt, wie oben in Anm. 174, S. 169: »Die Stellung der Stadtvögte kann als wirtschaftlich und sozial überdurchschnittlich bezeichnet werden.«
189. Siehe die Anlage 10.4.
190. Mannzen 1955, S. 229: »Auf der Ebene der ›Untergerichte‹ beherrschen – auf dem Lande – die sogenannten Volksgerichte das Bild, in Schleswig ›Dinggerichte‹ genannt, während wir in Holstein die Bezeichnung ›Ding und Recht‹ finden. Den Vorsitz und die Prozeßleitung hat ein königlicher (bzw. herzoglicher – D. U.) Beamter – der Hardesvogt, der Amtmann, in den friesischen Gebieten der Landvogt, der Staller in Eiderstedt –; die Beisitzer sind in Schleswig die ›Sandmänner‹ (sand: wahr, recht), auch Dingmänner, Synsmänner, Hardesmänner, Ratsmänner, Bonden, Neffninger genannt. In Holstein heißen die Beisitzer ›Holstein‹ oder ›frame Holsten‹ sichere Holsten und auch Dingmänner. Die Urteilsfindung war, wie wir es von der altgermanischen und der karolingischen Gerichtsordnung her kennen, Sache der Beisitzer, der aus den freien Landeigentümern entnommenen Volksrichter, nicht etwa des vorsitzenden königlichen Beamten. Er ›fragte‹ das Recht, das Urteil . . .«
191. Jutisch Lowbok 1486 von 1976, S. 25: »Am weitesten entwickelt ist das Institut unparteiischer Kollegen im jütischen Recht. Es sollten hier in jedem Herad (Harde) zwei Gremien von je acht Männern tätig sein: 1. die ›Wahr(heits)männer‹ – sannaendmen, niederdt. sandemen –, die bei schweren Verbrechen wie Totschlag, Körperverletzung und Vergewaltigung urteilten (II, 1–38 = Bl. 23ᵛ–32ʳ), und 2. die ›Raubernannten‹ – rans na-

efning, niederdt. neffnynghe –, die für Raub und Diebstahl zuständig waren (II, 39–75 = Bl. 32ʳ–40ᵛ). Der wesentliche Fortschritt gegenüber den ebengenannten ähnlichen Einrichtungen besteht darin, daß beide Kollegien nicht mehr von Fall zu Fall, sondern für eine längere Amtsperiode gewählt wurden, also unabhängig waren von den jeweiligen Streitgegnern: Die ›Wahrmänner‹ werden vom König auf Lebenszeit berufen, die ›Raubernannten‹ von den Bauern für die Dauer eines Jahres gewählt. Die königl. Aufsicht über diese Kollegien kommt darin zum Ausdruck, daß beide vom Amtmann vereidigt wurden und daß der Amtmann die Ernennung der ›Raubernannten‹ selbst vornehmen konnte, wenn die Bauern ihrer Pflicht nicht nachkamen (II, 50 = Bl. 35ᵛ). Da beide Kollegien unabhängig von den Parteien waren, beschworen sie nicht mehr – wie früher die Eidhelfer – die Glaubwürdigkeit einer Partei, sondern urteilten aufgrund einer selbständigen Erforschung des vorliegenden Tatbestandes.«

Zu den übrigen Urteilsgremien siehe von See 1960, S. 154 und 183 z. B.

192. Stemann 1866, II, S. 160.
193. Zu den Gerichtsplätzen in Angeln siehe Jensen 1922, S. 21, insbesondere S. 620f. für Röst, S. 637ff. für Boren.
194. Scholtz 1824, S. 488.
195. Ebenda.
196. Vgl. v. See 1960, S. 183.
197. Ders. S. 209.
198. Scholtz 1824, S. 489.
199. Ders. S. 490.
200. Mensing 1927, I, S. 359.
201. Stemann 1866, II, S. 177, siehe auch S. 189, als Quelle der Gerichtsbarkeit des Adels gilt König Friedrich I. Privileg von 1524, Jensen u. Hegewisch 1797, S. XXIII u. S. 143.
202. Siehe oben die Anm. 190.
203. Dingswinde 1826, S. 703 ff.
204. v. See 1960, S. 169 u. S. 154.
205. Kaufmann 1971, Sp. 742–744.
206. Dingswinde 1826, S. 704 f.
207. Dingswinde 1826, S. 705.
208. v. See 1960, S. 154.
209. Heberling 1915, S. 137.
210. Und zwar im Rahmen des Sonderforschungsbereiches 17 der Kieler Universität, siehe oben Anm. 1 zu Kapitel 2–8.
211–213. Entfallen.
214. Honegger, Hrsg., Die Hexen der Neuzeit. Studien zur Sozialgeschichte eines kulturellen Deutungsmusters, edition suhrkamp 743, Frankfurt 1978, S. 10.
215. Zwetsloot, Friedrich Spee und die Hexenprozesse, S. 100.
216. Zurmühl, Ohne Feuertod und Himmelspodeste. Überlegungen aus Anlaß zu einer Hexenausstellung, Courage 6, aktuelle Frauenzeitung Juni 1979, 4. Jg., S. 31–34, auf S. 32 f. ist die Grafik »Hexenprozeß« aus der Hamburger Ausstellung abgebildet. Sie stellt den Hexenprozeß in Form eines Kreises mit folgenden Stadien dar: Anklage, Vorwürfe, Hexenproben, Folter, Geständnis und Urteil, Angabe von Mitschuldigen, Anklage etc.
217. J. Sprengerus und H. Institoris, Malleus maleficarum. Dt.: Der Hexenhammer. Übersetzt von J. W. R. Schmidt, 3 Bde., Berlin 1906.
218. Siehe weiter unten.
219. Heberling, Zauberei und Hexenprozesse in Schleswig-Holstein-Lauenburg, S. 158 f.
220. Lehmann, Hexenverfolgungen und Hexenprozesse im Alten Reich zwischen Reformation und Aufklärung, Jahrbuch des Instituts für Deutsche Geschichte 7, Tel Aviv 1978, S. 48; Midelfort, Witch Hunting in Southwestern Germany 1562–1684. The Social and In-

tellectual Foundations, Stanford, California 1972, S. 85.
221. Schormann, Hexenprozesse in Nordwestdeutschland, Quellen und Darstellungen zur Geschichte Niedersachsens 87, Hildesheim 1977, S. 154.
222. Hexenverfolgungen und Hexenprozesse im Alten Reich zwischen Reformation und Aufklärung, S. 48.
223. Witch Hunting in Southwestern Germany 1562–1684, S. 85 ff.
224. Hver by sin heks, Skalk 3, 1979, S. 21–30.
225. Wie Anm. 224, S. 28.
226. Vgl. S. 74.
227. Zauberei und Hexenprozesse in Schleswig-Holstein-Lauenburg, S. 148.
228. Becker, Bovenschen, Brackert u. a., Aus der Zeit der Verzweiflung. Zur Genese und Aktualität des Hexenbildes, edition suhrkamp 840, Frankfurt 1977, S. 174.
229. Lehmann, Hexenverfolgungen und Hexenprozesse im Alten Reich zwischen Reformation und Aufklärung, S. 52.
230. Thomas, Die Hexen und ihre soziale Umwelt, Honegger, Hrsg., Die Hexen der Neuzeit, S. 279.
231. Russell, Hexerei und Geist des Mittelalters, Honegger, Hrsg., Die Hexen der Neuzeit, S. 163.
232. Midelfort, Witch Hunting in Southwestern Germany 1562–1684, S. 113: »The denunciations of convicted witches proved sufficient.«
233. Wie Anm. 232, S. 148.
234. Ebenda.
235. Biedermann, Handlexikon der magischen Künste von der Spätantike bis zum 19. Jahrhundert, Graz 1968, S. 237.
236. Schormann, Hexenprozesse in Nordwestdeutschland, S. 118 ff.
237. Midelfort, Witch Hunting in Southwestern Germany 1562–1684, S. 113.
238. Lehmann, Hexenverfolgungen und Hexenprozesse im Alten Reich zwischen Reformation und Aufklärung, S. 51.
239. Henningsen, Hver by sin heks, Skalk 3, 1979, S. 26. So auch für Norwegen, Alver, Heksetro og Trolddom. Et studie i norsk heksevaesen, Oslo-Bergen-Tromsø 1971, S. 67.
240. Midelfort, Witch Hunting in Southwestern Germany 1562–1684, S. 19, und A. Macfarlane, Witchcraft in Tudor and Stuart England. A regional and comparative study, London 1971, S. 6.
241. Witchcraft in Tudor and Stuart England. A regional and comparative study, z. B. S. 6, 160, 175, 183.
242. Thomas, Die Hexen und ihre soziale Umwelt, Honegger, Hrsg., Die Hexen der Neuzeit, S. 283.
243. Biedermann, Handlexikon der magischen Künste von der Spätantike bis zum 19. Jahrhundert, S. 447.
244. Macfarlane, Witchcraft in Tudor and Stuart England, S. 182.
245. I. Schöck, Hexenglaube in der Gegenwart. Empirische Untersuchungen in Südwestdeutschland, Untersuchungen des Ludwig-Uhland-Instituts der Universität Tübingen 45, Tübingen 1978, S. 28 u. Anm. 58: Der nachhaltigste Anstoß ging von Edward Evans-Pritchard und seiner 1937 erschienenen Untersuchung »Witchcraft, Oracles and Magic among the Azande« aus. Ihren dominierenden Einfluß erlangte diese Forschungsrichtung erst in der Nachkriegszeit.
246. Macfarlane, Witchcraft in Tudor and Stuart England, S. 211 ff.
247. Schöck, Hexenglaube in der Gegenwart, S. 30.
248. Vgl. S. 103.
249. Vgl. S. 101.
250. Vgl. S. 105.

251. Vgl. S. 25.
252. Vgl. S. 102.
252a. Vgl. S. 104.
253. Vgl. S. 95.
254. Vgl. S. 92.
255. Vgl. S. 136.
256. Pontoppidan, Den Danske Atlas Eller Konge-Riget Danmark . . . Lands-Beskrivelse . . . 7, København 1781, S. 667: »Hans adjungerede Medbroder Nicolaus Lucht blev ulykkelig ved nogle Quinder, som han beskyldte for Troldom og fik dem dømt til Baal og Brand.«
256a. Lorenzen-Schmidt, wie u. in Anm. 275, S. 149 ff., erwähnt Metkes Namen in seinem Kapitel über »Frauen in der Vermögensstruktur« nicht. In seinem »Verzeichnis der Bewohner der Stadt Schleswig«, Krempe 1977, kommt als Nr. 353 eine Metke Vramen für 1539–45 vor.
Über die »Frauen in der Vermögensstruktur« fand Lorenzen-Schmidt, S. 149, heraus: »Von den 1688 zwischen 1504 und 1550 in Schleswig zu erfassenden Personen sind 404 (= 23,9 %) Frauen. In den meisten Fällen setzte nach dem Tode des Mannes eine rasche Verarmung ein. Gründe dafür können durch Erbabschichtung oder durch den Entzug des Hauptverdieners gegeben sein; aus den Quellen sind sie nicht zu erkennen. Das Bild, das sich so ergibt, zeigt die unverheiratete, also auch verwitwete Frau in der Regel in schlechter Vermögensverfassung.«
257. Vgl. S. 93.
257a. Lorenzen-Schmidt, wie u. in Anm. 275, S. 95: liefert folgende Daten: »Clawes Selke wurde 1549 Bürger, nachdem er schon 1548 Schoß zahlte. Ab 1548 entrichtete er dem Rat auch Haus- und Budenmiete von 3 m pro Jahr – vielleicht handelte es sich um eine Pachtzahlung für die Stadtmühle. (Der Zeitpunkt stimmt, vgl. den I. Prozeß, in dem bereits gegen Selke agiert werden sollte, S. 88 – D.U.) Aus dieser soll er nämlich vertrieben worden sein, wie die der Hexerei beklagte Gelharsche bei ihrem Verhör in Röst bekannte.« Daß der Genannte für die Vertreibung des vormaligen Müllers mit Namen Tomas Stamptenn »verzaubert« werden sollte, bleibt anzumerken, vgl. S. 88.
257b. Diesen Sachverhalt möchte ich berücksichtigt sehen, wenn Lorenzen-Schmidt, wie u. in Anm. 275, S. 168, schreibt: »Der Vogt nahm dann auch an den Verhören teil und scheint insgesamt als Ankläger vor den Ratsgremien tätig geworden zu sein.«
258. Vgl. 55ff., 61ff.
259. Vgl. S. 101.
260. Siehe oben Anm. 232.
261. In Dänemark gab es eine, wie Henningsen betont, einzigartige Bestimmung von 1547, die es nicht erlaubte, daß des Diebstahls, des Verrats und der Zauberei überführte Personen gegen andere zeugen durften, Hver by sin heks, Skalk 3, 1979, S. 25.
262. Midelfort, Witch Hunting in Southwestern Germany 1562–1684, S. 89.
263. Vgl. den Kartenteil.
264. Vgl. S. 105f.
265. Witch Hunting in Southwestern Germany 1562–1684, S. 126.
266. Huussen jr., Economic and Social Aspects of Criminality in the Past (Seventh International Economic History Congress, Edinburgh August 1978). Report on the Third Session, International Association for the History of Crime and Criminal Justice Newsletter 1, 1979, S. 20.
267. Macfarlane, Witchcraft in Tudor and Stuart England, S. 95.
268. Wie Anm. 267, S. 168.
269. Wie Anm. 267, S. 167. Kieckhefer, European Witch Trials. Their Foundations in Popular and Learned Culture, 1300–1500, London and Henley 1976, S. 93 f. unterstreicht, daß

die meisten erhaltenen Quellen aus Städten stammen und demgemäß »urban tensions« widerspiegeln.
270. Vgl. S. 105ff.
271. Vgl. S. 101ff.
272. Thomas, Die Hexen und ihre soziale Umwelt, Honegger, Hrsg., Die Hexen der Neuzeit, S. 260: »So betrafen zum Beispiel in Essex 70 Prozent aller Anschuldigungen den Tod oder die Erkrankung von Menschen und ein Großteil der übrigen Fälle die Verletzung von Menschen und Tieren.« Macfarlane, Witchcraft in Tudor and Stuart England, S. 152: »From the table it would seem that humans were most likely victims of witchcraft, and that death rather than illness, was most likely to be attributed to witches.« Unsere erste Rubrik in der Statistik der Schäden ist zu weit gefaßt, um diese Präzisierung nachvollziehen zu können.
273. Kieckhefer, European Witch Trials, S. 98: »One of the clearest lessons that anthropology has drawn in its study of witchcraft in many different societies is that the circumstances giving rise to accusations of witchcraft are not accidental.«
274. Thomas, Die Hexen und ihre soziale Umwelt, Honegger, Hrsg., Die Hexen der Neuzeit, S. 277.
275. Die Situation hat sich durch das Erscheinen der Doktorarbeit von Kl.-J. Lorenzen-Schmidt, Die Sozial- und Wirtschaftsstruktur schleswigscher und holsteinischer Landesstädte zwischen 1500 und 1550, Phil. Diss. Hamburg 1979, merklich verbessert. Die Arbeit, die Schleswig u. a. berücksichtigt, erschien, als meine Arbeit bis auf das Kapitel »Hexenverdacht und gerichtliche Schuldzuweisung« bereits abgeschlossen war. Es konnte daher nur auf einige Ergebnisse Bezug genommen werden.
276. Thomas, Die Hexen und ihre soziale Umwelt, Honegger, Hrsg., Die Hexen der Neuzeit, S. 278.
277. Macfarlane, Anthropologische Interpretationen des Hexenwesens, Honegger, Hrsg., Die Hexen der Neuzeit, S. 244.
278. Thomas, Die Hexen und ihre soziale Umwelt, Honegger, Hrsg., Die Hexen der Neuzeit, S. 278.
279. Lorenzen-Schmidt, wie oben in Anm. 275, S. 64f. »Schleswigs ökonomische Situation war Ende des Mittelalters in keiner Weise mehr durch Schiffahrt beeinflußt. Einen Transithandel in ost-westlicher Richtung gab es nicht mehr. Die Stadt hatte nur noch die Funktion eines Nahmarktes für die agrarisch ausgerichteten Gebiete nördlich der Schlei. Die Bewohner Südangelns bezogen aus der Stadt gewerbliche Produkte und setzten hier agrarische Erzeugnisse ab, was eine relativ weitgestreute Warenproduktion ohne exportorientierte Spezialisierung anregte.« S. 140: »Neben dem Sinken des Anteils der Reichen im Rahmen der Vermögensdifferenzierung (Abb. 25) ist aus Abb. 26 sehr gut auch das absolute Sinken der Schoßleistungen dieser Vermögens›klasse‹ abzulesen. Die Gesamtsteuerleistung wurde also weniger von den Reichen als vielmehr vom Mittelfeld der Steuerzahler bestimmt. Dies ist als weiteres Indiz für die ökonomische Bedeutungslosigkeit der Stadt zu werten: Nicht bloße Vermögen von Händlern und prosperierenden Handwerkern bestimmten die Steuerstruktur, sondern die Masse der Mittelvermögen.« S. 602: »In keiner der untersuchten Städte lassen sich Konflikte im Reformationsprozeß feststellen, geschweige denn soziologisch verorten. So ist nichts darüber zu sagen, ob es Fraktionen innerhalb der Bewohnerschaft der Städte gegeben hat und warum sich möglicherweise solche Gruppierungen in dieser oder jener Weise bildeten.« S. 603: »Eine Verifikation der These, daß Reformation und Bauernkrieg zusammen mit Vorläufer- und Nachfolgeereignissen eine frühbürgerliche Revolution ausmachen, ist also aus dem vorgelegten Material nicht möglich. Es müßten dazu vor allem langzeitorientierte Untersuchungen über den Charakter des Bürgertums in den Städten der Herzogtümer angestellt werden.«

280. Thomas, Die Hexen und ihre soziale Umwelt, Honegger, Hrsg., Die Hexen der Neuzeit, S. 287.
281. Hver by sin heks, Skalk 3, 1979, S. 29; vgl. auch Heberling, Zauberei und Hexenprozesse in Schleswig-Holstein, S. 174 ff. Über »Die Anklage und die Bestreitung der Kosten des Verfahrens«; Henningsens Schlüsse hinsichtlich der Größe oder Kleinheit der Hexenverfolgung zog er jedoch nicht.
282. Hansen 1900, S. 4.
283. Thomas, Hexen und ihre soziale Umwelt, Honegger, Hrsg., Die Hexen der Neuzeit, S. 264.
284. Macfarlane, Anthropologische Interpretation des Hexenwesens, Honegger, Hrsg., Die Hexen der Neuzeit, S. 237.
284a. Vgl. o. Anm. 266 auf S. 128 u. Anm. 67b auf S. 119
285. Macfarlane, wie oben in Anm. 284, S. 240.
286. Lorenzen-Schmidt, wie in Anm. 275.
287. Lorenzen-Schmidt, wie in Anm. 275. S. 33.
288. Lorenzen-Schmidt, wie oben in Anm. 275.
289. Thomas, wie oben in Anm. 283, S. 252.
290. Macfarlane, wie oben in Anm. 284, S. 155.
291. Russell, Hexerei und Geist des Mittelalters, Honegger, Hrsg., Die Hexen der Neuzeit, S. 161 f.
292. Schöck, Hexenglaube in der Gegenwart, S. 176.
293. Die Notwendigkeit, Lokalstudien über die Hexenverfolgung zu betreiben, wird neuerdings stark betont, vgl. Midelfort, Witch Hunting in Southwestern Germany 1562–1684, S. 2.
294. Johansen, wie oben in Anm. 67b (auf S. 119) S. 168.
295. Heberling 1915, S. 149.
296. Zur Unterscheidung des Teufelsgedankens, -verbrechens, von den zauberischen Schädigungen vgl. Cohn, Europe's Inner Demons, S. 147: »Anthropologists working in present-day ›primitive‹ societies have often found it convenient to distinguish between ›sorcery‹ and ›witchcraft‹. ›Sorcery‹ commonly only refers to a technique: the use of substances or objects believed to be imbued with supernatural power, usually to the accompaniment of verbal spells or gestures, with the intention of harming one's fellows. The source of ›witchcraft‹, on the other hand, lies not in technique but in the person: the witch is full of destructive power.«
297. Johansen, wie oben in Anm. 294, S. 168.
298. Russell, wie oben in Anm. 291, S. 159.
299. Baeyer-Katte 1965, S. 229.
300. Vgl. o. Anm. 281.

11.3 Fußnoten und Anmerkungen zu den Quellen

a) sůlcher
b) nhů
c) erfőr
d) nhů
e) wo gescheen, später hinzugefügt.
f) Quod factum est, später hinzugefügt.
g) Doch . . . gekamen, später hinzugefügt.
h) Duth . . . wedderfahren, später hinzugefügt.
i) vordőn

j) wȯrde
k) tho Dode, später hinzugefügt.
l) alse . . . fraude iniit, siehe Anm. 76 zur Quelle, später hinzugefügt.
m) Lucht
n) Es steht dort: Margareta.
o) vorordęlden
p) hęr
q) Es steht dort: Muttzenn.
r) hęte
s) ęnthwiken
t) Anneke Ludtken, später hinzugefügt.
u) An verum dubitatur, später hinzugefügt?
v) Ebruck

1. 23. März.
2. Moldenit.
3. Akeby.
4. ·J. v. Schröder, Geschichte und Beschreibung der Stadt Schleswig, Schleswig 1827, Anhänge S. 51, verzeichnet Peter Eggerdes seit 1538 als Stadtvogt, für 1550 nennt er Mathias Mösing. U. Petersen, Der durchlauchtigsten Herren Hertzogen von Holstein – Gottorf Haupt- und Residenz – Stadt Schleswig nach ihren alten und neuen Situationen dargestellt, o. O. o. J. (Ms) = LAS Abt. 400. 1 Nr. 512, 1–7, Bd. 4, S. 505, berichtet: »Anno 1542 hat Peter Eggerds, Stadtvoigt, einen Hoff gehabt, belegen aver de Minricksbrügge up Mölendyck, bey Peter Peterß Hause etc.« Der Stadtvogt übte vielfältige Befugnisse für den Stadtrat aus. A. Sach, Geschichte der Stadt Schleswig nach urkundlichen Quellen, Schleswig 1875, S. 132: »Seitdem die Stadt die Criminalgerichtsbarkeit erworben hatte, knüpften sich an das Amt des Stadtvogtes, in dem gewissermaßen die polizeiliche und richterliche Gewalt des Rathes vertreten war, die wichtigsten Befugnisse, wie die Markt-, Fremden- und Sittenpolizei in seiner Hand lag, so ist er auch bei Brüchen, Bußen, Auspfändungen, Arrest, bei jeder criminellen Untersuchung, Verhör, Urfehde, Zwölfmanneneid die gewichtigste Person und auf den gehegenden Thingen auf öffentlichem Markte hat er seinen Platz neben den Bürgermeistern. Zum Vollzug aller von dem Stadtgerichte und dem Stadtrahte erlaßenen Straferkenntnisse stand der Frohn des Vogtes, d. h. der Nachrichter mit seinen Knechten bereit.« Wie der herzogliche Vogt ein städtischer wurde, entnimm H. Stoob, Hrsg. und Bearbeiter, Deutscher Städteatlas, Lieferung I Nr. 9, 1973: Schleswig, Dortmund 1973: »Als Königs- und Herzogslinie 1375 erloschen, kam Schleswig mit dem Herzogtum im Nyborger Ausgleich 1386 an Schauenburg; nun war die Stadt nicht mehr Herzogsitz; wohl daraufhin wurde eine ergänzte, niederdeutsche Stadtrechtsverfassung aufgesetzt. Der neue Artikel 115 gibt dem Rat Mitsprache bei der Stadtvogtwahl.« A. Sach, S. 121, läßt irrigerweise die stadträtliche Bewilligung schon 1256 beginnen. Dem Stadtvogt standen der Frohn und verschiedene Knechte zur Seite, siehe u. Anm. 20. Neuerdings über die Bediensteten des Rates Kl.-J. Lorenzen-Schmidt, Die Sozial- und Wirtschaftsstruktur schleswigscher und holsteinischer Landesstädte zwischen 1500 und 1550, Phil. Diss. Hamburg 1979, S. 167 ff.
5. Ein bis zwei Kämmerer verzeichneten die Einnahmen und Ausgaben der Stadt. Sie waren für die Kassenverwaltung zuständig. Sie gehörten dem Stadtrat an. Der Rat setzte sich aus 8 Mitgliedern zusammen, von denen zwei Schott- bzw. Schöteherren waren. Kämmerer, Schöteherren und die übrigen Ratmannen wählten jährlich aus ihrer Mitte zwei Bürgermeister; nach A. Sach, S. 119 ff. Lorenzen-Schmidt, Die Sozial- und Wirtschaftsstruktur schleswigscher und holsteinischer Landesstädte zwischen 1500 und 1550, S.

172, hat bestritten, daß der Rat aus 8 Mitgliedern bestand: »Zeitgleich kommen bis zu zehn Ratsmitgliedern vor, so daß von dieser Zahl als Regelzahl ausgegangen werden sollte.« Zur Abgrenzung der Kämmerer- und Schöteherrnkompetenzen führt Sach, S. 127, aus: »Jedoch flossen nicht einmal die gesamten Einnahmen der Gemeinde in des Kämmerers Kasse. Während z. B. der Hausschatz von den Schöteherrn gebucht wird, verzeichnete der Stadtkämmerer unter Einnahme nur Hausheuer, Erd- oder Grundheuer, Ackerheuer, Städtegelder d. h. die Einnahme von sämtlichen verpachteten oder vermieteten städtischen Besitzungen und Ländereien, ferner die Erträge des Hopfenwagens, der Brüche und der gewonnenen Bürgschaft.«
6. Wiesbüll, Ortschaft der Gemeinde Sollerup, Verzeichnis der Gemeinden, Ortschaften und Wohnplätze in Schleswig-Holstein. Nach dem Gebietsstand vom 1. 1. 1953 und Bevölkerungsstand vom 13. 9. 1950, Hrsg. vom Statistischen Landesamt Schleswig-Holstein, Kiel 1953. Siehe auch Oldekop, Topographie des Herzogtums Schleswig, Kiel 1906 = Neudruck Kiel 1975, S. 106 f. Dies entgegen (?) von v. Schröder, Topographie des Herzogtums Schleswig, 2., neu bearbeitete Aufl., Oldenburg i. Holstein 1854, der im Register »Wysbüll s. Hostrup« schreibt, unter Hostrup ist dann zu lesen: »Im Jahre 1527 vertauschte Otto Ratlov zu Lindau 2 Güter in Wysbüll und 2 Güter in Hostrup gegen 3 Domcapitelsgüter in Gundebye (Ksp. Ulsnis).«
7. Obdrup, seit 1970 zu Satrup gehörig.
8. Esmark, seit 1970 zu Satrup gehörig.
9. Winderatt, seit 1970 zu Satrup gehörig.
10. Obdrup.
11. Winderatt.
12. Sterup.
13. Moldenit.
14. Die alte Stadtmühle befand sich am nördlichen Stadtgraben, heute Schlachterstr. 7, E. Petersen, Alt-Schleswigs Umwallung, Tore, Brücken und Wehrtürme, BSSG 2, 1957, S. 10. Ders., Alt-Schleswigs Quartiere, Straßen und Gassen, BSSG 4, 1959, S. 38: Der Name Schlachterstraße besteht seit etwa 1700 nach dem hier einst belegenen Ratsschlachthaus. R. Rosenbohm, Mittelalterliche Mühlen in und um Schleswig, BSSG 1, 1956, S. 29: »Sie gehörte noch bis in die Neuzeit hinein dem Landesherrn, jedoch hatte die Stadt die Nutznießung inne.« J. v. Schröder, S. 288: »Eigenthümliche Mühlen besitzt die Stadt nicht.« Siehe auch A. Sach, S. 263, und unten die Anmerkungen 35 u. 40.
15. Brekling.
16. Obdrup.
17. Hürup.
18. Torsballig.
19. Im Flensburger Stadtarchiv konnte er nicht ermittelt werden.
20. Von ihm, dem »Frohn des Vogtes«, des Stadtvogtes, wurden die vom Stadtgericht und vom Stadtrat erlassenen Strafen vollzogen, A. Sach, S. 132, und oben Anmerkung 4. Für die seit 1581 eingetretenen Veränderungen ziehe H. Philippsen, Kurzgefaßte Geschichte der Stadt Schleswig. In Wort und Bild dargestellt, Schleswig 1926, S. 61, heran. Anders Lorenzen-Schmidt, Die Sozial- und Wirtschaftsstruktur schleswigscher und holsteinischer Landesstädte zwischen 1500 und 1550, S. 171: »Ob Schleswig einen gesonderten Büttel als Gerichtsdiener beschäftigte, ist nicht klar. Offenbar wurden hier ›Vodel‹ und ›fron‹ synonym gebraucht, denn die Inhaftierungen besorgte ja der Vogt. Möglicherweise diente ihm dabei der Stadtknecht, der jährlich Lohn und Schuhe vom Rat erhielt.« Der Frohn (= Scharfrichter) hatte ein vielfältiges Aufgabenfeld: Er war Büttel (Stadt- u. Gerichtsdiener), Prachervogt (für die Bettler zuständig), Schinder oder Abdecker und Quacksalber, A. Sach, S. 133. Zu seiner Taxe siehe ebenda; was die Justifizierung der »Hechsen« kostete, entnimm H. Philippsen, Alt-Schleswig. Zeitbilder und Denkwürdig-

keiten, Schleswig 1928, S. 165. Er galt als unehrlich, siehe A. Sach, S. 194, und vor allem J. Glenzdorf und Fritz Treichel, Henker, Schinder und arme Sünder. 1. Teil: Beiträge zur Geschichte des deutschen Scharfrichter- und Abdeckerwesens; 2. Teil: 5800 Scharfrichter- und Abdeckerfamilien, Bad Münder am Deister 1970.
E. Petersen, Vom ältesten bis zum heutigen Schleswiger Rathaus, BSSG 3 (1958), S. 26, nennt 1551 Mester Wulff, 1556 de Bodel Mester Hans und Mester Matz.

21. Die Struxdorfharde gehörte zum Amt Gottorf, J. von Schröder, Topographie des Herzogtums Schleswig. 2., neu bearbeitete Aufl., Oldenburg (in Holstein) 1854, S. LXXX.
22. Nübel.
23. 13. April.
24. Gerichtsplatz war der »Große Markt«; er »wird aber im letzten Drittel des 17. Jahrhunderts auf die Anhöhe des Michaelisberges, in die Nähe des außer Betrieb gesetzten Stadt-Ziegelhofes verlegt, um schließlich mit dem Pfennigberg auf dem Stadtfelde vertauscht zu werden«, H. Philippsen, Kurzgefaßte Geschichte der Stadt Schleswig. In Wort und Bild dargestellt, S. 61, und Alt-Schleswig. Zeitbilder und Denkwürdigkeiten, S. 240: »daß hier noch im Jahre 1621 die Witwe des fürstlichen Wagenmeisters Christoph Lofländer unter Henkershand den Tod erlitt«. Lorenzen-Schmidt, wie oben in Anm. 20, S. 162, meint hingegen: »Die Hinrichtungsstätte lag auf dem in früherer Zeit richtig so genannten ›Galchberg‹ (Gallberg), wie sie auch auf dem Stich bei Braun und Hogenberg zu sehen ist. Dort stand ein dreibeiniger Galgen, zwischen dessen Ständen auch geköpft wurde.« Und dazu Anm. 334: 1549: STAS Nr. 4 p. CXCVIII (= Braunes Buch). Ich bin mir sicher, daß D. Unverhau (wie Anm. 143, 96) irrt, wenn sie annimmt, die Hinrichtung von Hexen habe auf dem Marktplatz stattgefunden.«
Reicht Lorenzen-Schmidts Beleg aus? Ich werde der Frage in absehbarer Zeit nachgehen. Zur »Justiz auf dem Markt«, die hauptsächlich (ausschließlich?) für die Militärgerichtsbarkeit verwandt wurde, siehe den Beitrag von E. Schlee in BSSG 22.
25. 29. Juli.
26. E. Petersen, Vom ältesten bis zum heutigen Schleswiger Rathaus, BSSG 3, 1968, S. 25: »Das Erdgeschoß hatte seinen Haupteingang in der dem Markte zugekehrten Giebelseite (vgl. die Abbildung weiter unten). Von hier gelangte man nach der Stadtwaage und dem Ratskeller. Der links und rechts vom Flur (f4) liegende Ratskeller bestand aus 3 Räumen (f1, f2 und f3).«
Die in Klammern gesetzten Angaben beziehen sich auf den bei Petersen abgedruckten Grundriß. Dieser Ratskeller befand sich in der ehemaligen Klosterkirche St. Paul, die nach der Vertreibung der Franziskanermönche aus dem Grauen Kloster im Jahre 1528 von Herzog Friedrich I. der Stadt zu Rathauszwecken überlassen worden war, E. Petersen, ebenda, S. 24f. Hierbei handelt es sich um das dritte, belegte Rathaus (?); über die Vorgänger wissen wir nicht viel, A. Sach berichtet S. 125: »Ob Schleswig gleich mit dem Auftreten eines Rathes ein eigenes Rathaus erhalten hat, läßt sich nicht mit Sicherheit angeben. Da jedoch in den älteren Kämmereirechnungen v. J. 1446 von einem alten und neuen Rathause mit 2 Giebeln und unten angebrachten Buden und Fleischschrangen die Rede ist, so wird man die Erbauung desselben wenigstens in das 14. Jahrhundert zurückdatieren dürfen. Erst nachdem König Friedrich I. der Stadt die Paulskirche des 1528 aufgehobenen Franciscanerklosters zum Rathaus geschenkt und dann das ältere Gebäude, welches westlich davon am Markte lag, (1541) an den damaligen Bürgermeister verkauft war, wurde die schöne Klosterkirche durch Balken und Bretter in zwei Theile geschieden, von denen der obere zum Rathause, der untere zum Ratskeller diente.« Wer sich die Lage der ältesten Rathäuser mit »Roland«, Graukloster und Trinitatiskirche verdeutlichen will, kann dies mit E. Petersens Plan, S. 23, tun; allerdings beruht er auf einer Gemarkungskarte von 1880. Daß Petersens »Ergebnisse mit Vorsicht zu verwerten« sind, hat kürzlich K.-J. Lorenzen-Schmidt, Zur Sozialtopographie Schleswigs im 16. Jahrhundert,

BSSG 21, 1976, S. 18, zu Recht bemerkt. Eine weitere neue Arbeit – E. Schlee, Kulturgeschichte schleswig-holsteinischer Rathäuser, Heide in Holstein 1976 – äußert sich hierzu nicht mit neuen Erkenntnissen; sie rezipiert, wenn auch sehr behutsam, die ältere Forschung.

27. Zu diesem Komplex hat K.-J. Lorenzen-Schmidt einen Aufsatz mit dem Titel »Beleidigungen in schleswig-holsteinischen Städten im 16. Jahrhundert. Soziale Norm und soziale Kontrolle in Städtegesellschaften«, Kieler Blätter zur Volkskunde 10, 1978, S. 5–27, vorgelegt.

28. L. Andresen und W. Stephan, Beiträge zur Geschichte der Gottorfer Hof- und Staatsverwaltung von 1554–1659, Quellen und Forschungen zur Geschichte Schleswig-Holsteins, 2 Bde., Kiel 1928, bieten folgende genealogische Daten im 1. Bd., S. 60: »1554 Valentin Kruckau hatte 1554 schon seit etlichen Jahren auf Schloß Gottorf als Hausvogt gedient. Er war mit Margareta, Tochter des seligen Otto Blume und der in Eckernförde lebenden Dorothea Blume, verheiratet. Herzog Adolf erteilte ihm am 3. Dezember 1554 einen Begnadigungsbrief auf eine Hufe Landes, nutzbar nach dem Tode seiner Schwiegermutter, die sie damals noch genoß. An dem gleichen Tage erhielt er eine herzogliche Begnadigung auf ein Abschiedsgeschenk von 3000 Mk. Bei seiner Entlassung altershalber, am 23. April 1570, erhielt er eine Quittung über alle von ihm geführten Rechnungen, doch ist nicht gesagt, aus welchem Amte er hier geschieden ist.« Der Hausvogt amtierte auf Schloß Gottorf, er war ein herzoglicher Beamter. Er soll »Insonderheit schuldig sein, mit Bestellung des Bauwergks und Bereitung der Holtzungen sich fleißig zu bezeigen und darauf zu sehen, daß dieselben nicht zur Ungebühr, sondern zur notturftigen Feuerung auf Unserm Haus Gottorf und erfürderten Gebewten verhauen, sonsten aber nichts daraus gestohlen oder heimlich entwendet werde, so soll er auch zugleich auf die Schefereyen und Viehezucht Unsers Ambts Gottorff, daß damit allenthalben zu Unserm Besten richtig verfahren werde, gute Aufsicht haben.« Zit. nach Andresen-Stephan, S. 59f.

29. J. v. Schröder, S. 273 f.: »Die Stadt Schleswig gehört zu denjenigen Städten, in welchen zuerst Apotheken eingerichtet, und denselben Privilegien ertheilt sind. Der Herzog Friedrich I. war in dem Jahre 1515 der Stifter der hiesigen sogenannten großen Apotheke, welche noch jetzt auf dem großen Markte, auf dem Platze des Hauses der ehemaligen Knudsgilde belegen ist.«

30. Esperstoft.

31. Christoffer Smytth hieß er, wie weiter unten aus dem Text hervorgeht. Von ihm ist als »Kunstener edder Doctor« die Rede; war er ein gelehrter Zauberer, ein Magier oder Nekromant? Siehe hierzu Kurt Baschwitz, Hexen und Hexenprozesse. Die Geschichte des Massenwahns, Nördlingen 1966 (= dtv 365), S. 11; insbesondere S. 12: »Nur Männer waren als gelehrte Zauberer anerkannt. Demgemäß blieben auch zur Zeit des Hexenwahns die großen und kleinen Zauberer so gut wie unbehelligt.

32. Eckernförde.

33. Siehe o. Anm. 31.

34. dito.

35. Ist hiermit die Stadtmühle, siehe o. Anm. 14, gemeint? Nahm sie in einer außerhalb der Jurisdiktion der Stadt gelegenen Mühle ihre Zuflucht? Verbarg sie sich in einer Mühle des Amtes Gottorf? Die Vororte von Schleswig unterstanden ja diesem Amte, H. Philippsen, Alt-Schleswig. Zeitbilder und Denkwürdigkeiten, S. 130. Welche Mühlen – egal welcher Gerichtsbarkeit unterstehend – in Betracht kamen, kläre mit R. Rosenbohm, wie o. in Anmerkung 14, und mit H. Klatt, Die Gottorfer Wassermühle, der Mühlenteich und der Mühlenbach, BSSG 8, 1963, S. 69–80.

36. Hebammen, die – wie die weisen Frauen – Frauenkrankheiten vorwiegend mit Kräutern behandelten, gerieten dank dieser speziellen Kenntnisse oftmals in den Verdacht der

Zauberei bzw. Hexerei. Dieses Wissen, wie mehr oder minder alles mit der Geburt Zusammenhängende, war der Männerwelt fremd; es entzog sich ihrer Kontrolle, daher war es zu bekämpfen. Welche wichtigen Fragen sich hieran knüpfen, zeigt eine Studie von G. Becker, H. Brackert, S. Brauner u. A. Tümmler, Zum kulturellen Bild und zur realen Situation der Frau im Mittelalter und in der frühen Neuzeit, in: Aus der Zeit der Verzweiflung. Zur Genese und Aktualität des Hexenbildes, Frankfurt am Main 1977 (= edition suhrkamp 840), S. 9–128; hier S. 116: »Es scheint, als sei den Frauen zu Beginn der Neuzeit von der patriarchalischen feudalen Gesellschaftsordnung alles genommen worden, was sie während des Mittelalters zu Zeiten oder immer besaßen. Aus den Zünften ausgestoßen, mußten sie sich in den entstehenden Manufakturen gegen einen Hungerlohn verdingen. Ihr medizinisches Wissen wurde von den männlichen Ärzten usurpiert oder sie durften es nicht mehr anwenden. Von der Weiterentwicklung der Medizin blieben sie ausgesperrt, als Hebamme durften sie nur so viel davon erfahren, wie es den Ärzten nötig schien. Auf die Geburt als den letzten weiblichen kreativen Akt durften sie nicht mehr stolz sein (Erbsünde! – D. U.) und ihn nicht mehr als ihren und der anderen Frauen Erfolg feiern. Der letzten Erinnerung an die naturhafte Macht der Frauen aus einer mutterrechtlichen Vorzeit, der weiblichen Geburtshilfe und Heilkunde sowie der Frauenfeste, wurden sie beraubt. Aber nicht genug damit. Diese Entwicklung bereitete den Boden für die Hexenverfolgungen des 16. und 17. Jahrhunderts. Hatten sich die heilkundigen Frauen, die Hebammen, welche nun als böse Hexen abgestempelt wurden, ihrer Verdrängung aus der Medizin widersetzt? Taten sie das heimlich, indem sie weiterhin Abtreibungen vornahmen und Verhütungsmittel anwandten?«

37. Nach Andresen-Stephan, 1. Bd., S. 32 Anm. 3, hatte 1 Taler 1520 = 24 Schilling lübsch, 1568 = 31 ß, 1572 = 32 ß, 1605 = 33 ß, von 1622 ab = 48 ß. Ebenso A. Sach, S. 127 Anm. 30. Für eingehendere Studien kommt in Frage: E. Waschinski, Währung, Preisentwicklung und Kaufkraft des Geldes in Schleswig-Holstein von 1226–1864, Quellen und Forschungen zur Geschichte Schleswig-Holsteins 26, Neumünster 1952. Beachte unten die Anmerkungen 62 und 63!

38. E. Petersen, Vom ältesten bis zum heutigen Schleswiger Rathaus, S. 27: »Bis etwa 1545 befand sich die Büttelei in einer der uralten, aus Tuffsteinen erbauten Verkaufsbuden neben der Trinitatis- oder Heiligen-Geist-Kirche.« Die neue Büttelei war nach Petersen, S. 26, im östlichen Teil des Erdgeschosses der einstigen Klosterkirche angesiedelt, und zwar im Chor »wie zum Hohn« die Wohnung des Scharfrichters mit einem besonderen Eingang von der Südseite und dahinter in der Apsis zwei Gefängniszellen, die eine wurde die »Heilige Sätte« genannt. »Hier mußte mancher Schwerverbrecher, aber auch manche unschuldige ›Hexe‹ einem peinlichen Verhör und der Aburteilung durch den Scharfrichter entgegensehen. 1557 saßen dort die ›Töwersche‹ (Zauberinnen): ›Deme Scharprichter Mester Hanse vor dryer Töwerschen Terynge gegeven 6 mk.‹ Die eine Kammer (i 1 – diese Benennung bezieht sich auf den von Petersen aus S. 25 abgedruckten Grundriß der von 1538–1793 als Rathaus benutzten Klosterkirche St. Paul, nach einer Zeichnung von G. Rosenberg, 1772) neben der Gefängniszelle wird dem peinlichen Verhör gedient haben. Die Kämmereirechnung von 1551 besagt u. a.: ›Alse Caterina Eggerdes gepyniget wurth, vor Kakebille (Eckernförder Bier), in de Bodelye gehalten, VI ß: (Schilling), vor Nageln tho der Reckeledder (Streckleiter) II ß‹ . . .«

39. Siehe Anm. 38.

40. E. Petersen, Alt-Schleswigs Quartiere, Straßen und Gassen, BSSG 4, 1959, S. 43: »An die Faulstraße schließt sich eine Häuserreihe an, die nach dem Polierteich benannt ist. Nach U. Petersen hat der Teich seinen Namen von einer schon 1519 hier betriebenen Schleif- und Poliermühle. 1586 (KR.) wird ein Anwohner ›Matthias by Polerdick‹ genannt.« J. v. Schröder, S. 4 Anm. 39; H. Philippsen, Erklärung der Namen der Straßen, Gänge, Wege und Wohnplätze im Stadtgebiet Schleswigs und dessen Umgebung,

Schleswig 1926, S. 13, und H. Rosenbohm, Mittelalterliche Mühlen in und um Schleswig, S. 31: Die Mühlen am Polierteich. Hierunter versteht er mit J. v. Schröder – Staatsbürgerliches Magazin 10, 1831, S. 610–611 – eine Poliermühle, eine Hammermühle und eine Stampf- und Walkmühle. Die Hammermühle, deren Gründung Ende des 15. Jahrhunderts geschehen sein soll, wurde 1577 an Hans Platenschläger verkauft. Die Poliermühle wird 1518 und 1519 als Harnisch- oder Schleifmühle erwähnt, die Stampf- und Walkmühle diente den Schleswiger Beutelmachern.

41. Siehe o. Anm. 37.
42. 23./24. Juni.
43. Die Trinitatis- oder Heiligen-Geist-Kirche, zwischen Rathaus- und Töpferstraße gelegen, war Marktkirche, sie wurde nach der Reformation abgebrochen; folge der gelben Einzeichnung am angegebenen Ort der auf der S. 161 veröffentlichten Karten im Stadtkernatlas Schleswig-Holstein. Bearbeitet von J. Habich unter Mitwirkung von G. Kaster und K. Wächter (= Die Kunstdenkmäler des Landes Schleswig-Holstein), Neumünster 1976, S. 161.
44. Kahleby bei Schaalby.
45. Barkelsby, Kreis Rendsburg-Eckernförde.
46. Artikel »Hegung« von G. Köbler, HRG, 9. Lieferung. Sp. 36: »Unter Hegung versteht die gegenwärtige rechtsgeschichtliche Forschung das formelle Verfahren der Eröffnung von (Gerichts-)Versammlungen von den ersten Anfängen deutscher Rechtsgeschichte bis in das 19. Jahrhundert. Dabei faßt man zwei bzw. drei Elemente zusammen. So gehört zur Hegung, daß der Versammlungsplatz durch Zweig und Schnur oder durch Pflock und Seil oder später durch festere Begrenzungen räumlich abgesteckt wird. Weiter rechnet man hierzu, daß der Vorsitzende fragt, ob es Dingzeit sei und an das entsprechende Urteil noch mehrere Fragen anfügt. Schließlich ist es für die Hegung wesentlich, daß der Vorsitzende . . . allgemein Schweigen bzw. Frieden fordert.«
47. Kosel; E. Petersen, Vom ältesten bis zum heutigen Schleswiger Rathaus, S. 24: Nach der Kämmereirechnung v. 1541: »›Anno (15)41 koffte Jurgen Mas de waning ost deme hilligen Geiste.‹ Am Rande ist dann nochmals vermerkt: ›In des Hilligen Geiste olde Hus, dat kofte dho Jurgen Mas van Kosl‹. Dieses alte Nebenhaus des Heiligen-Geist-Hospitals war ja frei geworden, als die Insassen in das Graukloster übersiedelten.« Lorenzen-Schmidt, Die Sozial- und Wirtschaftsstruktur schleswigscher und holsteinischer Landesstädte zwischen 1500 und 1550, S. 199 ff.: »Das Armenwesen und seine Umgestaltung.« In der Anm. 494 kritisiert Lorenzen-Schmidt E. Petersens Lokalisierung des Heiligen-Geist-Hospitals, vgl. unten Anm. 59.
Ders., S. 159: »Auch die zur Unterscheidung vom Bürgermeister Jurgen Maes gebrauchte Bezeichnung Jurgen Maes van Kosleven (Kosel) für einen Bürger ist eindeutiger Hinweis.«
48. Andresen-Stephan, 1. Bd., Anm. 124 auf S. 402 und 403, merken zu dieser Person an: »1532, 1541 ›Tollner tho Gottorp‹ war auch Vikarius am Dom zu Schleswig, erhielt 1546 den Dienst als Pfarrer an St. Michaelis. Eifriger Hexenverfolger. 1554 abgesetzt. † 1560. Nachfolger im Zolldienst wurde 1554 Thomas Kallund, Bürgermeister in Schleswig, nach dessen Tode Wolf Kallund.« Zum Zeitpunkt der hier edierten Quellen war die Zollstätte vor Gottorf wie die zu Rendsburg gemeinschaftlicher Besitz der drei Fürsten; Andresen-Stephan, 1. Bd., S. 390: »Nach Johann des Älteren Tode wurde durch das Übereinkommen vom 19. September 1581 bestimmt, daß der König und der Herzog von Gottorf sich in den Besitz und Genuß dieser Zölle teilen sollten. Die Zollstellen wurden abwechselnd mit einem königlichen bzw. herzoglichen Zöllner besetzt, sobald eine frei wurde. Dieses Verfahren gab mehrfach Anlaß zu Streitigkeiten.« Über die Bedeutung dieser Gottorfer Zollstätte im Rahmen des nord-südlichen Transits, insbesondere des Ochsenhandels, und über ihre Lage lies A. Jürgens, Zur schleswig-holsteinischen Handelsgeschichte des 16.

und 17. Jahrhunderts (= Abhandlungen zur Verkehrs- und Seegeschichte 7), Berlin 1914, S. 140: »Bedeutender noch als der Transithandel zwischen West- und Ostsee ist der zwischen Dänemark und Deutschland. Die recht alte Landstraße aus dem Reiche Dänemark nach Deutschland, zugleich die Heerstraße, ging von Kolding aus und führte, die Föhrden möglichst nahe an ihrem Ende zu berühren strebend, wo die Städte lagen, die Flüsse an der Quelle überschreitend, westlich von Hadersleben, über Tollstede, an Apenrade und Flensburg vorbei auf Gottorf zu, wo der ganze Verkehr durch den Osterkalegat oder Wieglesdor, das einzige Tor des alten Dannewerk, hindurch mußte, führte durch Kropp, überschritt die Eider bei Rendsburg, ging dann über Neumünster, Bramstedt nach Hamburg. . . . An der alten Heerstraße lagen die Hauptzollstätten des Landes Gottorf und Rendsburg, deren Ertrag eine der größten Bareinnahmen der Fürsten bildete.«

49. Roest, ehemaliges adliges Gut, siehe J. v. Schröder, Topographie des Herzogthums Schleswig.
50. Siehe oben die Anm. 5 und A. Sach, S. 118 ff.: Der Rath und die Gemeinde; S. 328 ff.: Bürgermeister, Rathmannen, Vögte; ferner U. Petersen, Der durchlauchtigsten Herren Hertzogen von Holstein – Gottorf Haupt- und Residenz-Stadt nach ihren alten und neuen Situationen dargestellt, S. 551 ff.: Rats- und Gerichtspersonen. Lorenzen-Schmidt, wie in Anm. 47, S. 172 ff. Ratswahl und personelle Zusammensetzung des Rates, insbes. S. 173, Abb. 39: Schleswiger Ratsmitglieder 1500 bis 1550.
51. Siehe o. Anm. 49.
52. Kappeln.
53. Rabenkirchen.
54. Vogelsang bei Kappeln.
55. 13. Juli.
56. Siehe o. Anm. 14.
57. Siehe u. Anm. 63.
58. Sach, Anm. 1 von S. 127 auf S. 128: denarius albus = witte, hvide, d. h. silberner Pfennig. – 1 Witten = 4 (gewöhnliche) Pfennige; 3 Witten = 1 ß.
59. E. Petersen, Alt-Schleswigs Quartiere, Straßen und Gassen, S. 31: »Der obere Teil der heutigen Fischbrückstraße (zwischen Töpferstraße und Rathaus) hieß im 16. Jahrhundert Oster hilligen Geistes Straten (1541 im Braunen Buch) oder Hilligen Geistes wede (weite) Strat (1551 im Schötebuch), aber auch Achter deme Hilligen Gheiste (1520 im Schotregister). Diese Benennungen beziehen sich auf die Heiligen-Geist-Kirche – vordem Trinitatis-(Dreifaltigkeits)Kirche genannt –, bis 1565 zwischen Töpferstraße und Rathaus belegen. Nur ein Turm blieb noch bis 1599 stehen. An der Oster hilligen Geistes Straten lag das vor 1448 gestiftete Dreifaltigkeits- oder Heiligengeist-Hospital.« Vgl. die Lageskizze bei E. Petersen, Vom ältesten bis zum heutigen Schleswiger Rathaus, S. 23, und im Stadtkernatlas Schleswig-Holstein, S. 161; das Heiligengeisthospital wurde durch das Franziskanerkloster ersetzt, als es als Armenspital Verwendung fand. J. v. Schröder weiß S. 5 in der Anmerkung 30 von S. 4 von einer Heiligen Geist – Süderstraße zu berichten, die in der Mitte des 16. Jahrhunderts den Namen Töpferstraße erhielt, so auch H. Philippsen, Erklärung der Namen der Straßen, Gänge, Wege und Wohnplätze im Stadtgebiet Schleswig und dessen nächster Umgebung, S. 8, und ausführlich noch S. 15: »Töpferstraße, eine alte Straße der Altstadt, die den Kirchhof des ›Heiligen-Geist-Hospital‹ nach Süden abgrenzte und daher ursprünglich den Namen ›Heiligen-Geist-Süderstraße‹ führte. Wann und aus welchem Grunde ihr der heutige Name: ›Töpferstraße‹ (Pottmakergade) beigelegt ist, ist genau nicht mehr festzustellen. Eine nähere Beziehung zu dem städtischen Töpfergewerbe, das in Schleswig nie große Bedeutung gehabt hat und deren jeweilige Handwerksmeister stets über das ganze Stadtgebiet verteilt gewesen sind, hat nie bestanden, sofern man nicht annehmen will, daß hier einst Lehmgruben lagen, die dem Töpferamt gehörten oder von seinen Mitgliedern benutzt wurden.« K.-J. Loren-

zen-Schmidt, Zur Sozialtopographie Schleswigs im 16. Jahrundert, S. 19f., vgl. auch oben Anm. 47, kennt aus den Schoßregistern aus der ersten Hälfte des 16. Jahrhunderts – nach 1529 tauchen darin keine Straßenangaben mehr auf – und aus Namenkontinuitäten rekonstruierten Straßenabfolgen nur die »hinter der Heiligen-Geist- oder Dreifaltigkeits-Kirche . . . (die heutige Töpferstraße)« gelegene Heiliggeiststraße, »die vom Rathaus aus ›achter des hillighen gheestes‹ lag«. Hierin stimmt er ausnahmsweise einmal mit dem von ihm kritisierten E. Petersen, Alt-Schleswigs Umwallung, Tore, Brücken und Wehrtürme, überein; Petersen hat nämlich in seiner Karte »Schleswig vor der Reformation« (abgedruckt BSSG 2, 1957, und 4, 1959), in der heutigen Töpferstraße die »Hill. Geistesstrat 1504« lokalisiert. Auffällig ist, daß Petersen sich hier selbst zu widersprechen scheint, bedenke seine zu Beginn dieser Anmerkung wiedergegebene Angabe. H. Stoobs Karte der »Wachstumsphasen der Stadt Schleswig« verzeichnet nur die Lage der Kirche und des Spitals, Zur Topographie von Alt-Schleswig, Acta Visbyensia 5 (= Häuser und Höfe der handeltreibenden Bevölkerung im Ostseegebiet und im Norden vor 1500. Beiträge zur Geschichte und Soziologie des Wohnens), 1976, S. 123. Diese Karte ist auch im Deutschen Städteatlas, Lieferung I Nr. 9, abgedruckt.

60. Ist hiermit das Hohe Tor (Nordertor) gemeint? Es war ein Teil der ältesten Befestigungsanlage um die Altstadt. Es stand in der Langen Straße, bei der Kälberstraße. Es teilte die Altstadt von der »Nyghen Stat«, vgl. E. Schlee, Die Stadt Schleswig in alten Ansichten, Abb. 92 und die Skizze von der Umgebung des Hohen Tores bei E. Petersen, Alt-Schleswigs Umwallung, Tore, Brücken und Wehrtürme, S. 9; A. Sach, S. 268; H. Philippsen, Die Stadt Schleswig in Wort und Bild dargestellt, S. 25. Zu den übrigen Toren E. Petersen, Alt-Schleswigs Umwallung, Tore, Brücken und Wehrtürme, S. 7 ff.

61. Bei Arlewatt haben wir ein im Jahre 1772 parzelliertes ehemaliges adliges Gut vor uns, welches dem Amte Husum einverleibt wurde. Die ältesten Besitzer stellte von 1543–1564 die Familie Ratlow, siehe J. v. Schröder, Topographie des Herzogthums Schleswig.

62. d = Denarius, Denar = Pfennig; 1572 kamen z. B. auf den Taler 32 Schilling (ß), das waren 384 d, E. Waschinski, Währung, Preisentwicklung und Kaufkraft des Geldes in Schleswig-Holstein von 1226–1864, S. 25.

63. E. Bayer, Wörterbuch zur Geschichte. Begriffe und Fachausdrücke (Kröner Taschenausgabe Bd. 289), Stuttgart, 2., überarbeitete Aufl. Stuttgart 1965, 194: »Gulden, nach dem Beginn der Goldprägung in den italienischen Städten (s. Florin) des 13. Jahrhunderts deutsche Goldmünze, . . . ; mit Beginn der Großsilberprägungen auch gleichwertige Silbermünze (Guldengroschen = s. Taler), . . .« E. Waschinski, Währung, Preisentwicklung und Kaufkraft des Geldes in Schleswig-Holstein von 1226–1864, S. 23: »In Schleswig-Holstein wurde der erste Taler unter Herzog Friedrich I. 1522 in Husum geschlagen. Die Prägung fand jedoch in so geringem Umfange statt, daß die Münze im Handelsverkehr kaum zu sehen war. Erst König Christian III. hat etwas später Goldgulden, Taler zu 32 Schilling und Kleinmünzen für die Herzogtümer prägen lassen.«

64. Quern.

65. Rabel, früher Olden- und Nien-Rabel, seit 1624 nur noch ein Rabel, J. v. Schröder, Topographie des Herzogthums Schleswig.

66. Tonne ist hier ein Getränkemaß, eine Hamburger Tonne hat 173 3/5 Liter, E. Böttger, Alte schleswig-holsteinische Maße und Gewichte. Unter Mitwirkung von E. Waschinski (= Bücher der Heimat 4), Neumünster 1952, S. 44. Daß das Bier während des späten Mittelalters und der frühen Neuzeit als ein wichtiger Bestandteil der Alltagsnahrung galt, betont K.-J. Lorenzen-Schmidt, Bier und Bierpreise in Schleswig-Holsteins Städten zwischen 1500 und 1560, Studien zur Sozialgeschichte des Mittelalters und der frühen Neuzeit, Hamburg 1977, S. 132–154; auf S. 143 f. spricht er vom einheimischen Schleswiger Bier und von dem aus Eckernförde eingeführten Bier, das den Namen »Kakebille« trug, siehe oben die Anm. 38.

67. Kiel.
68. Gundelsby, seit 1970 zu Hasselberg gehörig.
69. Langsam, aber sicher die Strafe der Götter = Gottes Mühlen mahlen langsam.
70. 27. Juli.
71. Wie o. Anm. 48.
72. Situationsskizzen bei E. Petersen, Vom ältesten bis zum heutigen Schleswiger Rathaus, S. 23 ff.
73. Die Leiter, die Reckleiter, wie o. Anm. 38, wird verschiedentlich in unseren Texten genannt, nämlich fol. CXCVIʸ, CCII u. CCV, andere Folterinstrumente lernen wir nicht namentlich kennen. Man unterschied verschiedene Foltergrade bzw. -stadien, bei denen diese oder jene Instrumente zur Anwendung kamen. Die Reckleiter gehörte keineswegs zu dem schwersten Grad, ein amerikanischer Autor rechnet sie dem ersten Grad zu, R. H. Robbins, The Encyclopedia of Witchcraft and Demonology, New York 3. Aufl. 1963, S. 295, wohingegen sie nach dem sächsischen Recht den zweiten Grad bildete, aber auch als erster Grad gelten konnte, siehe diese Anm. weiter unten. H. Zwetsloot, Friedrich Spee und die Hexenprozesse. Die Stellung und Bedeutung der Cautio Criminalis in der Geschichte der Hexenverfolgungen, Trier 1954, S. 180f.: »Den zweiten Grad des sächsischen Rechts bildete das Recken auf der Bank. Das Tormentum hatte hier seine ursprüngliche Bedeutung von ›Winde‹. Schnüre an Füßen und Händen liefen zu beiden Enden der Bank über Achsen, die mit Kurbeln angedreht werden konnten, so daß der Körper des Gefolterten unter abscheulichen Schmerzen gereckt wurde. Oft wurden dabei die Arme aus den Gelenken gezogen, woraufhin der Henker diese nach der Folter wieder ineinander bringen mußte. Eine andere Form dieses Tormentums war das Spannen auf eine Leiter, wobei die Schnüre über die Sprossen gezogen wurden. Auch gab es Foltergeräte, wo der Körper des Angeklagten in horizontaler Lage hing, während Hände und Füße an Schnüren angezogen wurden; das Gewicht des Körpers erschwerte bedeutend die Schmerzen des Ausspannens. – Bei der Folter auf der Bank oder an der Leiter konnte noch ›der gespickte Hase‹ (vielleicht war er mit den Instrumenten gemeint? – D. U.) hinzukommen, ein Holzbrett mit scharfen Nägeln beschlagen, das unter den Rücken gelegt wurde und beim Anziehen der Schnüre das Fleisch aufriß. Beim Hexenprozeß scheint das Ausrecken des Körpers meist mit dem ›Zug‹ zu geschehen. Nur die Hände wurden gebunden und das Seil wurde über eine Rolle an der Decke angezogen, so daß der Körper frei an den Handgelenken hing. Um den Schmerz zu erhöhen, hing man zentnerschwere Gewichte an die Füße, oder man schlug auf die Schnüre, so daß ein Krampfstoß durch den Körper fuhr; oder man peitschte einen dabei ab. – Ein Unterschied war noch, ob man die Arme vor der Brust band oder auf dem Rücken. Im letzten Falle waren die Schmerzen ungeheuer groß; fast immer wurden die Arme aus den Schultergelenken gezogen. – Wohl selten überstand einer all diese Schmerzen, ohne seinen Widerstand aufzugeben.« Der erste Grad im sächsischen Recht war die Abschreckung (territio), »entweder ›nur‹ mit Worten, wenn nämlich der Henker den Angeklagten auszog, zur Folterkammer führte und die Wirkung der bereitliegenden Werkzeuge erklärte, wohl nicht gerade mit freundlichen Worten. . . . Genügte dies aber nicht, so folgte dieser territio verbalis eine territio realis, d. h. ›wenn außer den Drohungen der Henker leichtere (!) Foltermittel wie Daumenschrauben anwendet‹. . . . Trotzdem wagten es die Richter, wie Spee sagt, diesen ersten Grad als eigentlich ›keine Folter‹ zu bezeichnen. Auch die Beinschrauben, oder die sog. ›spanischen Stiefel‹, wobei die Waden zu Brei zerquetscht wurden, gehörten oft zu diesem ersten Grad, zur ›leichteren Tortur‹! Wenn man die Folter in fünf Grade einteilte, nannte man die ersten die Androhung und Entkleidung und das Binden auf die Folterbank; den zweiten bildeten die Daumenschrauben; den dritten die Beinschrauben. Von Zeit zu Zeit neu ansetzen, oft eine Stunde lang so das Opfer quälen, war kein neuer ›Grad‹. . . . Die dritte Tortur im sächsischen Recht, die fünfte bei der Einteilung in fünf Grade, war das Brennen mit Pech-

fackel oder mit Schwefel.« H. Philippsen, Alt-Schleswig. Zeitbilder und Denkwürdigkeiten, S. 155 ff.: Vom Scharfrichter und seiner Hantierung. Vollzählig ist diese Aufzählung keinesfalls! Dennoch: »Schrecklich«!, um mit unserer Quelle zu reden. Über den Gesamtkomplex unterrichten F. Helbing u. M. Bauer, Die Tortur. Geschichte der Folter im Kriminalverfahren aller Zeiten und Völker, Berlin 1926.
74. Wie o. Anmerkung 48.
75. Wie o. Anmerkung 66.
76. Der stygische Pluto wagt nicht zu versuchen, was der zügellose Mönch wagt und mit großer List auch ausführt; das letzte Wort – ein Verb?: iniit? konnte nicht entziffert werden.
77. 28. Juli.
78. Wie o. Anmerkung 48.
79. Wie o. Anmerkung 20.
80. Es handelt sich hierbei, wie in den anderen Fällen, um Akkusationsprozesse (von lat. accusare = anklagen); Artikel »Anklage« von G. Buchda, Handwörterbuch zur deutschen Rechtsgeschichte (HRG), Bd. 1, Berlin 1971, Sp. 171–175; Sp. 172: Die deutsche Strafrechtspflege wird vom Parteiprozeß bestimmt. »Nach wie vor wird ein gerichtliches Verfahren wegen Missetat in der Regel nur durch private Klage in Gang gesetzt. ›Wo kein Kläger ist, ist kein Richter.‹ Noch sind Strafprozeß und Zivilprozeß nicht gesondert. Die Klage um Ungericht oder Frevel steht neben den Klagen um Eigen und Erbe, um Gut, um Schuld. . . . Private Klagen wegen Totschlags sind bis in das 16. Jahrhundert hinauf häufig, . . . Die Wörter Klage und Anklage unterscheiden sich mindestens bis gegen Ende des 15. Jahrhunderts noch nicht im heutigen Sinne. Klage bedeutet nicht allein Zivilklage, Anklage nicht allein Beschuldigung wegen einer strafbaren Handlung. Auch bei Ungericht wird einfach ›geklagt‹, und wegen vermögensrechtlicher Ansprüche wird ›angeklagt‹.« Speziell für Schleswig-Holstein: E. Feddersen, Kirchengeschichte Scheswig-Holsteins, Bd. 2: S. 117–1721 (= Schriften des Vereins für Schleswig-Holsteinische Kirchengeschichte 19), Kiel 1938, S. 541 ff., S. 548: »Im allgemeinen wurden in unserem Lande die Hexenprozesse dadurch wohltätig gehemmt, daß sie in den seltensten Fällen vom Fiscal (Staatsbeamter; Art Staatsanwalt – D. U.) aus ins Werk gesetzt wurden – inquisitorische Prozesse – vielmehr meist nur auf Klage von Privatpersonen erfolgten – akkusatorische Prozesse. In letzterem Falle mußten nämlich die Ankläger die sämtlichen Kosten des Verfahrens bezahlen oder wenigstens dafür bürgen; das hat sicher manche von der Anklage abgehalten.« Daß es mit dieser Sicherheit, dieser Kaution, diesem Fürstand (Vorstand) bzw. dieser Bürgenstellung (HRG 1 Bd. Sp. 173) nicht so weit her gewesen sein kann, darauf lassen die eindringlichen Worte am Ende unserer Prozesse schließen. – R. Heberling, Zauberei und Hexenprozesse in Schleswig-Holstein-Lauenburg, Zeitschrift 45, 1915, S. 136 ff.: Gesetz, Recht, Richter; und sehr materialreich und deshalb erhellend Velthem, Criminal-Gerichtpflege in der Stadt Kiel, ein Jahrhundert vor und nach der Einführung der Carolina, Staatsbürgerliches Magazin 4, 1824, S. 205–226. Leider fehlt etwas Vergleichbares für Schleswig.
81. Lektor war seit 1542 Caeso Eminga, geb. 1512–1574 in Schleswig, J. F. Noodt, Beiträge zur Erläuterung der Civil-, Kirchen- und Gelehrten-Historie, 2. Bd., Hamburg 1756, S. 268 ff. und 355; Leichenpredigt für Friedericus Jessen/Jensen, F. Roth, Restlose Auswertungen von Leichenpredigten und Personalschriften für genealogische und kulturhistorische Zwecke. 7. Bd., Boppard/Rhein 1972, Nr. 6150, und Jensen, Zur Geschichte des Schleswiger Domcapitels besonders nach der Reformation, Archiv für Staats- und Kirchengeschichte der Herzogthümer Schleswig, Holstein, Lauenburg und der angrenzenden Länder und Städte 2, 1834, S. 469, seit dem 1. 11. 1542. Diese Zusammenstellung verdanke ich meinem Kollegen Johann Witt. K. Harms, Das Domkapitel zu Schleswig von seinen Anfängen bis zum Jahre 1542, S. 152, führt ihn nicht auf; siehe ebenda S. 72 ff. über das Amt.

82. dtv-Wörterbuch zur Geschichte von K. Fuchs u. H. Raab, München 1972, 1. Bd., S. 207: »Die Korporation von Geistlichen an einer Kathedralkirche (bischöflichen Kirche). Ihm entspricht bei den Stiftskirchen das Stiftskapitel. Die Geistlichen solcher Kirchen lebten in einer klosterähnlichen Gemeinschaft, ..., die einzelnen Mitglieder hießen Kanoniker, Kapitulare, Dom-, Stifts- oder Chorherren.« Die um 1530 durchgeführte Reformation ließ den Dom zur einzigen Stadtpfarre werden, fast alle anderen Kirchen verloren damit ihre Pfleger, Deutscher Städteatlas. Lieferung I Nr. 9, 1973: Schleswig. Hrsg. und Bearbeiter H. Stoob; Bistum und Domkapitel sind 1542 evangelisch geworden, als Institutionen blieben sie noch bis 1624 bzw. 1658/59 bestehen, Stadtkernatlas Schleswig-Holstein, S. 166; Jensen, Zur Geschichte des Schleswiger Domcapitels besonders nach der Reformation, ..., S. 451–553; G. J. Th. Lau, Geschichte der Einführung und Verbreitung der Reformation in den Herzogthümern Schleswig-Holstein bis zum Ende des sechszehnten Jahrhunderts, Hamburg 1867, S. 408ff.: Die Domcapitel und Klöster nach der Reformation; A. Sach, S. 176ff. Und neuerdings Lorenzen-Schmidt, wie oben Anm. 47, S. 185ff.: Stadt und Kirche, und S. 190ff.: Die Situation vor der Reformation und die Reformierung selbst.
83. 5. Juli.
84. Lindau (Dänisch-Lindau), ein ehemaliges adliges Gut an der Schlei, es wurde im Jahre 1783 niedergelegt, der Stammhof, Kirchspiel Boren, wurde 1784 dem Amt Gottorf einverleibt; in der ältesten Zeit gehörte es der Familie Ratlow an, J. v. Schröder, Topographie des Herzogthums Schleswig.
85. Boren.
86. Andresen-Stephan, 1. Bd., S. 49: von 1543–1561 war Heinrich Rantzau zu Eschelsmark Amtmann, d. h. Oberbeamter, im Amte Gottorf; 1560 wurde er Statthalter, 1561 starb er; seine Aufgaben als Amtmann sind auf S. 48f. beschrieben. Von den anderen Amtmännern unterschied den Gottorfer die Nähe zum Hof der Gottorfer Herzöge; so war er immer Mitglied des Hofrats, außerdem hatte er als täglicher Berater des Herzogs nicht geringen Einfluß.
87. Angeln und Schwansen.
88. Gut Lindau.
89. Siehe oben Anmerkung 48 und E. Petersen, Die Bürgermeister der Stadt Schleswig von 1350 bis 1956, BSSG 1, 1956, S. 6: 1560–78 Thomas Kalundt, seit 1573 1. Bürgermeister, gest. 18. 5. 1578; vgl. Th. O. Achelis, Matrikel der schleswigschen Studenten 1517–1864, Bd. 1: 1517–1740, Kopenhagen 1966, Nr. 539 auf S. 25. J. v. Schröder, Anhänge, S. 49, gibt ihn schon für 1550 als Bürgermeister an.
90. Mark Brandenburg; wahrscheinlich wird er dort in Steuer- bzw. Finanzangelegenheiten für Christian III., Johann den Älteren von Hadersleben und Adolf von Gottorf tätig gewesen sein.
91. Zur Ratsverfassung siehe oben die Anmerkung 5.
92. J. v. Schröder, S. 64: 1157 Joh. Carnarius, Dr. med. und Kanoniker; E. Knoop, Die schleswigsche Familie Carnarius und verwandte Geschlechter, Nordelbingen 5, 1926, S. 92–102; S. 93, er war der Leibarzt Herzog Adolfs, er verstarb bereits 1562, er stammte aus Flandern. Beachte auch: W. Scheffler, Zu Henni Heidtrider: Das Carnariusepitaph im Schleswiger Dom, Nordelbingen 17/18, 1942, S. 291–297.
93. 15. Juli.
94. E. Petersen, Alt-Schleswigs Umwallung, Tore, Brücken und Wehrtürme, S. 18: »Eine ›Nye Porte‹ lag oberhalb (östlich) der Brücke: ›Anno 1504 ist die neue Pforte bey der Minrichsbrücken gebauet mit Thüren, Schloß und Schlüssel‹ (U. Petersen, S. 503). In den Jahren 1547–1554 wurde die Nye Porte zuerst ausgebessert und schließlich ganz erneuert, auch weiter nach dem Pferdemarkt (unteren Gallberg) hin verlegt. 1552 wurde ›de olde Porte gebraken (abgebrochen) und awer de nyen wedder gearbeydet.‹ Im gleichen

Jahr wurde die neue Pforte gerichtet und 18 Bürger bewirtet (Kämmereirechnung 1552, S. 151 ff.). Schließlich baute man noch zu beiden Seiten des Tores Wohnungen (Affsyden).« Ders., Alt-Schleswigs Quartiere, Straßen und Gassen, S. 42. Über die Bedeutung »Mönchenbrückstraße«: H. Philippsen, Erklärung der Namen der Straßen, Gänge, Wege und Wohnplätze im Stadtgebiet Schleswig und dessen nächster Umgebung, S. 11 f.: Sach erklärt ihn mit »Monnikenbrygge«, also vom Michaeliskloster herstammend, U. Petersen hingegen mit Hinrich Minrik.

95. E. Petersen, Alt-Schleswigs Quartiere, Straßen und Gassen, S. 40: »Der untere Teil des Gallberges führte schon 1533 im Schötebuch den Namen Perdemarkt. Hier fand nicht nur ein Handel mit Pferden statt, sondern es wurde dort auch an den Sonnabenden der Wochenmarkt abgehalten, bis die Neue Marktordnung von 1560 diesen für längere Zeit nach dem Rathausmarkt verwies. Der Pferdemarkt war einst viel breiter, denn nach 1555 wurde die westliche Häuserreihe vom Eckhaus der heutigen Mönchenbrückstraße ab bis nach dem oberen Zugang zum Kattsund hinauf gebaut.« Vom unteren Gallberg wurde der Pferdemarkt erst zu Anfang des 19. Jahrhunderts nach dem Stadtfelde verlegt. H. Philippsen, Alt-Schleswig, Zeitbilder und Denkwürdigkeiten, S. 243 ff.

96. Wie o. Anmerkung 88.
97. Wie o. Anmerkung 38.
98. Ob wahr, ist zu bezweifeln.
99. 16. August.
100. 17. August.
101. Es ist wert, angemerkt zu werden: Auch Unschuldige zwingt der Schmerz zu lügen. Das ist: in der Folter werden oft Unschuldige angegeben, und zwar gezwungen durch die Marter.
102. Hiermit ist Die Peinliche Gerichtsordnung Karls V. von 1532, die sog. Carolina, gemeint; sie ist der Niederschlag der gegen Ende des 15. Jahrhunderts einsetzenden Reformationsbestrebungen des Reichs bezüglich des Strafverfahrens und des Strafrechts, vgl. den Artikel »Carolina-Constitutio Criminalis Carolina (CCC) – Peinliche Gerichtsordnung Karls V.«, von R. Lieberwirth, HRG 1. Bd., Sp. 592–595. In unserem Text wird auf § 58 angespielt; er lautet nach der von G. Radbruch hrsg. und erläuterten Ausgabe (= Reclam Universal-Bibliothek 2990/90a), Stuttgart (1960), S. 56: »Von der maß peinlicher frage: 58. Item die peinlich frag soll nach gelegenheyt des argkwons der person, vil offt oder wenig, hart oder linder nach ermessung eyns guten vernünfftigen Richters, fürgenommen werden, vnd soll die sag des gefragten mit angenommen oder auffgeschriben werden, so er inn der marter, sondern soll sein sag thun, so er von der marter gelassen ist.« 1614 wurde die Carolina in den Herzogtümern Gesetz, Veltheim, wie o. in Anm. 80, S. 205, und Heberling, wie o. in Anm. 80, S. 137, über die subsidiäre Rechtswirkung der Carolina. Zur Frage der Rezeption der Carolina im Herzogtum Schleswig vor 1614, im dänischen Rechtsgebiet, F. Thygesen, Tysk Strafferets Indrængen I Sønderjylland mellem 1550 og 1800, København 1968, und N. Falck, Handbuch des schleswig-holsteinischen Privatrechts, 3. Bd., Altona 1835, S. 761 ff.
103. Der von Eike von Repgow in der ersten Hälfte des 13. Jahrhunderts verfaße Sachsenspiegel – eine private Rechtsaufzeichnung ohne hoheitliche Sanktion – ist als eines der ältesten und einflußreichsten Rechtsbücher die Grundlage für Rechtsfortbildungen und für eine erste wissenschaftliche Aufbereitung in Deutschland, siehe den Artikel »Eike von Repgow« von H. Schlosser, HRG 1. Bd., Sp. 896–899. Im Sachsenspiegel II, 13, § 7, der »wohl unter dem Einfluß der Ketzergesetzgebung der ersten Jahrzehnte des 13. Jahrhunderts entstand«, sieht für Ketzer und Zauberer den Scheiterhaufen vor: »Swelik kersten man edder wif unghelovich is unde mit tovere umme gad unde mit vergiftnisse unde des verwunnen wirt, den sal men up ener hort bernen.« H. Schwarzwälder, der »Die Geschichte des Zauber- und Hexenglaubens in Bremen«, 2 Teile, Bremisches Jahrbuch 46,

1959, S. 156–233, und 47, 1961, S. 99–142, untersucht hat und nach dem der Sachsenspiegel I., Teil 1, S. 183, hier zitiert wurde (= Text der nd. Oldenb. HS, von 1336 = Der Sachsenspiegel, Landrecht und Lehnrecht, hrsg. v. A. Lübben, Oldenb. 1879, S. 44), merkt dazu an: »Ketzer, Zauberer und Giftmischer sollen also, wenn man sie (im Akkusationsprozeß) überführen kann, zum Feuertod verurteilt werden: Ketzerei und Zauberei sind hier offenbar – anders als in den Beschuldigungen gegen die Stedinger, aber entsprechend der Auffassung vieler Kanonisten jener Zeit – als Vergehen angesehen, die für sich alleine vorkommen können, wenn auch die Zusammenfassung in einem Artikel und die Gleichheit der Strafe eine gewisse Verwandtschaft andeuten.« Über die Gültigkeit des zitierten Sachsenrechtes: R. Heberling, Zauberei und Hexenprozesse in Schleswig-Holstein, S. 136: »Das Sassen- und Holsten-Recht verfuhr nach den Grundsätzen des Sachsenspiegels: ›Swelk ...‹ Diesem Artikel entspricht das Lübecker und Hamburger Recht, das so vielfach Eingang in die schleswig-holsteinischen Städte gefunden hat. Jedoch hat es den Zusatz ›un mit der verscher dat begrepen wert.‹ Das Stadtrecht war demnach vorsichtiger, denn nach der Bestimmung der handhaften Tat konnte so leicht kein Zauberer der Schuld überwiesen werden. Leider hat sich die spätere Zeit nach dieser weisen Vorschrift nicht gerichtet.« Beachtung verdient: G. W. Dittmer, Das Sassen- und Holsten-Recht, in practischer Anwendung auf einige im 16ten Jahrhunderte vorgekommene Civil- und Criminalfälle; nach dem im Archive des St. Johannis Klosters zu Lübeck aufbewahrten Protokollen des vormaligen klösterlichen Vogteigerichts ..., Lübeck 1843, Hexen- bzw. Tovereieangelegenheiten werden z. B. in I 12, 22, 29, II 12 und 22 geboten.

104. Processo iuris = im Verfahrensrecht, als Gegensatz zum materiellen Recht. Was hier infrage kommen kann, entnimm bei E. Wohlhaupter, Rechtsquellen Schleswig-Holsteins, 1. Bd., Geschichte der Rechtsquellen Schleswig-Holsteins von den Anfängen bis zum Jahre 1800, Veröffentlichungen der Schleswig-Holsteinischen Universitäts-Gesellschaft 47, Neumünster 1938, und H. Coing, Hrsg., Handbuch der Quellen und Literatur der neueren europäischen Privatrechtsgeschichte, 2. Bd.: Neuere Zeit (1500–1800), Das Zeitalter des Gemeinen Rechts, 2. Teilbd.: Gesetzgebung und Rechtsprechung, München 1976.

105. Worte des Herrn: Welches Maß usw. (= Matthäus 7,2). Ebenso: was du nicht willst, daß es dir geschehe, füge keinem andern zu (= Matthäus 7,12). Wo dar entgegen: Es (= das unschuldige Blut) wird auf dein Haupt kommen usw. (= Matthäus 27,4 und 24). Im nachhinein ist gut predigen. Jeremia 22 (= 22,3): Vergießt nicht unschuldiges Blut. Quintilian in der 10. Rede: Häufig täuscht mich oder euch, ihr Richter, die Meinung, aber ihr glaubt (dennoch), irgendeine Sache könne so eindeutig entschieden werden, daß ihr kein Schein der Lüge beikäme.

11.4 Wortglossar

Acta Taten, Werke, Handlungen, Geschehnisse
Aell Aal
affgeschuttet abgeschüttet von schutten: schützen, schirmen; hier: fremdes Vieh, das Schaden tut, einsperren, als Pfand zurückbehalten; überhaupt hindern, mit Beschlag belegen
ahnseen ansehen
Ahrne Ernte
anders, anderst auf andere Weise, sonst, übrigens
anders nargen umbe um nichts anderes
ansucht ansieht
antasten angreifen (mit der Hand, mit Waffen); ergreifen, übernehmen; im rechtlichen Sinne die Hand an oder auf etwas legen, um es in Besitz zu nehmen, wie *angripen* greifen, ergreifen

antogende wie antogen: anzeigen, melden
aparen offen, offenbar
averiligen überraschen
awisyg töricht, närrisch, unsinnig, hier aber im positiven Sinne: spottlustig, witzig

Bademome, momesche Hebamme
baven von boven: oben, über, gegen, wider
baven Matenn über (die) Maßen
baven Motenn über (die) Maßen
bedderede, bedderedich bettlägerig
benamen von benemen: berauben, plündern; wegnehmen, entziehen, hindern
benehenett von benenen: beneinen, ableugnen
bestlich tierisch
Bode von bote, bute: Abhilfe, Besserung, Heilung; Buße (im kirchlichen Sinne); Buße, Genugtuung durch Geld- oder andere Strafen (im gerichtlichen Sinne)
Bodel, Boddel Büttel, Gerichtsdiener, namentlich Scharfrichter, Henker
Bodelie Büttelei, Wohnung des Büttels, auch als Gefängnis dienend; Dregerye von Dreger: Knecht des Gemeinwesens, einer Behörde
borredende bereden
Borstwams Brustwams
Botscuppe Botschaft, hier: Boten
Broke Brüche in der Rechenkunst, hier: Strafe
Bunde, Bonde Bauer, Hufner, der seine Stelle mit vollem Eigentumsrecht besitzt, im Gegensatz zu den Festebauern und Lansten; aus dem Dän.
Butte siehe vuren Butte
Buwluden von buwman: Bau-, Ackersmann

Conscientien von conscientia: Gewissen

Dodengebente Totengebein
Dodenhar Totenhaar
Dodenknaken Totenknochen
drech trocken
Dregerye siehe Bodelie
drifft von driven: treiben; betreiben, ausüben, vollführen
Droge Draag, Mensing 1, Sp. 828: Das Wort ist heute in Angeln, Schwansen, Eckernförde noch für eine Anzahl von 60 Garben Reth, Stroh oder Korn gebräuchlich, wird aber durch Verwechslung mit Dracht (s.d.) auch mit kurzem Vokal gesprochen (drax)
Droge Dracht, Mensing 1, Sp. 831: »Tracht«, zu dregen »tragen«: soviel man auf einmal tragen kann, das Getragene
Dyng Gericht, Gerichtstag, -stätte, -pflicht

entbaden von entbeden: entbieten (durch einen Boten), sagen lassen, gebieten
entlecht von entleggen: bei Seite, anders wohin legen, erlegen, erstatten; eine Beschuldigung abweisen, sich (eidlich) von einer Anklage reinigen
entschulden, schuldigen – entschuldigen, von einer Beschuldigung frei machen; verschulden
Erhorynge Verhör
Eventur (sonstiges) Allerlei

fasth fest, stark
fattich arm an materiellen Gütern
felich sicher, gestützt, ungefährdet
fine fein, schön, lauter, trefflich, artig
Foethhelde Fußfessel
follanges vor langest
frigwyllige Bekantenusse freiwilliges Geständnis, d. h. ohne Folter
fu dy Pfui dir
Frone Gerichtsdiener, Büttel, Scharfrichter
Frunden von vrunt, vrent, vrint: Freund, Verwandter, Zu-, Angehöriger

gan gehen; ergehen, geschehen; gelten; vergehen
gedelett von dêlen, deilen: einen Rechtsspruch erteilen, entscheiden; erklären für
Gefelle von geval (-vel, -velle): Zufall; Fall, glücklich oder unglücklich, Ereignis, Schicksal; Gefälle, Intraden, allgemein Einkünfte jeglicher Art, wie z. B. Gerichtsgefälle
gefestett von veste (aus dän. fæste): Art der Pachtung von Land durch Kauf auf Lebenszeit; das so gepachtete Land; veste – brêf: Kontrakt über solche Pachtung; siehe Bunde
gegudett bekannt auf, bezichtigt; uppe ehr gegudett: über sie ausgesagt
gekrenckett krenken: schwächen, schwach machen; gekränkt werden, krank werden; im geschlechtlichen Sinne: schwächen, stuprare
Gelate wie jem. oder etwas läßt, d. i. aussieht; Aussehen, Geberde, äußeres Benehmen
gelavede gelobt
Gelithmate Gefolgsleute
gemedett von mêden: mieten, um Lohn oder Bezahlung dingen
gemistett von misten, missen: fehlen, verfehlen; vermissen, entbehren, nicht haben; verfehlen, sündigen
gerufeltt geruffelt, hin- und hergerieben
geschulden von schulden: beschuldigen, anklagen
geseen gesehen
Gespen Gespinst
gesporett gespürt, gemerkt
gestraffet von straffen: tadeln, schelten; strafen, züchtigen
geswint, geswynde stark, gewaltig, heftig
gewarden warten, besorgen
geweyerth von geweigern: verweigern
Gnade Ruhe; die gnädige Gesinnung eines höhern gegen einen niederen; Gunst, Vergünstigung, Privilegium
Gorre Stute
guden bezichtigen, anklagen; tho rume guden: zu weitläufig bezichtigen

Harrensck Harnisch
hartagett von hârtogen, -tagen: bei den Haaren ziehen oder reißen
Hechte Haft, Gefängnis, siehe Bodelie
Hede Hede, stuppa: Werg
hefstu nhu uthgereyerett, dath dy Gotz Lident schende hast du nun ausgetanzt? daß dich Gottes Leiden schände, beschäme
hegen Gericht halten
hentogevende hinzugeben, nämlich dem Teufel bzw. dem Zauber
Herdeschen Hirtin
Holtaventh Holzofen
Hon Hohn, Rechtskränkung; überh. Kränkung

Hove Hufe bzw. Hof
Hoyke Mantel (des Mannes wie der Frau)
Hur Heuer, Miete, Pachtgeld
Hußlude »Hausleute«, Holsteinisches Idiotikon von Joh. Fr. Schütze. 1800–1806, hier: 2, 179: »Die angesehenen Bauern in Holstein wollen nicht Buren heißen, sondern hören sich lieber huuslüd nennen«, wie Huusmann: Bauer, Besitzer eines Hofes, Hufner, Bonde oder Bohlsmann zum Unterschied von den kleinen Leuten, Tagelöhnern und Dienstboten
Hustede Bauernstelle

ichteßwes irgendetwas
inditium siehe Teken
Iniurien lat., Unrecht, Rechtsverletzungen, Beleidigungen
inventerde Nhalat Nachlaß, Nachlaßverzeichnis
islich jeder

Kemenher Kämmerer
Klacht Klage
klennichligher zarter
Knappstoth Körperstoß; Krampfstoß, Rheuma
Knecht junger Mensch, Junggeselle; der ledige Bauernsohn, der bei seinem Vater arbeitet; Dienstknecht
Knoke, Knake Knochen
Koharske Kuhhirtin
Kornegeltt Sinn hier wohl: im Getreidegeschäft Geld nutzbringend angelegt
Kruke Krug, Zaubermittel
Kunstener, Kunster der eine Kunst (Handwerk) versteht; bes. der Geheimmittel weiß, Zauberer etc.
Kyff Wortwechsel

Lanste von lantsate, lantsete: allgemein Untertan, der dem Herrn zu Diensten verpflichtet ist; hier als Gegensatz zu den freien Bonden
Larverige Larrigkeit
Lector Angehöriger des Domkapitels, Kanoniker, aus lat. lector: Leser, Vorleser
Ledder Leiter, Folterinstrument
Lede Glieder
Legede Lagebalken, in den die Ständer gesetzt werden
Lett Leid
Licham Körper, Leib, bes. der tote Leib

Mast Mast, bes. Schweinemast in den Wäldern
Maygdages Maitags
men ausgenommen, nur
Mißhandelyngen wie bose Stukke: Untaten, Zaubertaten
Mistede Misthaufen
myssynnich kranksinnig, schwachsinnig
nargen nirgends; (verstärkte Verneinung) durchaus nicht (nichts), gar nicht (nichts)
neen kein
negen neun; *der negen im Talle* neun an der Zahl
noch . . . edder weder . . . noch
nujwarde niemals
nummer niemals; oft nur verstärkte Negation

offte ob
Olyputt Ölpott
Ordel Urteil

pinlich peinlich, schmerzhaft; pinlike Klage, sake: bei der es an Leib und Leben geht
pinlich fragen peinlich befragen, foltern. Peinliche Gerichtsbarkeit: die Strafgerichtsbarkeit; peinlicher Prozeß: der Strafprozeß; peinliches Recht: das Strafrecht
Pluggen hölzerne Nägel, Zapfen
prediken predigen
Predikstôl Kanzel
Proven Pfründe, Unterhalt aus milden Stiftungen
Puth, Putte Topf, Pott, Zaubermittel
Putter Töpfer
Puttze Teufelin?

Quarter Viertel als Zeit-, Längen-, Flüssigkeitsmaß etc.
quemen kamen
Quick, Qwick von quek: Vieh jeglicher Art (lebende Habe), bes. (als Hauptbestandteil der lebenden Habe) Rindvieh
quod factum est was geschehen ist

Racker Schinder, Abdecker, Abtrittsfeger; Totengräber; auch Scharfrichter?
Rekenscuppe Rechnung, Berechnung; uppe Rekenscuppe: auf Abschlag gegeben, gezahlt, a conto-Zahlungen, Rechenschaft; auf Rechnung getan
reppe rief
Respit Aufschub, Frist bei Geldzahlungen
reth rät
Roeck Rauch; Herd; Dunst, Duft, Geruch; fig. Gerücht
rume geräumig, weit; reichlich; to rume spreken: mehr reden als man soll und darf

schach geschah
scharppe fragen foltern
schee genoch geschee: genug geschehe
scheldich scheltend, zornig, wütend
schenden in Unehre halten; in Unehre, Schande bringen, öffentlich beschämen; notzüchtigen; schimpfen; schädigen
Schender der einen anderen öffentlich in Unehre bringt
schendich Schande bringend, schimpflich
sede sagte
Selscuppe Gesellschaft, Versammlung; Umgang, Verkehr
selsen selten, seltsam, wunderbar
sende sehen
sententz Urteil
sliten schleißen, zerreißen, zerstören, trennen
Smoeck Schmauch, Rauch, Qualm; fig. Spur, Kennzeichen, Gerücht
Spete Spieß, Waffe
Stenbrugger Steinbrücker, Straßenpflasterer
Stoll Eckpfeiler des Bettes mit Füßen, Fußgestell, Stütze; Sitzgerät, Stuhl, Schemel, Dreifuß; Dreibein auch als Objekt symbolischer Rechtshandlungen, hier für Zauberhandlungen?
Stoplin von stôp: Becher (ohne Fuß, in Eimerform); ein bestimmtes Maß
storten stürzen

stoth von stoten; schieben, werfen
su! Befehlsform zu sên: sehen, besehen
suchtende wie suchten: seufzen, tief Atem holen
Sul, Sulle Grundbalken der Mauer; Türschwelle
sulffvoffte selbfünft
Swolsth von swullst: Geschwulst

Teken Zeichen, Marke, Zettel etc.; Beweis
testimonia Zeugnisse, Beweise
tho besorgende wie besorgen: Sorge, Angst haben, fürchten
thobraken zerbrochen
thobreken zerbrechen, bersten; zer-, abbrechen
tho der Beheff eres Achtens zum Behuf ihres Beschlusses, ihrer Absicht, ihres Urteils
Tholaedt Erlaubnis, Macht, Gewalt
thopeddett von topedden: zertreten
Thun Zaun als Befestigung von Schlössern, Dörfern, Städten etc.; das von einem Zaune Umschlossene, Garten, Gehege
tobrachtende wie tobringen: herzu-, herbeibringen; (Zeugen) beibringen, beweisen; zu Ende bringen; ausführen
togestahn von tostân: zugestehen, bekennen, anerkennen, verbürgen
Tover, Toverie Zauberei
T(h)overdantze Zaubermittel, Hexentanz, Sabbat
Toversche Zauberin, Hexe
Troll edder Duwel: Teufel
trollen zaubern
Tuch, Tuge Zeug, Zaubermittel
Tymmer von timber, timmer: Bauholz, Baumaterial; Zimmerwerk, von Holz aufgeführtes Bauwerk, Zimmerholz

undergehat von underhebben: unter sich haben, im Besitz, Bebauung etc., hier: verzaubert
undergesettett abgekartet
Ungnade Unruhe, Mühsal, Plage; feindliches (widerrechtliches) Benehmen; Ungnade, Ungunst
Unradt Widrigkeit, Unrichtigkeit, Nachteil, Ungebührlichkeit
unschampherett von unschamfert: unschimpfiert, unverletzt
upstutsth von upstôt: Aufstoß, Zwietracht, Uneinigkeit; upstoten: in Zank, Zwist mit jem. kommen
uterlich äußerlich; offen, genau
uthgeforett ausgeführt, vollendet
uthgereyerett ausgetanzt
utleggen auslegen, Waren zum Verkauf aufstellen; auslegen, zahlen, vorschießen; hier festsetzen, bestimmen; Gerichtstage anberaumen
Uthlegginge Terminansetzung
Uthsculde das Debet, die Passiva, Gegensatz: Inschult

vaken oft
Verendel Viertel; als Gewicht 25 Pf.; ein Landmaß: 27 Morgen
Vhaer Nachstellung, Hinterlist, Betrug; Gefährdung, Gefahr, Nachteil; Furcht, Angst
Vhuer Feuer; auf fol. CCI Rotlauf?

Vicarius lat. Stellvertreter, allgemein Titel oder Amtstitel eines Stellvertreters, der zeitweise oder ständig alle oder einen Teil der Vollmachten seines Auftraggebers ausführt; Domvikar: früher Stellvertreter eines Kanonikers beim Chordienst, hier des Lektors
vorbadett vorgeladen
vorbeden vorladen, zitieren
vorbisterth von vorbistern: verirren, vom rechten Wege abkommen; v. Sachen: abhanden kommen, zerstreut werden; abhanden bringen, verwahrlosen
Vordarve Verderben, Nachteil, Vernichtung
vordan von vordôn: forttun, entfernen; weggeben, austun, spez. zur Miete etc. verteilen; aufbrauchen, verzehren, vertun, verbringen; sich vermieten, sich hingeben; sich Schaden zufügen, sich selbst das Leben nehmen
vordhon siehe vordan
vordragen, vordregen wegtragen; bei Seite, in eine falsche Richtung tragen; verschieben, verzögern; ertragen, aushalten, geschehen lassen; vertragen, versöhnen; eins werden, einen Vertrag schließen; mit einer Sache zufrieden sein
voren fahren
vorsecht zugesagt, versprochen, von vorseggen
vortosende vorzusehen, achtzugeben
vortrostede von vortrôsten: trösten, ermutigen; sich seiner Sache getrösten, sich worauf verlassen
vorwisett von vorwisen: ver-, ausweisen, wegjagen, verbannen
vuren Butte föhrene Bütte; Bütte: hölzernes Gefäß (meist auf dem Rücken getragen)

Wassen wächsern, aus Wachs
wechlopisck lopisch werden = wild werden
wente denn, weil, daß; nur, aber, als
wente Barline bis Berlin
wide weit, umfangreich, groß
wes was, (irgend) etwas
wesen sein
wo wie
Wodane Beschaffenheit, Qualität

12 Literaturnachweis

Th. O. Achelis, Matrikel der schleswigschen Studenten 1517–1864, Bd. 1, Kopenhagen 1966.
B. G. Alver, Heksetro og Trolddom. Et studie i norsk heksevæsen, Oslo-Bergen-Tromsø 1971.
W. Aly, Artikel »Faden«, Handwörterbuch des deutschen Aberglaubens 2, Berlin u. Leipzig 1929/30, Sp. 1114–1120.
Ders., Artikel »Nestelknüpfen«, Handwörterbuch des deutschen Aberglaubens 6, Berlin u. Leipzig 1934/35, Sp. 1014–6.
L. Andresen u. W. Stephan, Beiträge zur Geschichte der Gottorfer Hof- und Staatsverwaltung von 1554–1659, Quellen und Forschungen zur Geschichte Schleswig-Holsteins 14, 15, 2 Bde., Kiel 1928.
B. Ankarloo, Trolldoms Processerne i Sverige, Skrifter Utgivna Av Institutet För Rättshistorisk Forskning, Serien 1, Lund 1971.

W. v. Baeyer-Katte, Die historischen Hexenprozesse. Der verbürokratisierte Massenwahn, Massenwahn in Geschichte und Gegenwart. Ein Tagungsbericht, Stuttgart 1965, S. 220–231.

J. C. Baroja, Die Hexen und ihre Welt, Stuttgart 1967.

R. Bartholdy, Zauber und Recht. Untersuchungen zur rechtlichen Volkskunde in Schleswig-Holstein, Diss. jur. Kiel 1969.

Baschwitz, Hexen und Hexenprozesse. Die Geschichte eines Massenwahns, dtv. Taschenbuch 365, München 1966.

E. Bayer, Wörterbuch zur Geschichte. Begriffe und Fachausdrücke, Kröner Taschenbuchausgabe 289, 2., überarbeitete Aufl., Stuttgart 1965.

Becker, Bovenschen, Brackert u. a., Aus der Zeit der Verzweiflung. Zur Genese und Aktualität des Hexenbildes, edition suhrkamp 840, Frankfurt 1977.

K. Beth, Artikel »Sympathie«, Handwörterbuch des deutschen Aberglaubens 8, Berlin u. Leipzig 1936/37, Sp. 619–628.

Bibliothèque Nationale Paris, Les Sorcières, Paris 1973.

H. Biedermann, Hexen. Auf den Spuren eines Phänomens. Tradition – Mythen – Fakten, Graz 1974.

Ders., Handlexikon der magischen Künste von der Spätantike bis zum 19. Jahrhundert, Graz 1968.

W. Bitter, Hrsg., Massenwahn in Geschichte und Gegenwart. Ein Tagungsbericht, Stuttgart 1965.

E. Böttger, Alte schleswig-holsteinische Maße und Gewichte. Unter Mitwirkung von E. Waschinski, Bücher der Heimat 4, Neumünster 1952.

A. Borst, Mittelalterliche Sekten und Massenwahn, Massenwahn in Geschichte und Gegenwart. Ein Tagungsbericht, Stuttgart 1965, S. 173–184.

G. Buchda, Artikel »Anklage«, Handwörterbuch zur deutschen Rechtsgeschichte 1, Berlin 1971, Sp. 171–175.

Ph. Chesler, Frauen – das verrückte Geschlecht? rororo-Sachbuch 7063, Reinbek bei Hamburg 1977.

N. Cohn, Europe's Inner Demons, London 1975.

H. Coing, Hrsg., Handbuch der Quellen und Literatur der neueren europäischen Privatrechtsgeschichte, Veröffentlichungen des Max-Planck-Instituts für Europäische Rechtsgeschichte, Bde. 1 u. 2, München 1973 und 1977.

H. Conrad, Deutsche Rechtsgeschichte 1, 2. neubearbeitete Aufl., Karlsruhe 1962.

W. Croissant, Die Berücksichtigung geburts- und berufsständischer und soziologischer Unterschiede im deutschen Hexenprozeß, Diss. jur. Mainz 1953.

K. Deschner, Abermals krähte der Hahn. Eine Demaskierung des Christentums von den Evangelisten bis zu den Faschisten, rororo-Sachbuch 6788, Reinbek bei Hamburg 1972.

K. Deissner, Zum Güter- und Erbrecht im ältesten Schleswiger Stadtrecht, Jur. Diss. Kiel 1965.

J. Diederichsen, Hexenprozesse in Angeln, Jahrbuch des Heimatvereins der Landschaft Angeln 3, 1932, S. 27–47.

J. Diefenbach, Der Hexenwahn vor und nach der Glaubensspaltung in Deutschland, Leipzig 1969 = Mainz 1886.

Dingswinde der Kirchneffninge auf Westerlandföhr, Hexerei betreffend, vom Jahre 1614, Staatsbürgerliches Magazin 6, Schleswig 1826, S. 703–705.

G. W. Dittmer, Das Sassen- und Holsten-Recht in praktischer Anwendung auf einige im 16. Jahrhundert vorgekommene Zivil- und Kriminalfälle, Lübeck 1843.

H. Döbler, Hexenwahn. Die Geschichte einer Verfolgung, München 1977.

E. Döhring, Geschichte der deutschen Rechtspflege seit 1500, Berlin 1953.

F. Donovan, Zauberglaube und Hexenkult. Ein historischer Abriß, Goldmanns-Sachbücher 11 124, München o. J.

Duden. Etymologie, Herkunftswörterbuch der deutschen Sprache. Bearbeitet von der Dudenredaktion unter Leitung von P. Grebe. In Fortführung der Etymologie der neuhochdeutschen Sprache von K. Duden, Der Große Duden 7, Mannheim 1963.

F. Eckstein, Artikel »nackt, Nacktheit«, Handwörterbuch des deutschen Aberglaubens 6, Berlin u. Leipzig 1934/35, Sp. 823–916.

O. A. Erich u. R. Beitl, Wörterbuch der deutschen Volkskunde, 3. Aufl. neu bearbeitet von R. Beitl unter Mitarbeit von K. Beitl, Kröners Taschenbuchausgabe 127, Stuttgart 1974.

A. Erler, Artikel »Inquisition«, Handwörterbuch zur deutschen Rechtsgeschichte 2, Berlin 1978, Sp. 370–376.

N. Falck, Handbuch des Schleswig-Holsteinischen Privatrechts 3, 2. Auflage, Altona 1838.

H. Freudenthal, Artikel »verbrennen«, Handwörterbuch des deutschen Aberglaubens 8, Berlin u. Leipzig 1936/37, Sp. 1550–1560.

Ders., Das Feuer im deutschen Glauben und Brauch, Berlin u. Leipzig 1931.

E. Freytag, Ein Nachtrag zum Register der »Hexen« in Schleswig-Holstein, Zeitschrift für Niedersächsische Familienkunde 28, 1953, S. 15.

R. Froehner, Von Hexen und Viehverzauberung, Abhandlungen aus der Geschichte der Veterinärmedizin 7, Leipzig 1925.

G. B. Gardner, The Meaning of Witchcraft, London 1959.

Ders., Ursprung und Wirklichkeit der Hexen, Weilheim Obb. 1963.

H. Gering, Über Weissagung und Zauber im nordischen Altertum, Kiel 1902.

Geschichte in Gestalten. Hrsg. von H. Herzfeld, 4 Frankfurt 1963.

E. S. Gifford, Liebeszauber, Stuttgart 1964.

J. Glenzdorf und F. Treichel, Henker, Schinder und arme Sünder, 1. Teil: Beiträge zur Geschichte des deutschen Scharfrichter- und Abdeckerwesens; 2. Teil: 5800 Scharfrichter- und Abdeckerfamilien, Bad Münder am Deister 1970.

D. Gronland, Historisk Efterretning um de i Ribe Bye for Hexerie forfulgte og brændte Mennesker, Viborg 1780 = Genudgivet Af Historisk Samfund For Ribe Amt ved Kirsten Agerbæk, 2. udg., Ribe 1973.

Haberlandt, Artikel »Kopfkissen«, Handwörterbuch des deutschen Aberglaubens 5, Berlin u. Leipzig 1932/33, Sp. 214–215.

J. Habich unter Mitwirkung von G. Kaster und K. Wächter, Stadtkernatlas Schleswig-Holstein. Die Kunstdenkmäler des Landes Schleswig-Holstein, Neumünster 1976.

E. Feddersen, Kirchengeschichte Schleswig-Holsteins 2, Schriften des Vereins für Schleswig-Holsteinische Kirchengeschichte 19, Kiel 1938.

H. Fehr, Das Recht im Bilde, Kunst und Recht 1, München u. Leipzig 1923.

H. Fehrle, Zauber und Segen, Jena 1926.

M. Foucault, Wahnsinn und Gesellschaft. Geschichte des Wahnsinns im Zeitalter der Vernunft, Frankfurt/M. 1969.

F. Frahm, Das Stadtrecht der Schleswiger und ihre Heimat, Zeitschrift der Gesellschaft für Schleswig-Holsteinische Geschichte 64, 1936, S. 1–100.

J. Franck, Geschichte des Wortes Hexe, in: J. Hansen, Quellen und Untersuchungen zur Geschichte des Hexenwahns und der Hexenverfolgung im Mittelalter, Bonn 1901, S. 614–670.

P. Haining, Hexen. Wahn und Wirklichkeit in Mittelalter und Gegenwart, Oldenburg u. Hamburg 1977.

M. Hammes, Hexenwahn und Hexenprozesse, Fischer Taschenbuch 1818, Frankfurt 1977.

I. Hampp, Beschwörung – Segen – Gebet. Untersuchungen zum Zauberspruch aus dem Bereich der Volksheilkunde, Stuttgart 1961.

Handwörterbuch des deutschen Aberglaubens, hrsg. von E. Hoffmann-Krayer u. H. Bächtold-Stäubli, 10 Bde., Berlin u. Leipzig 1927–1942.
Handwörterbuch zur deutschen Rechtsgeschichte, hrsg. von A. Erler u. E. Kaufmann, Bd. 1, Berlin 1971.
J. Hansen, Zauberwahn, Inquisition und Hexenprozeß im Mittelalter und die Entstehung der großen Hexenverfolgung, München 1900.
Ders., Quellen und Untersuchungen zur Geschichte des Hexenwahns und der Hexenverfolgung im Mittelalter, Bonn 1901.
R. Hansen, Hexen- und andere Kriminalprozesse zu Meldorf 1616–1642, Jahrbuch des Vereins für Dithmarscher Landeskunde 7, Heide 1927, S. 83–114.
K. Harms, Das Domkapitel zu Schleswig-Holstein von seinen Anfängen bis zum Jahre 1542, Schriften des Vereins für Schleswig-Holsteinische Kirchengeschichte 1. Reihe 7, Kiel 1914.
G. F. Hartlaub, Hans Baldung Grien, Hexenbilder, Werkmonographien zur bildenden Kunst in Reclams Universal-Bibliothek 61, Stuttgart 1961.
R. Heberling, Zauberei und Hexenprozesse in Schleswig-Holstein-Lauenburg. Auf Grund des Aktenmaterials im Königlichen Staatsarchiv Schleswig, Zeitschrift der Gesellschaft für Schleswig-Holsteinische Geschichte 45, 1915, S. 116–257.
F. Helbing u. M. Bauer, Die Tortur. Geschichte der Folter im Kriminalverfahren aller Zeiten und Völker, Berlin 1926.
H. Hellbauer, Hexen-Graphiken aus sechs Jahrhunderten, Groß-Gerau 1964.
G. Henningsen, Hekseforfølgelse efter »hekseprocessernes tid«. Et bidrag til dansk etnohistorie, Folk og Kultur 1975, S. 98–151.
Ders., Hver by sin heks, Skalk 3, 1979, S. 21–30.
Ders., Den europæiske hekseforfølgelse, Jordens folk. Etnografisk Revy 7, 1971, S. 112–131.
Ders., Inkvisition og etnografi, Dansk Folkemindesamling Studier 9, København 1973.
Ders., Trolddom og hemmelige kunster, Dagligliv i Danmark 1620–1720, ed. A. Steensberg, København 1969, S. 161–196 u. S. 727–732.
Ders., Hekseforfølgelser, Dagligliv i Danmark 1620–1720, ed. A. Steensberg, København 1969, S. 353–376 u. S. 735–738.
L. Herold, Artikel »Ziegenbock«, Handwörterbuch des deutschen Aberglaubens 9, Berlin 1938/41, Sp. 912–931.
P. Hinschius, System des katholischen Kirchenrechts. Mit besonderer Rücksicht auf Deutschland 6, 1, Berlin 1897.
E. Hoffmann-Krayer, Artikel »Biene«, Handwörterbuch des deutschen Aberglaubens 1, Berlin u. Leipzig 1927, Sp. 1226–1252.
G. Honegger, Hrsg., Die Hexen der Neuzeit. Studien zur Sozialgeschichte eines kulturellen Deutungsmusters, edition suhrkamp 743, Frankfurt 1978.
R. Hünnerkopf, Artikel »Stein II«, Handwörterbuch des deutschen Aberglaubens 8, Berlin u. Leipzig 1936/37, Sp. 390–401.
A. H. Huussen jr., Economic and Social Aspects of Criminality in the Past (Seventh International Economic History Congress, Edinburgh August 1978). Report on the Third Session, International Association for the History of Crime and Criminal Justice, Newsletter 1, 1979, S. 16–20.
Innocentius VIII., Die Hexenbulle (Summis desiderantes, dt.), Hrsg. P. Friedrich, Leipzig 1905.
J. G. Jacobsen, Danske Domme; Trolddomssager i øverste Instans. Anledning og Kommentar, København 1966.
F. C. Jensen u. D. H. Hegewisch, Privilegien der Schleswig-Holsteinischen Ritterschaft . . ., Kiel 1797.
H. N. A. Jensen, Angeln. Geschichtlich und topographisch beschrieben, neu bearbeitet und bis auf die Gegenwart fortgeführt von W. Martensen und J. Henningsen, Schleswig 1922.

Jensen, Zur Geschichte des Schleswiger Domkapitels, besonders nach der Reformation, Archiv für Staats- und Kirchengeschichte der Herzogtümer Schleswig-Holstein und Lauenburg 5, 1834, S. 451 ff.

J. Jessen, Das Strafrecht im ältesten Schleswiger Stadtrecht, Jur. Diss. Kiel 1957.

Chr. Jessen, Zur Geschichte der Hexenprozesse in Schleswig, Holstein und Lauenburg, Jahrbücher für die Landeskunde der Herzogtümer Schleswig, Holstein und Lauenburg 2, Kiel 1895, S. 200–231.

P. J. Jørgensen, Dansk Retshistorie, Retskildernes og Forfatningsrettens Historie indtil sidste Halvdel af det 17. Aarhundrede, 2. Udg., København 1947.

A. Jürgens, Zur schleswig-holsteinischen Handelsgeschichte des 16. und 17. Jahrhunderts, Abhandlungen zur Verkehrs- und Seegeschichte 7, Berlin 1914.

Jutisch Lowbok 1486. Faksimiledruck mit einer Einleitung von K. v. See, Mittelalterliche Gesetzbücher europäischer Länder in Faksimiledrucken. Im Auftrage des Max-Planck-Instituts für Europäische Rechtsgeschichte hrsg. von A. Wolf 5, Glashütten im Taunus 1976.

E. Kaufmann, Artikel »Inquisitionsbeweis«, Handwörterbuch zur deutschen Rechtsgeschichte 2, Berlin 1978, Sp. 375–378.

Ders., Artikel »Ding«, Handwörterbuch zur deutschen Rechtsgeschichte 1, Berlin 1971, Sp. 742–744.

R. Kieckhefer, European Witch Trials. Their Foundations in Popular and Learned Culture, 1300–1500, London and Henley 1976.

H. Klatt, Die Gottorfer Wassermühle, der Mühlenteich und der Mühlenbach, Beiträge zur Schleswiger Stadtgeschichte 8, 1963, S. 69–80.

Ders., Die Stadt Schleswig. Ein Spaziergang durch die Stadt vor und um 1900 mit geschichtlichem und topographischem Text, Schleswig 1966.

E. Knoop, Die schleswigsche Familie Carnarius und verwandte Geschlechter, Nordelbingen 5, 1926, S. 92–102.

K. Knortz, Hexen, Teufel und Blocksbergspuk in Geschichte, Sage und Literatur, Annaberg/Sachsen 1912.

G. Koch, Frauenfrage und Ketzerei im Mittelalter. Die Frauenbewegung des Katharismus und des Waldensertums und ihre sozialen Wurzeln, Berlin 1962.

G. Köbler, Artikel »Hegung«, Handwörterbuch zur deutschen Rechtsgeschichte 2, Berlin 1978, Sp. 36–37.

B. E. König, Hexenprozesse. Ausgeburten des Menschenwahns im Spiegel der Hexenprozesse und der Autodafés, vollständige Neuausgabe, Schwerte/Ruhr o. J.

U. Kornblum, Artikel »Beweis«, Handwörterbuch zur deutschen Rechtsgeschichte 1, Berlin 1971, Sp. 401–408.

A. C. Kors u. E. Peters, Hrsg., Witchcraft in Europe. A Documentary History 1100–1700, Philadelphia 1972.

K.-S. Kramer, Aberglauben im Spiegel von Amtsrechnungen aus Segeberg und umliegenden Ämtern, Segeberger Jahrbuch 1977, S. 15–19.

E. Kroman u. P. Jørgensen, Hrsg., Danmarks Gamle Købstadlovgivning 1, København 1951.

J. Kruse, Hexen unter uns? Magie und Zauberglauben in unserer Zeit, Hamburg 1951.

Ders., Hexenwahn in der Gegenwart, Kultur und Zeitfragen 4, Leipzig 1923.

P. Kürstein, Satan i Sønderjylland. Vidnesbyrd af hr. Peter Goldschmidt, sognepraest i Sterup, Flensborg 1969.

A. Lasch u. Conrad Borchling, Mittelniederdeutsches Wörterbuch. Fortgeführt von G. Cordes Bd. 1–3, Neumünster 1956–1974.

G. J. Th. Lau, Geschichte der Einführung und Verbreitung der Reformation in den Herzogtümern Schleswig-Holstein bis zum Ende des sechzehnten Jahrhunderts, Hamburg 1867.

H. Ch. Lea, Geschichte der Inquisition im Mittelalter, 3 Bde., Bonn 1905–1913.

Ders., Materials toward a History of Witchcraft, Philadelphia 1939 = New York 1957.

A. Lehmann, Aberglaube und Zauberei von den ältesten Zeiten bis an die Gegenwart, 2. erweiterte Aufl., Stuttgart 1908.
H. Lehmann, Hexenverfolgungen und Hexenprozesse im Alten Reich zwischen Reformation und Aufklärung, Jahrbuch des Instituts für Deutsche Geschichte 7, Tel Aviv 1978, S. 13–70.
W. Leibbrand u. A. Leibbrand-Wettley, Vorläufige Revision des historischen Hexenbegriffes, Wahrheit und Verkündigung. Festschrift M. Schmaus 1, Paderborn 1967, S. 819–850.
Dies., Formen des Eros. Kultur- und Geistesgeschichte der Liebe 1, Orbis Academicus. Problemgeschichten der Wissenschaft in Dokumenten und Darstellungen, Sonderbd. 3, 1, Freiburg/München 1972.
S. Leutenbauer, Hexerei- und Zaubereidelikt in der Literatur von 1450–1500. Mit Hinweisen auf die Praxis im Herzogtum Bayern, Berlin 1972.
R. Lieberwirth, Artikel »Folter«, Handwörterbuch zur deutschen Rechtsgeschichte 1, Berlin 1971, Sp. 1149–1152.
K.-J. Lorenzen-Schmidt, Zur Sozialtopographie Schleswigs im 16. Jahrhundert, Beiträge zur Schleswiger Stadtgeschichte 21, 1976, S. 17–34.
Ders., Bier und Bierpreise in Schleswig-Holsteins Städten zwischen 1500 und 1560, Studien zur Sozialgeschichte des Mittelalters und der frühen Neuzeit, Hamburg 1977, S. 132–154.
Ders., Die Sozial- und Wirtschaftsstruktur schleswigscher und holsteinischer Landesstädte zwischen 1500 und 1550, Phil. Diss. Hamburg 1979.
Ders., Beleidigungen in schleswig-holsteinischen Städten im 16. Jahrhundert. Soziale Norm und soziale Kontrolle in Städtegesellschaften, Kieler Blätter zur Volkskunde 10, 1978, S. 5–27.
Ders., Verzeichnis der Bewohner der Stadt Schleswig (1504–1550), Krempe 1977.
W. Lutz, Die Verfassung der Stadt Schleswig von der »Combinierung« (1711) bis zur Schleswig-Holsteinischen Erhebung (1848) als Beispiel absolutistischer Kommunalpolitik, Staatsexamensarbeit Kiel 1968.
A. Macfarlane, Witchcraft in Tudor and Stuart England. A regional and comparative study, London 1971.
K. Mannzen, Das Gerichtswesen in den Herzogtümern Schleswig und Holstein vor der Eingliederung in Preußen, Die Heimat 62, 1955, S. 229–233.
A. Mayer, Erdmutter und Hexe. Eine Untersuchung zur Geschichte des Hexenglaubens und zur Vorgeschichte der Hexenprozesse, Historische Forschungen und Quellen 12, München u. Freising 1936.
C. Mengis, Artikel »Nadel«, Handwörterbuch des deutschen Aberglaubens 6, Berlin u. Leipzig 1934/35, Sp. 916–937.
O. Mensing, Schleswig-Holsteinisches Wörterbuch, Bd. 1–5, Neumünster 1927–1935.
E. Merkel, Der Teufel in den hessischen Hexenprozessen, Phil. Diss. Gießen 1939.
F. Merzbacher, Die Hexenprozesse in Franken, Schriftenreihe zur bayerischen Landesgeschichte. Hrsg. von der Kommission für bayerische Landesgeschichte bei der Bayerischen Akademie der Wissenschaften 56, München 1957.
Ders., Artikel »Hexenprozesse«, Handwörterbuch zur deutschen Rechtsgeschichte 2, Berlin 1978, Sp. 145–148.
Ders., Artikel »Jütisches Recht«, Handwörterbuch zur deutschen Rechtsgeschichte 2, Berlin 1978, Sp. 507–510.
H. C. E. Midelfort, Witch Hunting in Southwestern Germany 1562–1684. The Social and Intellectual Foundations, Standford, California 1972.
Ders., Witchcraft and Religion in Sixteenth-Century Germany. The Formation and the Consequences of an Orthodoxy, Archiv für Reformationsgeschichte 62, 1971, S. 226–278.
Ders., Recent Witch Hunting Research, or Where Do We Go from Here? The Papers of the Bibliographical Society of America 62, 1968, S. 373–420.

W. Müller-Bergström, Artikel »Pfahl«, Handwörterbuch des deutschen Aberglaubens 6, Berlin u. Leipzig 1934/35, Sp. 1547–1550.
Ders., Artikel »pfählen«, Handbuch des deutschen Aberglaubens 6, Berlin u. Leipzig 1934/35, Sp. 1550–1552.
M. A. Murray, The Witch-Cult in Western Europe, Oxford 1963.
W. Nigg, Das Buch der Ketzer, Zürich 1949.
J. F. Noodt, Beiträge zur Erläuterung der Civil-Kirchen- und Gelehrten-Historie, 2. Bd., Hamburg 1756.
H. Oldekop, Topographie des Herzogtums Schleswig, Kiel 1906 = Neudr. Kiel 1975.
N. Paulus, Die Rolle der Frau in der Geschichte des Hexenwahns, Historisches Jahrbuch der Görres-Gesellschaft 29, 1908, S. 572–595.
E. Petersen, Vom ältesten bis zum heutigen Schleswiger Rathaus, Beiträge zur Schleswiger Stadtgeschichte 3, 1958, S. 23–33.
Ders., Alt-Schleswigs Quartiere, Straßen und Gassen, Beiträge zur Schleswiger Stadtgeschichte 4, 1959, S. 28–44.
Ders., Alt-Schleswigs Umwallung, Tore, Brücken und Wehrtürme, Beiträge zur Schleswiger Stadtgeschichte 2, 1957, S. 3–20.
Ders., Die Bürgermeister der Stadt Schleswig von 1350 bis 1956, Beiträge zur Schleswiger Stadtgeschichte 1, 1956, S. 5–10.
U. Petersen, Der durchlauchtigsten Herren Hertzogen von Holstein-Gottorf Haupt- und Residenz-Stadt Schleswig nach ihren alten und neuen Situationen dargestellt, o. O. o. J. = Landesarchiv Schleswig-Holstein Abteilung 400.1, Nr. 512 I–VII.
W.-E. Peuckert, Hexen- und Weiberbünde, Kairos 2, 1960, S. 101–105.
Ders., Die große Wende. Das apokalyptische Saeculum und Luther, Hamburg 1948.
F. Pfister, Artikel »Bild und Bildzauber«, Handwörterbuch des deutschen Aberglaubens 1, Berlin u. Leipzig 1927, Sp. 1282–1298.
O. Pfister, Das Christentum und die Angst. Eine religionspsychologische, historische und religionshygienische Untersuchung, Zürich 1944.
H. Philippsen, Kurzgefaßte Geschichte der Stadt Schleswig. In Wort und Bild dargestellt, Schleswig 1926.
Ders., Alt-Schleswig. Zeitbilder und Denkwürdigkeiten, Schleswig 1928.
Ders., Die Stadt Schleswig in Wort und Bild dargestellt, Schleswig 1926.
Ders., Erklärung der Namen der Straßen, Gänge, Wege und Wohnplätze im Stadtgebiet Schleswig und dessen Umgebung. Nebst Plan der Stadt Schleswig, Schleswig 1926.
Ders., Schleswigs Entwicklungsgeschichte vom Jahr 1870 ab, Schleswig 1927.
H. A. Plöhn, Register der »Hexen« in Schleswig-Holstein, Zeitschrift für Niedersächsische Familienkunde 27, 1952, 66–67.
J. Praetorius, Blockes-Berges Verrichtung. Faksimile der Originalausgabe aus dem Jahre 1669, Leipzig 1968.
E. Pontoppidan, Den Danske Atlas Eller Konge-Riget Dannemark . . . Lands-Beskrivelse . . . 7, København 1781.
(Pseudo-)Quintilianus, Declamationum minorum CCCLXXXVIII quae supersunt CXLIV. ed. C. Ritter, Leipzig u. Berlin 1884 = Ndr. 1965.
Ders., Declamationes maiores XIX. ed. Lehnert, Leipzig u. Berlin 1905.
G. Radbruch, Hrsg., Die Peinliche Gerichtsordnung Kaiser Karls V. von 1532 (Carolina), Stuttgart 1960.
Ders. und H. Gwinner, Geschichte des Verbrechens. Versuch einer historischen Kriminologie, Stuttgart 1951.
Chr. Radtke, Untersuchungen zur Lokalisierung und Gründungsgeschichte des Schleswiger Dominikanerklosters, Beiträge zur Schleswiger Stadtgeschichte 19, 1974, S. 49–63.

Ders., Historische Untersuchungen zur Schleswiger Nikolai-Kirche, Beiträge zur Schleswiger Stadtgeschichte 20, 1975, S. 42–63.

R. Reitzenstein, Studien zu Quintilians größeren Deklamationen, 1909.

K.-P. Reumann, Die Grund- und Gerichtsherrschaft des Schleswiger Domkapitels von 1542 bis 1658, Schriftenreihe I des Vereins für Schleswig-Holsteinische Kirchengeschichte 22, Flensburg 1969.

S. v. Riezler, Geschichte der Hexenprozesse in Bayern. Im Lichte der allgemeinen Entwicklung dargestellt, Aalen 1968 = Stuttgart 1896.

C. Ritter, Die quintilianischen Deklamationen, 1881.

J.-F. Ritter, Hrsg., Friedrich von Spee: Cautio criminalis oder Rechtliches Bedenken wegen der Hexenprozesse, Forschungen zur Geschichte des deutschen Strafrechts 1, Weimar 1939.

R. H. Robbins, The Encyclopedia of Witchcraft and Demonology, New York 1959.

R. Rosenbohm, Das älteste Straßennetz der Schleswiger Altstadt. Ein Beitrag zur Schleswig-Haithabu-Diskussion, Jahrbuch des Angler Heimatvereins 22, 1958, S. 84–99.

Ders., Mittelalterliche Mühlen in und um Schleswig, Beiträge zur Schleswiger Stadtgeschichte 1, 1956, S. 29–34.

G. Roskoff, Geschichte des Teufels, 2 Bde., Aalen 1967 = Leipzig 1869.

F. Roth, Restlose Auswertungen von Leichenpredigten und Personalschriften für genealogische und kulturhistorische Zwecke, 7. Bd., Boppard/Rhein 1972.

v. Rumohr, Stammtafel des Geschlechts v. Rumohr, Danmarks Adels Aarbog LIV, II. Teil, Kopenhagen 1937.

H. v. Rumohr, Schlösser und Herrensitze im Herzogtum Schleswig, Frankfurt/M. 1968.

Ders., Schlösser und Herrensitze in Schleswig-Holstein und in Hamburg, 2. verbesserte Aufl., Frankfurt/Main 1963.

A. Runeberg, Witches, Demons and Fertility Magic. Analysis in West-European Folk Religion, Societas Scientiarum Fennica, Commentationes Humanarum Litterarum XIV. 4, Helsingfors 1947.

J. B. Russell, Witchcraft in the Middle Ages, London 1972.

A. Sach, Geschichte der Stadt Schleswig nach urkundlichen Quellen, Schleswig 1875.

H. Schäfer, Der Okkulttäter, Hamburg 1959.

W. Scheffler, Zu Henni Heidtrider: Das Carnariusepitaph im Schleswiger Dom, Nordelbingen 17/18, 1942, S. 291–297.

E. Schlee, Die Stadt Schleswig in alten Bildern. Hrsg. v. der Gesellschaft für Schleswiger Stadtgeschichte, Schleswig 1960.

Ders., Kulturgeschichte schleswig-holsteinischer Rathäuser, Heide in Holstein 1976.

Ders., »Justiz« und Rathaus in Schleswig. 1. Die »Justiz« im 18. Jahrhundert, Beiträge zur Schleswiger Stadtgeschichte 22, 1977, S. 111–120.

K. Schiller u. A. Lübben, Mittelniederdeutsches Wörterbuch, Bd. 1–6, Bremen 1875–1881.

H. Schlosser, Artikel »Inquisitionsprozeß«, Handwörterbuch zur deutschen Rechtsgeschichte 2, Berlin 1978, Sp. 378–382.

E. Schmidt, Einführung in die Geschichte der deutschen Strafrechtspflege, 3. Aufl., Göttingen 1965.

Ders., Inquisitionsprozeß und Rezeption. Studien zur Geschichte des Strafverfahrens in Deutschland vom 13. bis 16. Jahrhundert, Leipziger rechtswissenschaftliche Studien 124, 1940.

I. Schneider, Stadtgeographie von Schleswig, Schriften des Geographischen Instituts der Universität Kiel 2, 1, Kiel 1934.

I. Schöck, Hexenglaube in der Gegenwart. Empirische Untersuchungen in Südwestdeutschland, Untersuchungen des Ludwig-Uhland-Instituts der Universität Tübingen 45, Tübingen 1978.

Scholtz, Ein im Jahre 1632 auf dem adelichen Gute Röst in Angeln, vorgefallener merkwürdiger Hexenprozeß; nebst einem Anhange . . ., Staatsbürgerliches Magazin 4, 1824, S. 475–492.
G. Schormann, Hexenprozesse in Nordwestdeutschland, Quellen und Darstellungen zur Geschichte Niedersachsens 87, Hildesheim 1977.
Ders., Hexenverfolgungen in Schaumburg, Niedersächsisches Jahrbuch für Landesgeschichte 45, 1973, S. 145–169.
J. v. Schröder, Topographie des Herzogtums Schleswig. 2., neu bearbeitete Aufl., Oldenburg in Holstein 1854.
Ders., Polierteich, Staatsbürgerliches Magazin 10, 1831, S. 610f.
Ders., Geschichte und Beschreibung der Stadt Schleswig, Schleswig 1827.
Ders., Nachrichten die Stadt Schleswig betreffend, Staatsbürgerliches Magazin 7, 1827, S. 744–748.
Ders., Geschichten und topographische Nachrichten über Domcapitelsgüter (aus dem Erdbuche von dem Jahre 1638), Staatsbürgerliches Magazin 10, Schleswig 1831, S. 601–607.
A. Schütz, Handwerksämter in der Stadt Schleswig. Altstadt, Lollfuß und Friedrichsberg 1400–1700. Jur. Diss. Hamburg 1966.
H. Schwarzwälder, Die Geschichte des Zauber- und Hexenglaubens in Bremen, 2 Teile, Bremisches Jahrbuch 46, 1959, S. 156–233, und 47, 1961, S. 99–142.
Ders., Die Formen des Zauber- und Hexenglaubens in Bremen und seiner weiteren Umgebung, vor allem während des 16. und 17. Jahrhunderts, Heimat und Volkstum, Bremen 1958, S. 3–68.
L. Schwetlik, Der hansich-dänische Landhandel und seine Träger 1484–1519, Zeitschrift der Gesellschaft für Schleswig-Holsteinische Geschichte 85/86, 1961, S. 61–130, und 88, 1963, S. 93–174.
K. v. See, Das Jütische Recht. Aus dem Altdänischen übersetzt und erläutert von K. v. See, Weimar 1960.
S. Seligmann, Der Böse Blick und Verwandtes. Ein Beitrag zur Geschichte des Aberglaubens aller Zeiten und Völker, 2 Bde., 1910.
Ch. Söth, Hexengeschichten in Dithmarschen, Semesterarbeit Lüneburg 1959.
Soldan-Heppe, Geschichte der Hexenprozesse, neu bearbeitet und hrsg. von M. Bauer, 2 Bde., Hanau/M. o. J. Nachdruck der 3. (letzten) Aufl.
Sonderforschungsbereich 17. Skandinavien- und Ostseeraumforschung. Kiel Christian-Albrechts-Universität. Finanzierungsantrag 1979–1980–1981, Kiel 1978, S. 289–290.
J. Sprengerus u. H. Institoris, Malleus maleficarum. Dt.: Der Hexenhammer. Übersetzt von J. W. R. Schmidt, 2 Bde., Berlin 1906.
A. Stange, Der Schleswiger Dom und seine Wandmalereien, Berlin-Dahlem 1940.
Ch. L. E. Stemann, Geschichte des öffentlichen und Privat-Rechts des Herzogtums Schleswig, T. 1–3, Kopenhagen 1866–1867.
Ders., Schleswigs Recht und Gerichtsverfassung im siebzehnten Jahrhundert, Flensburg 1855.
E. Stiglmayr u. A. Brück, Hexen, Die Religion in Geschichte und Gegenwart, 3. Aufl., 3, Tübingen 1959, Sp. 307–310.
H. Stoob, Hrsg. u. Bearbeiter, Lieferung I Nr. 9, 1973: Schleswig, Deutscher Städteatlas, Dortmund 1973.
Ders., Zur Topographie von Alt-Schleswig, Acta Visbyensia 5, 1976, S. 117–126.
Th. S. Szasz, Die Fabrikation des Wahnsinns, Olten u. Freiburg/Br. 1974.
Ch. Thomasius, Über die Hexenprozesse. Überarbeitet und hrsg. von R. Lieberwirth, Thomasiana 5, Weimar 1967.
F. Thygesen, Tysk strafferets indtrængen i Sønderjylland mellem 1550 og 1800, København 1968.

F. Treichel, Hexen und Zauberer in Schleswig-Holstein, Zeitschrift für Niederdeutsche Familienkunde 43, 1968, S. 68–71.
Ders., Weitere Hexen und Zauberer in Schleswig-Holstein, Zeitschrift für Niederdeutsche Familienkunde 53, 1978, S. 142 ff.
H. R. Trevor-Roper, The European Witch-Craze of the 16th and 17th Centuries, o. O. 1969.
Ders., Religion, Reformation und sozialer Umbruch, Frankfurt-Berlin 1970.
C. Trummer, Vorträge über Tortur, Hexenverfolgungen, Vehmegerichte und andere merkwürdige Erscheinungen in der Hamburgischen Rechtsgeschichte, 3 Bde., Hamburg 1844.
D. Unverhau, Von »Toverschen« und »Kunsthfruwen« in Schleswig 1548–1557. Quellen und Interpretationsansätze zur Geschichte des Zauber- und Hexenglaubens, Beiträge zur Schleswiger Stadtgeschichte 22, 1977, S. 61–110.
Dies., Von »Toverschen« und »Kunsthfruwen« in Schleswig 1548–1557. Geschehen – Verbrechen – Gerichtsverfahren, Beiträge zur Schleswiger Stadtgeschichte 23, 1978, S. 25–86.
Veltheim, Criminal-Gerichtspflege in der Stadt Kiel, ein Jahrhundert vor und nach der Einführung der Carolina, Staatsbürgerliches Magazin 4, Kiel 1824, S. 205–226.
G. Wahrig, Deutsches Wörterbuch, Gütersloh-Berlin-München 1973.
E. Waschinski, Währung, Preisentwicklung und Kaufkraft des Geldes in Schleswig-Holstein von 1226–1864, Quellen und Forschungen zur Geschichte Schleswig-Holsteins 26, Neumünster 1952.
L. Weiser-Aall, Artikel »Hexe«, Handwörterbuch des deutschen Aberglaubens 3, Berlin u. Leipzig 1930/31, Sp. 1827–1920.
Dies., Artikel »Zaun«, Handwörterbuch des deutschen Aberglaubens 9, Berlin 1938/1941, Sp. 991–1003.
G. Wilbertz, Hexenprozesse und Zauberglaube im Hochstift Osnabrück, Osnabrücker Mitteilungen 84, S. 33–50.
H. Windmann, Schleswig als Territorium, Quellen und Forschungen zur Geschichte Schleswig-Holsteins 30, Neumünster 1954.
W. Woeller, Zur Geschichte des Hexenwahns und der Hexenprozesse in Deutschland, Wissenschaftliche Zeitschrift der Humboldt-Universität Berlin. Gesellschafts- u. sprachwissenschaftliche Reihe 12. Jg., Berlin 1963, S. 881–894.
E. Wohlhaupter, Rechtsquellen Schleswig-Holsteins. Bd. 1: Geschichte der Rechtsquellen Schleswig-Holsteins von den Anfängen bis zum Jahre 1800, Veröffentlichungen der Schleswig-Holsteinischen Universitätsgesellschaft Nr. 47, Kiel 1938.
A. Wolff, Flensburger Hexenprozesse, Aus Flensburgs Vorzeit. Beiträge zur Geschichte der Stadt Flensburg 1887, S. 17–37.
W. Ziegler, Möglichkeiten der Kritik am Hexen- und Zauberwesen im ausgehenden Mittelalter. Zeitgenössische Stimmen und ihre soziale Zugehörigkeit, Kollektive Einstellungen und sozialer Wandel im Mittelalter 2, Hamburg 1973.
H. Zwetsloot, Friedrich Spee und die Hexenprozesse. Die Stellung und Bedeutung der Cautio Criminalis in der Geschichte der Hexenverfolgung, Trier 1954.
H. Zwicker, Artikel »Katharer«, Die Religion in Geschichte und Gegenwart, Bd. 3, Tübingen 1912, Sp. 1000–1001.
Ders., Artikel »Albigenser«, Die Religion in Geschichte und Gegenwart, Bd. 1, Tübingen 1909, Sp. 320.